戦後日本の教育学

史的唯物論と教育科学

井深雄二

勁草書房

序

本書は、史的唯物論を基礎とした教育学研究の方法論に関する諸論稿を元に編んだものである。したがって、本書は「史的唯物論と教育科学」に関する教科書風のテキストではなく、若い時期から今日に至るまでの、論争的問題に対する私なりの回答である。私の主な研究対象は教育財政であるが、研究方法論の研究は、いわゆる「畳の上の水練」に喩えることができ、それだけで何か新しい研究が実を結ぶ訳ではない。しかしながら、泳法の理論が水泳の上達にとって有意義であるように、教育学研究方法論の探究は、教育現象の研究にとって有意義である。その意味で、公刊は前後するものの、本書は、拙書『近代日本教育費政策史――義務教育費国庫負担政策の展開』（勁草書房、二〇〇四年）と連携を有している。

ところで、近年、K・マルクスに対する関心が一つの高まりを見せている。しかし、史的唯物論とは馴染みの深いはずの教育史学の分野では、「マルクス主義」批判が盛んなようである。例えば、教育史学会編『教育史研究の最前線』（日本図書センター、二〇〇七年）では、「かつての文献（文字資料・資料）中心の実証主義や発展段階説に立つマルクス主義に代わって、社会史的方法とそれにもとづく新たな主題が大きな潮流を構成してきた」（ii）と述べられている。けれども、その際、どのような研究が「マルクス主義」的であるか明示されていない。「文献（文字資料・資料）中心の実証主義」をも批判しているから、挙証する必要さえないのかもしれないが、歴史学的態度とは言えないであろう。元来、マルクスが「私は、けっしてマルクス主義者ではない」と言ったと伝えられるように、個人の名称を冠した学問ほどマルクスの精神から遠いものはない。とは言え、F・エンゲルスによれば、史的唯物論はマルクスが発見した歴史観であるから、史的唯物論と「マルクス主義」とは五十歩百歩と見る向きもあろう。実際、経済学では「マルクス経済学」という言い回しは普通に使われているし、「マルクス主義哲学」「マルクス主義法学」「マルクス主義政治学」と題する書物も少なくない。また、教育学でも矢川徳光が『マルクス主義教育学試論』（一九七一年）を著している。しかし、本書の副題を「マルクス主義と教育科学」ではなく、「史的唯物論と教育科学」としたのは、「マルクス主義」なるものが、マルクスやエンゲルスのあれこれの命題の訓詁学か、恣意的な解釈であることが少なくないからである。これに対して、史的唯物論は『資本論――経済学批判』の「導きの糸」となった歴史観であって、理論経済学にとっては、単なる仮説以上のものである。しかも、レーニンが『「人民の友」とはなにか』の中で指摘したように、『資本論』成立の意義は、単に資本主義経済の運動法則の解明（経済学的諸範疇の体系的叙述による従来の経済学の批判）に止まらず、近代市民社会を資本主義的社会構成体としてとらえ、経済的土台という「骨組み」に照応する法律的および政治的上部構造や社会的意識諸形態という「血肉」を至る所で追求している点にある。つまり、史的唯物論という場合には、『資本論』に具体化された方法論ということを含意しているのである。およそ以上の見地から、史的唯物論と教育学研究との関係について、本書に必要と思われる限りで、要約したのが「序章　史的唯物論と教育科学」である。この序章は、本書に一個の統一を与えるために書き下ろしたもので、弁証法的方法と、いわゆる「史的唯物論の定式」と教育との関係に関する、本書の理解を示してある。

「第Ⅰ部　戦後日本の教育科学論争」では、一九五〇年代に展開されたいわゆる教育科学論争、就中「教育構造論争」を検討した諸論稿を中心として構成してある。

管見の限り、わが国における史的唯物論に基づくところの教育学研究の嚆矢は、山下徳治の「教化史」（『日本資本主義発達史講座』第四回配本、岩波書店、一九三二年）であったが、山下はこの中で、戦前の教育学研究としては恐らく初めて「教育勅語」を批判した。それ故に、と思われるのであるが、『日本資本主義発達史講座』第四回配本は発禁処分を受けている。このように、第二次大戦で敗戦を迎える前の日本では、ソヴィエトにおける教育学の紹介を別とすれば、史的唯物論を方法論的基礎とする教育学成立の余地は、ほとんどなかったものと言えよう。ただし、このような事情の中で、「奴隷の言葉」をもって語られたのが、教育学における生産力理論であった。戦後改革によって、学問の自由が保障されたことにより、史的唯物論はアカデミズム教育学の中で市民権を得ることになるが、戦後初期には、史的唯物論を方法論的基礎とする教育学研究は蓄積を欠いていたことから、先ずもって戦前の教育学における生産力理論の反省から出発することになる。しかし、この時期は、教育学に史的唯物論を「ぎこちなく適用」（国分一太郎）する試みに止まっていた。とは言え、社会における教育の位置の問題と、教育の社会的機能の物質的基礎の問題が、史的唯物論の基礎範疇との関連で問われたことは、注目に値する。この問題は、「第一章　戦後初期の教育科学論」で論じている。

戦後教育改革期の自由な雰囲気の下で、一時期コア・カリキュラム論が盛行した。このコア・カリキュラム論を、ソヴィエトにおけるプラグマティズム教育論批判に学びながら、徹底的に批判したのが矢川徳光の『新教育への批判——反コア・カリキュラム論』（一九五〇年）であった。戦後における教育学研究法の一つとして「マルクス主義」に注目していた宗像誠也は、この矢川の著作を、戦後教育学の「最高峰」の一つと高く評価した。この時期は、戦後初期の非軍事化・民主化から中国革命（一九四九年）を契機として、「反共の砦」としての日本論が台頭し、占領政策も転換して、朝鮮戦争（一九五〇年〜一九五三年）中から再軍備に向かうことになる。こうした世界と日本の激動期に、コア・カリキュラム運動も「新教育への批判」に耳を傾け、「はい回る経験主義」ではなく、民族の課題に応えるカリキュラム運動へと転換を遂げていく。その理論的リーダーの一人が海後勝雄で、史的唯物論を取り入れた「海後理論」をもって若手研究者を結集し、『近代教育史』（全三巻、一九五一年〜一九五六年）を刊行した。

ところで、「海後理論」における史的唯物論とは、スターリンが「言語学におけるマルクス主義について」（一九五〇年）で提示した「土台－上部構造」論であったが、これは、マルクスの「土台－上部構造」論とは似て非なるものであった。しかし、この時期のスターリンに対する個人崇拝は日本でも強い影響力を持っており、史的唯物論を語るほどの者は、スターリンがマルクスの理論を発展させたと信じて疑うことはなかったと言えよう。加えて、『近代教育史』で採用された方法論は、宇野弘蔵の『資本論』研究に基づく独特なものであった。宇野は、マルクスが芸術的一体性を強調した『資本論』第一巻を解体し、マルクスによる資本主義経済の弁証法的把握の核心——肯定的理解のうちに否定的理解を含む——を経済学の原理論——資本の運動を永遠的なものとして把握——の不純物として排除し、代わって段階論・現状分析の導入を主張する。この〈原理論・段階論・現状分析〉という宇野経済学の方法論を取り入れて、世界史的な視野で教育史の書き換えを図ったのが『近代教育史』であった。したがって、それは、資本主義発達史研究と教育史研究のあり合わせの材料を切り貼りしたパッチワークとでも言うべきもので、とうてい史的唯物論に基づく教育史研究と言えるものではなかった。しかし、この『近代教育史』が「マルクス主義」に基づく教育史研究の当時におけるスタンダードと見做され、後に実証を重んじる教育史研究の「マルクス主義」嫌いの遠因になった観がある。それはともあれ、このような事情が、一九五〇年代の教育科学論争、就中「教育構造論争」の背景となっている。これらの問題を検討したのが、「第二章　教育科学論争の諸前提」である。

『近代教育史』の逐次刊行に合わせて近代教育史研究会が組織され、プリント版『教育史研究』（第一号・第二号、一九五四年五月・一九五五年七月）、及び活字版『教育史研究』（第一号～第七号、一九五五年一〇月～一九五九年四月）が発行された。「教育構造論争」は、主としてこの二つの『教育史研究』誌を舞台として展開されたのである。「教育構造論争」の主役は、近代教育史研究会のオピニオン・リーダーたる海後勝雄とコア・カリキュラム批判の急先鋒たる矢川徳光であった。そして、この論争の舞台装置がスターリンの「土台－上部構造」論だったのである。スターリンは言語学論文において、言語は上部構造であるか否かという当時のソヴィエトにおけるスコラ論議に首を突っ込み、言語が上部構造ではないことを証明するために、上部構造の土台に対する奉仕の役割という命題を提示した。土台によって究極的には規定されている上部構造の土台に対する反作用（相互作用）という史的唯物論の基本的見地と、上部構造の土台に対する奉仕の役割というスターリンの命題とは天と地ほどの差がある。さて、マルクスの史的唯物論では、教育が上部構造に位置づくことは自明である。ところが「教育上部構造論」をスターリンの「土台－上部構造」論に接合しようとすると、教育の世界観（イデオロギー）形成機能は上部構造の機能であるが、労働能力形成機能は、上部構造の機能ではないということになる。この点に着目したのが、海後勝雄の「教育上部構造論」批判であった。これに対して、大方の論争参加者は、「海後理論」における教育の労働力形成機能は上部構造の機能ではない、という主張は多かれ少なかれ認めながらも、非上部構造としての教育が存在するという海後の主張に対しては批判的であった。取り分け、矢川徳光は、教育が生産関係による規定性を離れては存在し得ないことを頑強に主張した。しかし、矢川をもってしてもスターリンの「土台－上部構造」論を前提にする限りでは、論理整合的に海後の主張を論破することはできなかった。

スターリンの死後（一九五三年）、ソヴィエト共産党第二〇回大会（一九五六年）でスターリン批判が行われ、自由な理論活動が活発化する中で、「教育構造論争」を止揚する可能性が生まれた。その中で最も明解な総括を行ったのが、小川太郎の「教育科学論をめぐって」（一九五八年）であった。小川は、教育が生産力と生産関係の矛盾的統一である生産様式によって規定されているとし、教育の労働能力形成機能と世界観形成機能とを統一的に把握する見地を確立した。これは、「教育構造論争」の確定的成果である。しかし、その際小川は「上部構造－下部構造（＝生産様式）」という理解の下に、教育は全体として上部構造であると結論づけたのであるが、上部構造の対概念である土台は、史的唯物論の基本的見地では、生産諸関係であって、生産様式ではない。換言すれば、小川の基本思想は、教育は生産様式によって規定されるところの生活過程の一領域と言うべきものであった。したがって、「土台－上部構造」論が教育学研究において持つ方法論的意義は、未解明なまま残されたと言わねばならない。これらのことを検討したのが「第三章『教育構造論争』の分析」である。

「第Ⅱ部　教育科学論の展開」は、第一部で検討した史的唯物論の基礎範疇と教育学の諸範疇との連携を意識しながら、生産様式論、「土台－上部構造」論などを基礎に、教育学研究の方法論をやや具体的に展開した諸論稿、及び教育改革に係わる教育イデオロギーの検討を行った論稿などで構成してある。特に、後者では、現代の国家教育政策のイデオロギーである新自由主義の検討が主題となっている。

「教育構造論争」などを教育学研究会（あとがき、参照）で検討している時、経済学者である二宮厚美氏が『教育』誌に「経済学からみた人格と能力の発達」（一九八二年五月）を寄稿された。これは、教育学と経済学との学際的交流を意図した『教育』誌の企画に応えたものであったが、教育学側からの応答は皆無であった。そこで、教育学研究会として『教育』誌に投稿する予定で二宮論文の検討を始めた。振り返って見ると、一九七〇年代から八〇年代にかけて教育学では人格論が盛行した。それは、例えば、「確かな学力と豊かな人格」とか、「できることとわかること」というように、学力形成を人格形成に繋げる筋道を探究する上での、能力と人格との接点を探ることが一つの理論的課題となっていた。そして、人格と能力を一応概念的には区別しながらも、何らかの意味で人格概念に能力の要素を組み入れる見解が現れていた。このような教育学の人格論の理論状況を、二宮氏は「一方における人格を労働諸能力の総体と把握する見解、他方における社会的諸関係の総体（アンサンブル）を人格とみなす見解」と整理し、この人格論における二大見地を架橋するものとして、生産力範疇としての協業論を提示されたのである。しかし、結論から言えば、生産様式論を基準とした場合、生産力範疇としての協業を物質的基礎として形成されるのはどこまでも能力であるというのが、われわれの見解であった。しかし、一方で教育学における人格論をフォローし、他方で経済学における人格論に学ぶという作業は、思ったより難航し、一定の見通しが立った時点では、遅きに失してしまった。そこで、個人研究という形で執筆したのが「第四章　人間形成の物質的基礎」である。その意味で、本章は共同研究の成果であるが、内容上の責任が、私個人に帰することは言うまでもない。

戦後教育学は、戦前の教育学が国家を対象化し得なかったことの反省に立脚し、何よりも教育の自由を重んじるものであった。しかし、このことは、ともすれば戦前における教育学研究の成果を継承する上で、一つのバイアスになっていた。この点を、宗像誠也の教育行政学研究に即して言うと、宗像は戦前における教育行政・制度研究の数少ない研究者の一人であった阿部重孝の弟子筋にあたるのであるが、阿部が社会と教育の関係に着目して成果をあげていたにもかかわらず、国家と教育の関係を対象化し得なかったが故に、その蓄積を積極的に継承しようとはしなかった。しかしながら、戦後に導入された「六・三・三制」が、単に米国の「六・三・三制」を移植したものではなく、阿部の「六・三・三制」改革案に見られるように、戦前日本における教育制度研究の成果に基づくところの、内発的且つ合理的な改革案であったことが注目されるようになるに従い、阿部の研究が再評価されるようになってきた。この阿部による教育学研究の基本的性格を、「土台－上部構造」論を基軸に検討し、阿部の「六・三・三制」改革論の評価を試みたのが、「第五章　阿部重孝の学校制度論」である。

第二次大戦後の教育改革は、「六・三・三制」の学校制度改革、「社会科」の新設を基軸とする教育課程改革、及び「教育委員会」の創設による教育行政改革の三つを主柱として、教育における自由（国民の教育をする権利）と教育における平等（教育を受ける権利）との同時実現を図るものであったと言い得る。しかし、戦後日本資本主義が対米従属下の国家独占資本主義として構築されていく過程で、教育をする権利は国家に再吸収されていった。そして、「六・三・三制」は、「六・三義務制」が強調されて、中学校と高等学校の中等学校としての一体性は、希望者全入制から適格者主義への接続関係の変更によって失われ（一九六三年）、「社会科」は地理・歴史・公民に解体され（一九五八年版学習指導要領）、教育委員会制度は公選制から任命制へと切り替えられた（一九五六年）。こうした戦後教育改革見直しの総仕上げとして「第三の教育改革」を標榜する一九七一年中央教育審議会答申が出された。これに対抗する形で、日本教職員組合が委嘱した教育制度検討委員会の報告書「日本の教育改革を求めて」が一九七四年に公表される。しかし、ドル・ショック（一九七一年）とオイル・ショック（一九七三年）は、日本経済の高度成長の終焉を告げ、教育改革は財政面から足枷をはめられることとなる。こうした中で、一九八〇年代には新自由主義が台頭し、臨時教育審議会（一九八四年～一九八七年）が設置されて、「第三の教育改革」の再起動が謀られるものの、教育政策への新自由主義の導入はすぐには進まなかった。しかし、一九八〇年代末の労働組合のナショナルセンターの右翼的再編（日本労働組合総連合会結成、一九八九年）や、一九九〇年代の権威主義的な政治改革（衆議院小選挙区比例代表並立制、一九九四年）などに促迫されて、文部省（当時）と日教組との和解が行われ、新自由主義的教育改革が強行されるようになる。これと連動する形で、日教組はかつての教育制度検討委員会報告書の立場とは決別し、新たな教育改革イデオロギーの模索が始まるが、その一端は日教組のシンクタンクとして設置された国民教育文化総合研究所（一九九一年）内の戦後教育思潮研究委員会の報告に見ることができる。およそ以上の点を検討したのが、「第六章　教育改革と教育科学」である。

戦後教育改革見直し期の教育行政と教育運動との対抗軸は、教育の自由をめぐるもので、勤務評定問題、全国一斉学力テスト問題、教科書検定問題などが、国と国民・教師との間の裁判問題として争われた。そして、教科書裁判第二次訴訟杉本判決（一九七〇年）において、国民と教師の教育の自由が認定され、教科書検定の運用違憲が宣告された。ここに、「国民の教育権」論の一つの到達点を見ることができる。しかしながら、一九八〇年代以降の問題状況は、管理主義教育に見られるように、学校・教師と父母との間での紛争問題が多発し、国民の教育の自由と教師の教育権限との間の予定調和的理論構成（教育権の信託論）は反省が迫られる。この問題を国民の教育権論の内在的な問題点として指摘したのが今橋盛勝の「二つの教育法関係」論であった。ところで、臨時教育審議会答申を起点とする新自由主義的教育改革論は、見かけ上、徹底的な教育の自由化を主張する点で、教育行政と教育運動の間の主張に相互浸透が見られ、教育運動にとって新しい可能性が生まれた。この可能性を現実性に転化させようとする理論的営為を近藤正春の『科学としての教育行政学』（一九八八年）に見ることができる。しかしながら、一九九〇年代半ばの第五次・第六次中央教育審議会答申以降に本格化する新自由主義的教育改革は、戦後教育改革の見直し期における教育政策の基調が「自由なき平等」論であったのに対し、「平等なき自由」論を基調とするものであると言うことができ、その反国民的性格は明瞭である。ところが、この転換をデュルケーム的設計主義からハイエク的市場主義への転換と捉えたのが黒崎勲で、黒崎は「国民の教育権」論に基づく教育改革論を批判し、ハイエク的な学校選択論を高く評価している。言うまでもなく、新自由主義は経済理論が出生地で、それが社会全体の再編基軸になっているものである。この新自由主義的改革は、資本の側からの福祉国家への攻撃を真骨頂とし、経済的な格差の拡大（階級格差・階層格差等）に帰結するもので、教育について言えば、教育格差の拡大として現れる。しかし、そうであるが故に、新自由主義的改革は、その批判者を増大させるのみならず、例えば新自由主義的経済改革の成功が経済的均衡それ自体を自壊させていくという弁証法が貫かれる。これらの問題を検討したのが、「第七章　現代日本における教育政策分析の課題と方法」である。

以上が、本書の概要であるが、初出論文は巻末に示している。

本書を編むにあたって、書物の体裁を整えるために、初出論文に若干の変更が加えてあるほか、一部の用語を今日の時点に照らしてより適切なものに改めたが、内容上の変更は基本的にない。なお、各々は独立した論文として執筆したものであることから、内容上重複する部分もあるが、各章を読むにあたっての便宜を思い、そのままにしてある。第一部は、時間軸に沿って構成しており、各章の内容も密接に関連し合っているので、第一章から順次読んでいただくことをお勧めする。第二部は、各章の独立性が高いので、どの章から読んでいただいても結構かと思う。

本書は、主として若い研究者を対象としたもので、今日から見れば未熟な論文も、教育学研究の方法論を探究する際には、なにがしかの参考になることを期待している。また、私のように戦後教育学の学習から研究を出発した同年代の研究者にとって、「史的唯物論と教育科学」というテーマは、一度は遭遇したことがあるのではなかろうか。巨細を問わず批判を歓迎する。

戦後日本の教育学——史的唯物論と教育科学／目　次

序

第Ⅰ部　戦後日本の教育科学論争

第六章　教育改革と教育科学……183

序章　史的唯物論と教育科学

第一節　弁証法的方法

史的唯物論は、弁証法的唯物論に基づく人間社会の理解の仕方である。そこで、予め弁証法的唯物論、就中弁証法について、史的唯物論を理解するために不可欠と思われる限りで、述べておきたい。

1　現実性と合理性

よく知られているように、F・エンゲルスは、弁証法の基本法則を三つに要約している。「量から質への、またその逆の転化の法則」「対立物の浸透の法則」「否定の否定の法則」が、それである。(1) しかしながら、ここでは、弁証法を変化・発展するものの原動力である矛盾（＝対立物の統一）と、それを認識する方法とに関する学説であり、自然、社会及び精神を通じて生起する諸現象を歴史的に考察し、当該現象の生成を一定の歴史的条件の下で必然的に生起したものとして合理的に把握しようとする方法的自覚である、と理解したい。(2) その意味で、「現実的なものは理性的であり、そして理性的なものは現実的である」(3)（ヘーゲル）。ところで、このヘーゲルの命題について、エンゲルスは次のように解説している。

ヘーゲルにあってはけっして、現存するものすべてが、それだけで、現実的でもあるというのではなかった。彼にあっては、現実性という属性は、同時に必然性でもあるものにのみ属するのであった。(中略) ヘーゲルによると、現実性とは、ある与えられた社会または政治的な状態について、どんな事情のもとにおいても、またいつの時代についても、そなわっているというような、そういう属性ではけっしてない。その反対である。(中略) さきには現実的であったものすべてが、その発展の過程において非現実的となり、その必然性を、存在権を、合理性を、失ってしまうのである。死んでいく現実的なものに代わって、新しい生命力のある現実性が登場する。(中略) このように、ヘーゲルの命題は、ヘーゲルの弁証法そのものによって、その反対物に転化する、——すなわち、およそ人間の歴史の領域で現実的なものはすべて、時とともに非合理なものとなる。だから、それは、その規定からしてすでに非理性的なものであり、もともと非合理性を負わされているのである。(4)

かくして、一定の合理性をもって生起した現実の展開そのものが歴史的条件を変革し、合理性を失うことによってそのものとしては消滅し、新たな現実にとって替わられる。このような弁証法の性質をK・マルクスは、次のように述べている。

(弁証法は—引用者) 現存するものの肯定的理解のうちに同時にまたその否定、その必然的没落の理解を含み、いっさいの生成した形態を運動の流れのなかでとらえ、したがってまたその過ぎ去る面からとらえ、なにものにも動かされることなく、その本質上批判的であり、革命的である。(5)

2　歴史と論理

歴史的な諸現象を合理的に理解するとは、歴史の進行の中に論理を発見することである。こうしてある歴史段階のひとまとまりの諸現象が把握されるならば、その諸現象は歴史的展開としてだけではなく、論理の体系（諸範疇＝諸編制）としても叙述することができる。この点についてエンゲルスは、マルクスの『資本論』の方法に関し、次のように述べている。

いま獲得された方法（弁証法的方法―引用者）によってでも、経済学の批判は二とおりのしかたで、すなわち歴史的にあるいは論理的に構想されえた。（中略）ところでこれ（論理的な取り扱い方―引用者）は歴史的形態と攪乱的な偶然事とを除き去った歴史的な取り扱い方にほかならない。そして、以後の進行は、抽象的、そして理論的に一貫した形式における、歴史的経過の映像にほかならないであろう。つまりそれは、修正された映像なのであるが、この修正というものも、現実の歴史的経過そのものが示唆する、すなわち、どの契機もそれが十分に成熟し典型的となった発展時点で考察されるということによって示唆する諸法則にしたがっておこなわれる修正なのである。(6)

ところで、論理的な展開が重要なのは、それが科学に求められる予見可能性の形式であるからである。

3　下向の方法と上向の方法

マルクスが資本主義的生産様式とそれに照応する生産諸関係の体系的叙述を行なうにあたっては、下向の方法と上向の方法の二つの方法を比較している。下向の方法とは、最も具体的な現象の分析から始めて、抽象的な諸範疇に行き着く方法である。これに対して上向の方法とは、最も抽象的な範疇から始めて具体的な現象を解明する方法である。マルクスによれば、下向の方法は経済学研究の初期段階に見られる方法であるが、その蓄積の上に上向の方法が可能となる。そして、上向の方法こそが、対象を論理的に把握するに適した方法であるとされる。マルクスの言葉を聞こう。

このあとのほうのやり方（上向の方法―引用者）が、明らかに、科学的に正しい方法である。具体的なものが具体的であるのは、それが多くの規定の総括だからであり、それゆえ多様なものの統一だからである。したがって、具体的なものは、それが現実の出発点であり、だからまた直感と表象の出発点であるにもかかわらず、思考では総括の過程として、結果として表れ、出発点としては現れないのである。(7)

4　内容規定と形態規定

論理的な展開は、「範疇設定＝範疇編制」の積み重ねであるが、人間の歴史、とりわけその経済的構造を把握するためには、〈内容規定・形態規定・統一規定〉の順序で考察される必要がある。『資本論』では、冒頭で商品の分析から始められている。これは、一見すると奇妙に思われるかもしれない。なぜなら、上向の方法では最も抽象的な範疇から始められるのであるから、商品がなお分析されるということは、さらに抽象的な範疇があることを意味するからである。しかしながら、最も抽象的な範疇と言っても、現実世界において具体的な表象を持つものでなくてはならない。そうであってこそ、論理的な展開の一歩一歩を、事実と付き合わせながら進めることができる。

さて、商品は、使用価値と交換価値とに分析される。この両者の中、使用価値は人間の具体的有用労働の果実であり、どのような社会においてもそのことが変わることはない。それ故、使用価値は商品の歴史貫通的な素材的内容規定と言うことができる。これに対して交換価値の内実は労働時間を内在的尺度とするところの抽象的人間労働の結晶である価値である。この価値が交換価値として現れるのは、未発達な段階の共同体間の接触か、社会的生産が私的に行われるという特定の歴史的条件の下でのみである。その意味で交換価値は商品の歴史変遷的な経済的形態規定である。こうして、商品は使用価値と交換価値の統一であることが明らかになる。この場合、使用価値は、交換価値の素材的担い手ではあるが、商品を商品たらしめているのは、使用価値ではなく交換価値である。なぜなら、生産物の所有者がそれを使用価値として消費してしまえば、それはもはや商品ではなくなるからである。ところで、商品生産が行なわれている社会においては、交換価値の実体である価値を、直接に労働時間で計測することはできない。なぜなら、商品の価値を規定する労働時間は、個別労働の労働時間ではなく、社会的平均的必要労働時間だからである。そこで、商品の価値は他の商品の使用価値を自己の等価形態とするという回り道によって、はじめてその表現形態を得る。かくして、考察は価値形態論に進み、特定の商品が貨幣商品となる可能性が示され、交換過程論において、商品交換に内在する矛盾（商品所有者同士の交換が成立する偶然性）に適合的な運動形態を媒介するものとしての貨幣商品産出の必然性が証される。

すべての商品の交換価値の十全な定在をあらわす特殊な商品、または特殊な排他的一商品としての諸商品の交換価値——これが貨幣である。それは、諸商品が交換過程そのものにおいて形成する、諸商品の価値の結晶である。だから、諸商品はすべての形態規定性をぬぎすてて、直接的な素材の姿でたがいに関係しあうことによって、交換過程の内部で相互にとっての交換価値となるのにたいして、交換価値として互いに現れあうためには、新しい形態規定性をとり、貨幣形成にまで進んでいかなければならない。(8)

このように、商品交換の考察では、貨幣商品の産出が論理的な展開の結果として開示され、金・銀が生まれながらにして貨幣商品として現象する「貨幣の物神性」の根拠が解き明かされるのであるが、それは、大筋において歴史の展開に合致しているのである。蛇足ながら付け加えれば、商品の形態規定性は、生産諸関係の反映であり、生産諸関係を明らかにすることこそが経済学の主題なのである。

5　分析的方法

弁証法的方法の中で、最も興味深く思われるのは、分析的方法である。マルクスは、経済学の方法に関わって、自らの方法的特徴づけを様々に行なっているが、分析的方法もその一つである。分析と総合は、およそ科学の一般的方法であるが、弁証法においては独自の内容を持っている。マルクスは、『資本論』を叙述する際、イギリス資本主義から多くの素材を充当している。これは、当時においてイギリス資本主義が最も発達した資本主義であり、歴史段階で言えば産業資本主義の確立を経ていたからである。このように最も発達した段階から歴史を逆照射し、当該現象の成立過程を考察するのが、弁証法的な分析である。このことをマルクスは次のように述べている。

ブルジョア社会は、最も発展した最も多様な歴史的な生産組織である。それゆえ、ブルジョア社会の諸関係を表現する諸範疇は、またブルジョア社会の編制の理解は、同時にすべての滅亡した社会形態の編制と生産関係との認識を可能とするのである。（中略）人間の解剖は、猿の解剖のための一つの鍵である。ところが、下等な動物種類に見られる高等なものへの暗示は、この高等なもの自身がすでに知られている場合にだけ理解されうる。こうして、ブルジョア経済は古代その他の経済への鍵を提供するのである。(9)

分析的方法について、なお言及しておきたいのは、山田盛太郎の『日本資本主義分析――日本資本主義における再生産過程把握』（一九三四年）の方法についてである。周知のように、山田の著作は『日本資本主義発達史講座』（岩波書店、一九三二年五月〜一九三三年八月）に執筆した三本の論文を中心に編まれているが、その書名は日本資本主義「発達史」ではなく、日本資本主義「分析」である。何故か。山田は戦前日本資本主義の危機解体局面において、その必然的な行程を見透すために、後発資本主義としての日本資本主義の特徴を、イギリス資本主義、換言すれば『資本論』を範例としながら、産業資本確立期の分析によって明らかにしようとした。それが、「軍事的・半農奴制的日本資本主義」という型制の剔抉である。山田は述べる。

本書は、日本資本主義の基礎分析を企図する。（中略）

本書においては、産業資本確立の過程を規定することにひとつの重要なる力点がおかれている。（中略）産業資本確立過程において軌道づけられてゆく構成の構造的（諸範疇、諸編成）把握によってのみ、戦後の一般的危機における構造的（諸範疇、諸編成）変化が合理的に把握されうる。したがって、産業資本確立過程の把握によって、その同時的規定たる帝国主義転化、金融資本成立（＝確立）の過程の把握が可能にされるのみに止まらず、また、それによって、その先蹤としての原始的蓄積、産業革命、ならびに、その後続としての一般的危機（構造的変化）の把握が可能にせられ、かくして、日本資本主義の全生涯の把握が合理的ならしめられる。かくの如き、産業資本確立過程の把握を基調とする原始的蓄積、産業資本確立＝帝国主義転化、金融資本成立＝確立、一般的危機を貫徹する把握によって、はじめて、日本資本主義の場合の発達諸形態＝劃期についての諸々の謬説ならびに迷妄に対する、批判が、根拠をうる。(10)

まことに、山田は、戦前日本資本主義の「資本論」を著したと言っても過言ではない。

6　研究の仕方と叙述の仕方

史的唯物論に基づく研究に対し、しばしば「経済決定論」とか「基底体制還元主義」とかの批判が見られる。しかし、マルクスが「私は、けっしてマルクス主義者ではない(11)」と言ったと伝えられるように、マルクスのエピゴーネンに対する批判をもってマルクスの史的唯物論批判に代えることは正当とは言えない。弁証法にしろ史的唯物論にしろ、あり合わせの素材を体よく料理する呪文ではない。それを、「歴史的研究の導きの糸として取扱わずに、史実を好きなように裁断するための型紙として取扱うなら、その反対物に転化する(12)」とエンゲルスは忠告している。ここで、「反対物」とは、観念論、または非科学的見解のことである。史的唯物論に基づく研究については、エンゲルスは次のようにも述べている。

> 唯物論的な見方をただひとつの歴史的事例についてだけでも展開することは、多年にわたるおちついた研究を必要とするような科学的な仕事であった。というのは、この場合たんなるきまり文句ではなにもできないこと、ただ多量の、批判的に精選され、完全にこなされた歴史資料だけがこのような課題の解決を可能にするということは、明かだからである(13)。

またマルクスは、研究の仕方と叙述の仕方について次のように述べている。

> もちろん、叙述の仕方は、形式的には、研究の仕方とは区別されなければならない。研究は、素材を細部にわたってわがものとし、素材のさまざまな発展形態を分析し、これらの発展形態の内的紐帯を探りださなければならない。この

仕事をすっかりすませてから、はじめて現実の運動をそれに応じて叙述することができるのである。これがうまくいって、素材の生命が観念的に反映することになれば、まるである先験的な構成がなされているかのように見えるかもしれないのである。(14)

弁証法的唯物論（及び史的唯物論）に基づく研究は、方法的手続きにおいて、科学的研究一般と何ら変わるところはない。ただ、研究の「導きの糸」として弁証法的唯物論（及び史的唯物論）の価値を認めているのである。そして、弁証法的真理は、結果にではなく、絶えることのない過程にこそ現れる。教育学がマルクス・エンゲルスから学ぶべきは、その片言双句ではない。研究方法のエッセンスである。

第二節　史的唯物論の定式と教育

1　史的唯物論の定式

マルクスの史的唯物論の考え方は、『経済学批判』の「序言」の中で簡潔に述べられており、通例それは「史的唯物論の定式」と称されている。行論の必要上、該当部分を示せば、次の通りである。

私を悩ました疑問の解決のために企てた最初の仕事は、ヘーゲル法哲学の批判的検討であって、その仕事の序説は、一八四四年にパリで発行された『独仏年誌』に掲載された。私の研究の到達した結果は次のことだった。すなわち、法的諸関係ならびに国家諸形態は、それ自体からも、またいわゆる人間精神の一般的発展からも理解できるものではなく、むしろ物質的な諸生活関係に根ざしているものであって、これらの諸生活関係の総体をヘーゲルは、一八世紀のイギリス人、およびフランス人の先例にならって、「市民社会」という名のもとに総括しているのであるが、しかしこの市民社会の解剖学は経済学のうちに求められなければならない、ということであった。パリで始めた経済学の研究を私はブリュッセルでつづけた。ギゾー氏の追放命令の結果、同地へ私は移ったのであった。私にとって明らかとなった、そしてひとたび自分のものになってからは私の研究にとって導きの糸として役だった一般的結論は、簡単にいえば次のように定式化することができる。人間は、彼らの生活の社会的生産において、一定の、必然的な、彼らの意志から独立した諸関係に、すなわち、彼らの物質的生産諸力の一定の発展段階に対応する生産諸関係にはいる。これらの生産諸関係の総体は、社会の経済的構造を形成する。これが実在的土台であり、その上に一つの法律的および政治的上部構造が立ち、そしてこの土台に一定の社会的諸意識形態が対応する。物質的生活の生産様式が、社会的、政治的および精神的生活過程一般を制約する。人間の意識が彼らの存在を規定するのではなく、逆に彼らの社会的存在が彼らの意識を規定するのである。社会の物質的生産諸力は、その発展のある段階で、それらがそれまでその内部で運動してきた既存の生産諸関係と、あるいはそれの法的表現にすぎないが、所有諸関係と矛盾するようになる。これらの諸関係は、生産諸力の発展諸形態からその桎梏に一変する。そのときに社会革命の時期が始まる。経済的基礎の変化とともに、巨大な上部構造全体が、あるいは徐々に、あるいは急激に変革される。このような諸変革の考察にあたっては、経済的生産諸条件における物質的な、自然科学的に正確に確認できる変革と、人間がこの衝突を意識し、それをたたかいぬく場面である法律的な、政治的な、宗教的な、芸術的または哲学的な諸形態、簡単にいえばイデオロギー諸形態とをつねに区別しなければならない。ある個人がなんであるかをその個人が自分自身をなんと考えているかによって判断しないのと同様に、このような変革の時期をその時期の意識から判断することはできないのであって、むしろこの意識を物質的生活の諸矛盾から、社会的生産諸力と生産諸関係とのあいだに現存する衝突から説明しなければならない。一つの社会構成は、それが十分包容しうる生産諸力がすべて発展しきるまでは、けっして没落するものではなく、新しい、さらに高度の生産諸関係は、その物質的存在条件が古い社会自体の胎内で孵化されおわるまでは、けっして古いものにとって代わることはない。それだから、人間はつねに自分自身が解決しうる課題だけを自分に提起する。なぜならば、詳しく考察してみると、課題そのものは、その解決の物質的諸条件がすでに存在しているか、またはすくなくとも生まれつつある場合にだけ発生することが、つねに見られるであろうからだ。大づかみにいって、アジア的・古代的・封建的および近代ブルジョア的生産様式を経済的社会構成のあいつぐ諸時期としてあげることができる。ブルジョア的生産諸関係は、社会的生産過程の最後の敵対的形態である。敵対的というのは、個人的敵対という意味ではなく、諸個人の社会的生活諸条件から生じてくる敵対という意味である。しかしブルジョア社会の胎内で発展しつつある生産諸力は、同時にこの敵対の解決のための物質的諸条件をもつくりだす。したがってこの社会構成でもって人間社会の前史は終わる。(15)

この「定式」の理解をめぐっては、多くの研究が積み重ねられてきた。今、その研究史的回顧を行うことは我が手に余るし、不要でもあろう。しかし、この「定式」の理解の水準が戦後日本における教育科学論を規定してきた点に鑑みれば、最小限度、本書の理解を示しておくことは求められるであろう。筆者の理解によれば、この「定式」は三つの部分から構成されている。①人間社会の構造、②人間社会の運動、及び③人間社会の様式が、それである。

①人間社会の構造

マルクスの「定式」を理解するためには、先ずなによりも、それが「法的諸関係ならびに国家諸形態」の合理的理解の方法論であることを押さえておくことが肝要である。換言すれば、いわゆる「土台－上部構造」論が核心をなしている(**図1**参照)。他方では、ここでの「諸範疇＝諸編制」は弁証法的な関係にある。生産諸力と生産諸関

図１　人間社会の構造

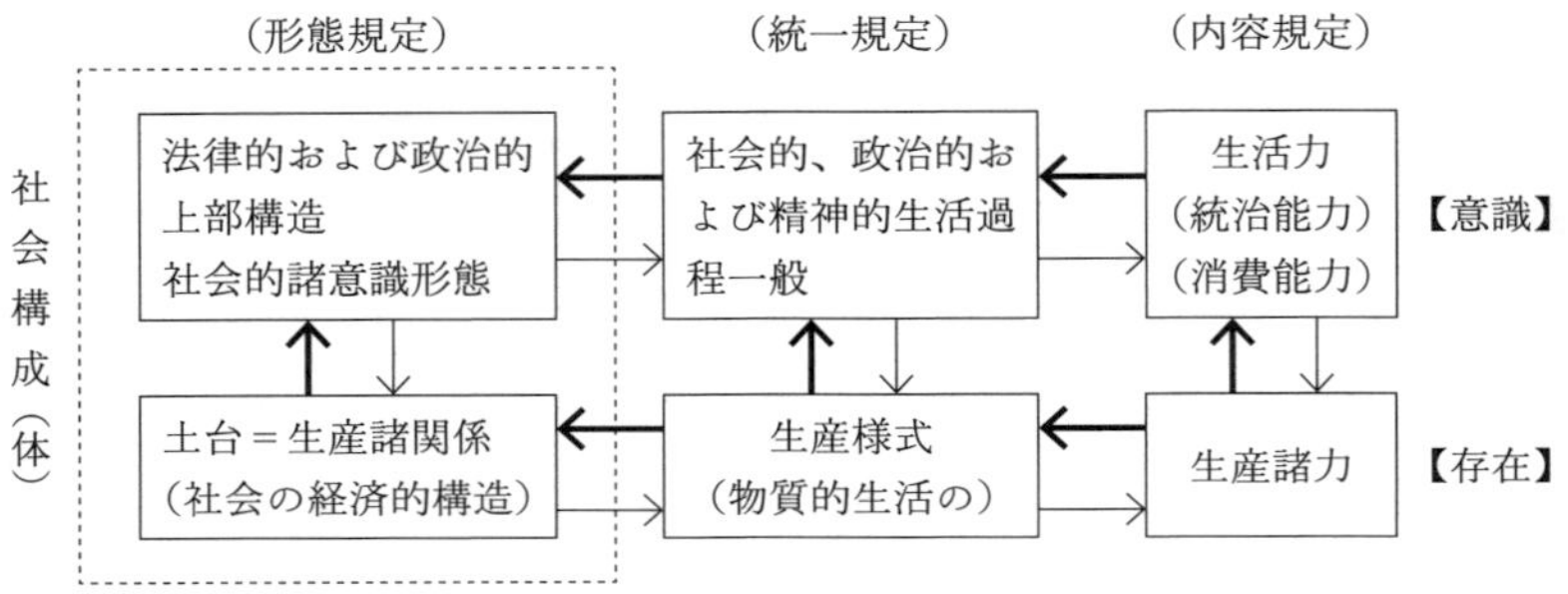

係の統一として生産様式があり、これが社会的、政治的及び精神的生活過程一般を制約するとすれば、その生活過程一般は生活力と社会的諸意識形態（並びに法律的および政治的上部構造）との統一である。お気づきのように、ここでは、マルクスが述べていない範疇としての生活力を設定している。これは、図式的理解を容易にするためのもので、「諸範疇＝諸編制」は〈内容規定・形態規定・統一規定〉の順で行なわれる。なお、「物質的生産諸力の一定の発展段階に対応する生産諸関係」と言われているが、ここには量と質の弁証法的法則が表されているものと理解できよう。また、生産諸力というのは、生産力構成要素（労働対象、労働手段、労働力）の結合から生まれる力を指しており、生産諸関係というのは、労働における直接的生産関係（労働の包摂関係）、交換関係、及び分配関係の総体を指しているものと言えよう。また、社会的諸意識形態は、社会的諸意識、もしくは単なるイデオロギーではなく、家族関係や政治団体、宗教組織など諸々の社会的関係と理解している。

「土台－上部構造」という言い回しは、社会を建築物になぞらえたものである。壮大な建築物は、地上に現れている上層部分だけが人の目を引くが、地下に隠れている土台によって支えられており、この土台の重要さを人々はしばしば見落としがちである。同様に、社会の華々しい諸生活の考察は、生命活動の維持に不可欠な経済的活動を不問に付しがちである。このような人間社会の有り様を、マルクスは巨大な上部構造とその経済的土台と表現したのである。

図２　人間社会の運動

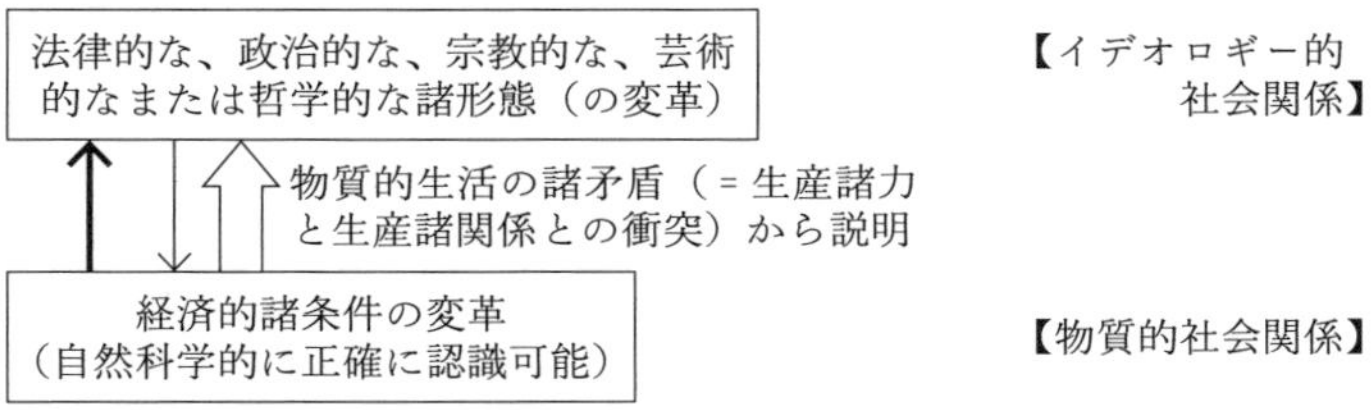

「土台－上部構造」の総体は、社会構成体と規定される。

言うまでもなく、ここでのマルクスの発見は、社会的諸関係の中にあって生産諸関係が物質性を持つことの論定にある。それは、人間の生命活動そのものを核心とする生産労働の発現としての生産力によって規定されることから、存在論的な意味で物質的であり、人間の社会的意識諸形態（及び法律的および政治的上部構造）に先行する客観的な実在性を持つという意味では、認識論的にも物質的であると言えよう。

②人間社会の運動

人間社会は、生産諸力と生産諸関係（＝所有諸関係）の矛盾（＝物質的生活の諸矛盾）の展開によって、歴史的に変遷する。したがって、ここでは、対立物の相互浸透という弁証法的法則が現れてくる。生産力の一定の水準に照応的な生産諸関係も、新たな生産力の発展段階に至ると、社会の桎梏に一変する。その時が社会革命の時代である。このような時代を考察するにあたっては、人間社会の物質的関係である経済的土台における変革と意識的・イデオロギー的社会関係である上部構造の変革とを区別することが肝要である（**図２**参照）。経済的土台としての物質的社会関係とは、人間が意識すると否とにかかわらず、客観的に存在する規則的・反復的な社会関係であって、その変革は経済的生産諸条件と共に「自然科学的に正確に確認」できる。一方、イデオロギー諸形態は、人間によって意識的に生み出されたものであるから、独自の運動をする。[16] しかし、イデオロギー諸形態の運動は、変革期の視点から見れば、物質的な経済的諸条件の変革に規定されている。それ故、法律的な、政治的な、宗教的な、芸術的なまたは哲学的な諸形態の変革は、物質的生活条件の諸矛盾――社会的生産諸力と生産諸関係とのあいだに現存する衝突――から説明されなければならないのである。この場合、言うまでもないことであるが、土台と上部構造は、相互規定的関係にあり、土台が一方的に上部構造を規定するというものではない。しかしながら、人間が意識すると否とにかかわらず、様々な生活領域での変革のための闘いは、究極的には経済的要因によって規定されている。このことを、エンゲルスは次のように説明している。

史的唯物論によれば、歴史における究極の規定的要因は、現実の生産及び再生産です。それ以上のことは、マルクスも私もかつて主張したことはありません。いまこれを、経済的要因が唯一の規定的要因である、というふうにねじまげる人があるならば、その人は、あの命題を無意味な抽象的な不合理な空語にかえてしまうのです。経済的な状態が土台ですが、しかし、上部構造のさまざまな要因、すなわち階級闘争の政治的諸形態とこの闘争の諸結果――勝利した階級がたたかいに勝ったのちに確立する諸制度、その他――法律的諸形態、さらにはこれらすべての現実の闘争が参加者の頭脳にうつしだす反射、すなわち、政治的・法学的・哲学的諸理論や宗教観とその教義体系への発展さえも、歴史闘争の経過にその作用を及ぼし、多くの場合にこの闘争の形態を主として規定します。そこにあるのはこれらすべての要因の交互作用であって、そのうちにあって、すべての無数の偶然事（すなわち、それらの相互の内的連関がひどく遠いかあるいは説明できないために、われわれがそういう連関を存在しないとみなし不問に付してもかまわないような事物や事件）を通じて、終局的には経済的運動が必然的なものとして自己を貫徹します。もしそうでないなら、理論を任意の時代に適用することは、じっさい、簡単な一次方程式を解くよりももっと容易なことになるでしょう。(17)（傍点は原典）

図３　人間社会の様式

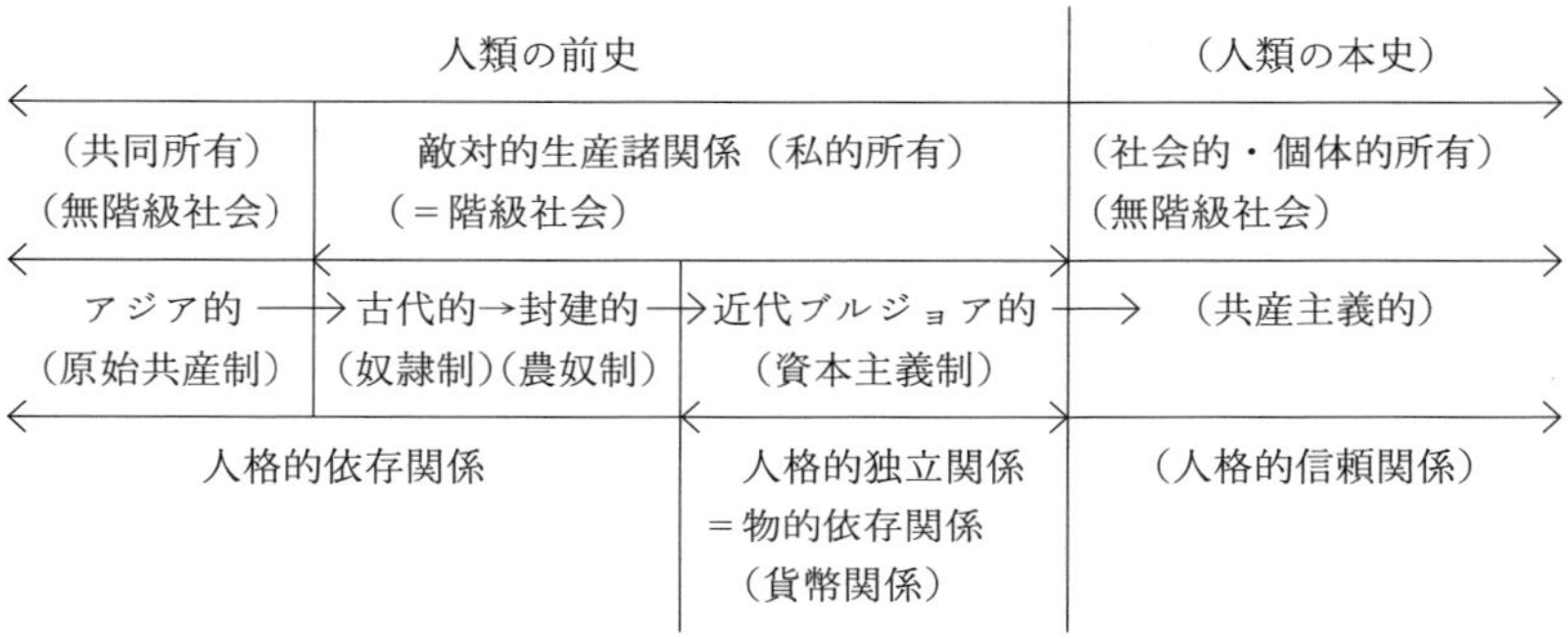

人間社会の運動は、無数の偶然事を介して経済的必然性の貫かれるというのが史的唯物論の見地であるが、そのことは、様々な偶然的諸要因を捨象しても良いということを意味しないことは言うまでもないことであって、歴史資料に基づき証明されなければならない。

③人間社会の様式

人間社会の様式に関するマルクスの説明は、「定式」だけでは簡略すぎるので、いくつかの補足をしながら説明してみたい。マルクスは「大づかみにいって、アジア的・古代的・封建的および近代ブルジョア的生産様式を経済的社会構成のあいつぐ諸時期としてあげることができる」と述べている。ここでは、アジア的は原始共産制、古代的は奴隷制、封建的は農奴制、近代ブルジョア的は資本主義制と解しておきたい（**図３**参照）。その上で、マルクスの歴史観には、「否定の否定」という弁証法的思考を見て取ることができることに注目したい。マルクスによれば、近代ブルジョア的社会構成をもって最後の敵対的生産諸関係とし、人類の前史はこれをもって終わりを告げるものとされている。ここには、生産力の未発達な段階における共同所有を特徴とした無階級社会から、生産力の一定の発展段階に対応した私的所有を特徴とする階級社会を経て、十分な生産力の発展の後に生産手段の社会的所有と生活手段の個体的所有を特徴とする無階級社会へ移行するという展望が語られていると読み取ることができる。さらに、マルクスの歴史観には、近代ブルジョア社会の人格特性に着目した「否定の否定」の弁証法も見られる。すなわち、近代ブルジョア社会以前の人格は互いに依存しあっているのであるが[18]、資本主義社会では、貨幣関係という物的依存関係の下で人格的独立性が発達する[19]。そして、物的依存関係から脱却することによって、真に独立した人格同士の関係としての人格的信頼関係をも展望していたのではないかと思われるのである。

2　社会における教育の位置

以上に見てきた史的唯物論の見地からすれば、教育は生産様式に規定されるところの生活過程の一領域であり、教育的諸関係は土台に規定されるところの上部構造の一部である。ところで、教育は生命の生産との密接な連関の下で、社会の再生産を媒介する働きである。この見地から、史的唯物論の基礎範疇との関連を考察しておこう。

先ず、生産諸力との関連からすれば、教育は生産力構成要素（労働手段・労働対象・労働力）の中、労働力の形成に不可欠な機能である。次に生産諸関係との関連で見ると、教育は新しい生命体としての人格に対し所与の生産諸関係の担い手として特定の世界観を形成する上で、これまた不可欠な機能を果たしている。このような教育の労働力形成機能と世界観形成機能は、生産諸力と生産諸関係との統一である生産様式に物質的基礎を持つものと言えよう。なお、宮原誠一が指摘したように、教育を社会の基本的機能の「再分肢」[20]機能と見る見地をも加えるならば、教育は社会的生活過程一般に必要な諸能力の形成機能と社会的諸関係の担い手として特定の世界観を形成する機能をも併せ持つものである。

他面では、教育的諸関係は、土台に規定された社会的諸意識形態の一つである。そして、それは、他の上部構造の諸関係との相互関係の下にあり、とりわけ法律的および政治的上部構造の規定を強く受けていることは言うまでもない。

3　教育実践の構造試論

教育学が最終的に目指すのは、教育実践の科学的解明である。その意味で、教育実践は、教育学の所与の対象であるが、それ自体としては「混沌たる表象」にすぎない。なお、ここで教育実践というのは、国民教育として行なわれる教育の最も具体的な姿を指している。さて、現実の教育実践を科学的に認識するためには、分析によって生産諸力と生産諸関係の矛盾的統一である生産様式範疇まで下向しなければならない（下向過程）。そこから、今度は総合（諸範疇＝諸編制）によって、「生きた現実」である教育実践を再構成することで（上向過程）、はじめてその教育実践の科学的認識を得ることができる。ここで、科学的認識とは、教育実践がもたらす教育効果の「予見可能性」のことである。

以下、覚え書きとして、教育実践を構成する諸範疇を簡潔に記述しておく（**図4**参照）。なお、ここでの「範疇設定＝範疇編制」は、〈内容規定・形態規定・統一規定〉の順序で行なわれているのであるが、その持つ意味は、社会の経済構造の場合とは異なっており、経済学の方法からすれば、比喩的なものであることに留意されたい。

生産様式を物質的基礎とするところの生活過程の一領域である教育の構造を指示する範疇群は〈教育要求・教育政策・教育制度〉である。①教育要求とは、生産様式に物質的基礎を持ち、生活過程一般によって規定されるところの自覚された教育の必要である。そして、体系化された教育要求が教育理念である。ところで、国民教育が問題になるのは資本主義の歴史段階であるから、教育要求は諸階級の教育要求として多様であり、したがって教育理念もまた多様である。②教育政策とは、「権力によって支持された教育理念」[21]（宗像誠也）である。教育政策は、法令の形式を得ることで強制力を持つことになる。③教育制度とは、教育要求と教育政策（教育法令）の統一された比

図４　教育実践の構造

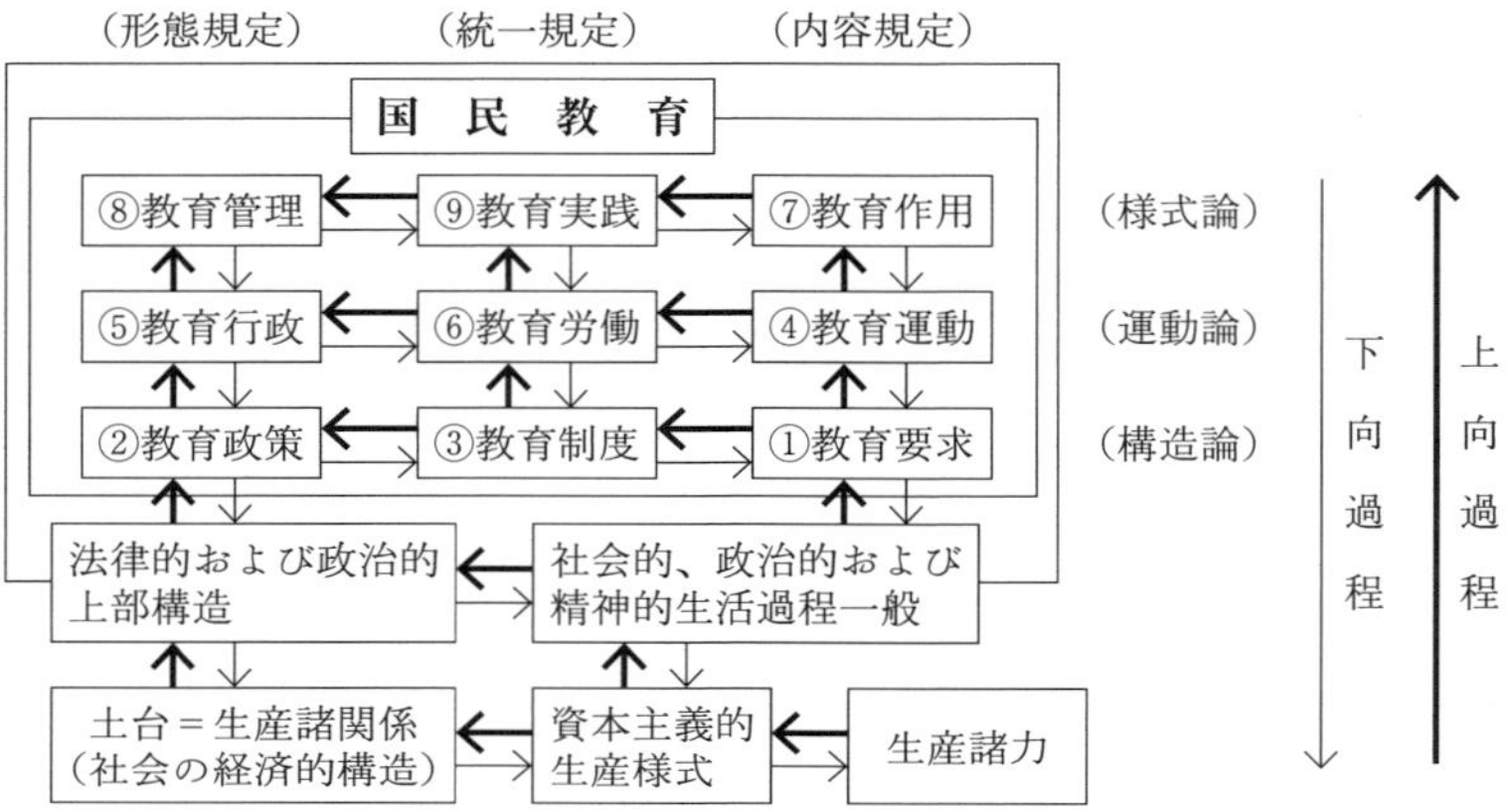

較的強固な教育組織である。教育制度は、一方で多様な教育要求によって支えられ、他方で権力によって支持された教育理念の貫徹が図られている。ところで、教育理念は公共性の形式を必須とするから、教育制度が教育政策によって規定されると言っても、特定の階級的利害が一方的に貫かれる訳ではない。

教育の構造を前提に、教育制度を働かせること、換言すれば教育の運動を指示する範疇群は〈教育運動・教育行政・教育労働〉である。④教育運動とは、教育要求に基づき、教育政策とは異なる教育理念をも含めて実現しようとする社会的力の組織された働きである。教育運動の基本形態としては、教育研究運動、教員組合運動、及び教育条件整備運動の三つを挙げることができる。⑤教育行政とは、権力の諸機関を通じて教育政策を実現しようとする働きである。⑥教育労働とは、教育制度を駆動させるところの教育運動と教育行政の統一された働きである。教育労働は、国民教育制度においては公務労働という形態を受け取るのであるが、その公共性をめぐって、市民的公共性と国家的公共性との相克の下に置かれている。

教育の運動を前提に、教育の最も具体的な有り様、換言すれば教育の様式を指示する範疇群は〈教育作用・教育管理・教育実践〉である。⑦教育作用とは、教師が子どもに対して教育課程（教育の内容と方法）に基づき、その発達を促す作用で、基本的には諸能力（人間性）の形成作用と世界観（人格）の形成作用からなる。そして、教育の自己教育への転化が、個性形成にとって規定的な意義を有する。⑧教育管理とは、教育作用を権力的に規制することである。⑨教育実践とは、教育作用と教育管理の統一された教育の最も現実的な有り様である。教育実践においては、教師と子どもとの人格的な関係が決定的な意義を有する。したがって、教育管理の規定性は、権力によるサンクションを伴うとは言え、常に一定の限界を持っている。

注

（1）F・エンゲルス「自然の弁証法」『マルクス＝エンゲルス全集』大月書店、第二〇巻、三七九頁

（2）「統一的なものを二つに分け、その矛盾した二つの部分を認識すること（中略）は、弁証法の本質（本質の一つ、唯一の基本的な特性あるいは特徴ではないにしても、その一つ）である。（中略）

対立物の同一性（対立物の『統一』といういい方が正しいかもしれない。もっとも同一性及び統一という用語のちがいは、この場合特に重要ではないが。ある意味では両方とも正しい）とは、自然（精神及び社会もふくめて）のすべての現象と過程のうちに、矛盾した、たがいに排除しあう、対立した傾向を承認すること（発見すること）である。世界のすべての過程を、その『自己運動』において、その自発発展において、その生き生きとした生命において認識する条件は、それらを対立物の統一として認識することである。」（傍点は原典。なお、訳中の原語は省略した。）レーニン「弁証法の問題によせて」『哲学ノート　下巻』松村一人訳、岩波文庫、一九七五年、九六－九七頁

（3）ヘーゲル『法の哲学』『ヘーゲル全集』第九a巻、岩波書店、二〇〇〇年、一七－一八頁

（4）F・エンゲルス『フォイエルバッハ論』『マルクス＝エンゲルス全集』第二一巻、二六九－二七〇頁

（5）K・マルクス『資本論』第二版後記」『マルクス＝エンゲルス全集』第二三a巻、二三頁

（6）F・エンゲルス「『カール・マルクス：経済学批判』書評」『マルクス＝エンゲルス全集』第一三巻、四七七頁

（7）K・マルクス「経済学批判への序説」『マルクス＝エンゲルス全集』第一三巻、六二七－六二八頁

（8）K・マルクス『経済学批判』『マルクス＝エンゲルス全集』一三巻、三三頁

（9）前掲・K・マルクス「経済学批判への序説」六三二頁

(10) 山田盛太郎『日本資本主義分析』岩波書店、一九三四年（『山田盛太郎著作集』第二巻、岩波書店、一九八四年、三五頁）
(11) F・エンゲルス「コンラート・シュミットあての手紙」『マルクス＝エンゲルス全集』第三七巻、三七九頁
(12) F・エンゲルス「パウル・エルンストあての手紙」『マルクス＝エンゲルス全集』第三七巻、三六一頁
(13) 前掲・F・エンゲルス「『カール・マルクス：経済学批判』書評」四七三頁
(14) 前掲・K・マルクス「『資本論』第二版後記」二二頁
(15) 前掲・K・マルクス『経済学批判』六－七頁
(16) 土台と上部構造における社会的関係を物質的社会関係とイデオロギー的社会関係として特徴づけたのはレーニンである。すなわち、レーニンは、次のように述べている。「唯物論は、『生産関係』を社会の構造として取りだし、この生産関係に反復性という一般科学的な基準を適用できるようにしたことで、完全に客観的な基準をあたえた。ところで、この反復性の基準が社会学に適用できるということは、主観主義者たちが否定してきたところである。彼らがイデオロギー的な社会関係（すなわち、形成されるまえに人間の意識を通過する関係）にとどまっていたあいだは、彼らはさまざまな国の社会現象における反復性と規則性とをみとめることができず、彼らの科学は、せいぜいこれらの現象の記述と素材の収集にすぎなかった。物質的社会関係（すなわち、人間の意識を通過しないで形成される関係、人間は生産物を交換することによって生産関係にはいりこむが、ここに社会的生産関係があることを意識さえしないで、そうするのである）を分析することによって、反復性と規則性とをみとめて、さまざまな国の制度を社会構成体という一つの基本概念に概括することが、一挙に可能になった。このような概括だけが、社会現象の記述（および理想の見地からする評価）から、これらの現象の厳密に科学的な分析にうつることを可能にしたのである。」レーニン『「人民の友」とはなにか』『レーニン全集』第一巻、一九五三年、大月書店、一三三頁
(17) F・エンゲルス「ヨーゼス・ブロッホあての手紙」『マルクス＝エンゲルス全集』第三七巻、四〇一－四〇二頁
(18) 「人格的依存関係（最初はまったく自然生的）は最初の社会形態である。」K・マルクス『経済学批判要綱』第一分冊、高木幸二郎監訳、大月書店、一九五七年、七五頁
(19) 「物的依存性の上にきずかれた人格的独立性は、第二の大きな社会形態である。」同　右　七五頁
(20) 宮原誠一「教育の本質」『教育と社会』第四巻三号、一九四九年三月、参照。
(21) 宗像誠也「教育政策」『新教育辞典』平凡社、一九四九年、参照。
〔附記〕本章の執筆にあたっては、久留間鮫造『マルクス経済学レキシコン』全一五巻（大月書店、一九六八年――一九八五年）、取り分け、『方法Ⅰ』（第二巻）『方法Ⅱ』（第三巻）『唯物史観Ⅰ』（第四巻）『唯物史観Ⅱ』（第五巻）が大いに役だった。

第Ⅰ部　戦後日本の教育科学論争

第一章　戦後初期の教育科学論

はじめに

本章の課題は、第二次大戦後の初期段階における教育科学論を、教育学における生産力理論の克服という観点から総括し、教育と経済の関係認識における若干の示唆を汲みとることである。

戦後初期において、教育と経済の関係を、教育の本質に関わる問題として論じたものに、国分一太郎の「生産力の再生産」説がある。教育の社会的機能の本質を、「生産力の再生産」ないし「労働力の再生産」に求める見解は、当時の教員組合運動関係者によって支持されることが多かったと言われるが、それを「生産力の再生産」説として、最も系統的に展開したのが国分一太郎であった。国分の「生産力の再生産」説は、教育学に史的唯物論を「ぎこちなく適用」[1]したものとして多くの欠陥を免がれなかったが、その論点の多く、とりわけ現状分析に関わる部分は、戦後初期教育運動の指導的見解と共通する点が少なくなかった。換言すれば、戦後初期教育運動の指導的見解の理論的根拠の展開を試みたものが国分の「生産力の再生産」説であったと言える[2]。このことによって、国分の「生産力の再生産」説は時代的特徴を反映し、一定の歴史的意義を獲得した。すなわち、それは、戦時下において「奴隷の言葉」で語られた教育本質論としての教育学における生産力理論の克服という歴史的課題を担うこととなったのである。この歴史的課題に、「生産力の再生産」説がどの程度応え得たかを明らかにすること、これが本章の主たる課題である。

ところで、戦後初期に提示された、いま一つの注目すべき教育科学論として、宮原誠一の教育の「再分肢」説がある。教育の社会的機能の本質を、「社会の基本的な諸機能の再分肢」[3]に求める宮原の「再分肢」説は、後の高い評価は別としても、戦時下の教育学における生産力理論を克服するいま一つの試みであったと見ることができる点で注目される。そして、宮原の「再分肢」説は、国分の「生産力の再生産」説に一定の影響を及ぼしていることと同時に、いくつかの理論上の問題において、「生産力の再生産」説とは対照的な理論であり、その意味で、「生産力の再生産」説の理論的特徴を理解するためには不可欠なものであると考えられる。それ故、本章では、宮原の「再分肢」説の検討も併せて行なうこととした。

戦後の研究史において、「生産力の再生産」説を系統的に紹介し、分析を加えた最初の研究は、船山謙次の『戦後日本教育論争史』（一九五八年）であり、今日までこれを超える研究はない。船山は、この著作の「第二部、教育本質論、第四章、教育科学論争」の中で、「戦後の教育科学論争は、国分一太郎氏と大熊信行氏とのあいだの論争にはじまる」[4]という位置づけの下に、「国分vs.大熊論争」を「生産力の再生産」論争として取り上げ、論点の整理を試みている。この船山による「生産力の再生産」論争の位置づけの特徴は、国分の「生産力の再生産」説と、戦時下における波多野完治の「生産力の拡充」説との理論的継承関係を指摘し、同時に、この論争を一九五〇年代における「教育科学論争」の前段階に置いた点にある。この位置づけは、基本的に正しいと言える。しかし、船山は、「生産力の再生産」説[5]を、専ら観念論的教育学に対する批判としての社会科学的教育学確立の試みとして評価し、教育学における生産力理論の克服という観点からの評価は見られない。

このことは、波多野完治の戦後の理論展開に対する船山の一面的評価とも関係している。すなわち、船山は、波多野が戦後においてその「生産力の拡充」説を、戦時下の主張以上には発展させなかったとするが、波多野が戦時中の理論に対して自己批判を行ない、教育が「土台－上部構造」論のどこに位置づくかというういわゆる「教育構造論」を最初に問題提起したことの歴史的意味を正当に評価していない。それ故、本章における「生産力の再生産」説の再検討は、何よりも波多野の自己批判と新たな問題提起の検討から始められる。(6)

第一節　戦時下の教育本質論

1　教育学における生産力理論

戦後初期の教育科学論を、教育学における生産力理論の克服という観点から総括する前提として、戦時下の生産力理論的傾向を示している教育本質論の中、戦後初期の教育科学論に直接関係する波多野完治の「生産力の拡充」説と宮原誠一の教育の「再分肢」説を検討しておくことが、ここでの課題である。

なお、戦時下の教育学における生産力理論の一般的特徴づけを予め行なっておくとすれば、次のように言うことができる。すなわち、天皇制公教育体制に対する抵抗の運動組織が弾圧によって解体された状況下において、教育のファシズム化に対する最後の抵抗線を戦時国家独占主義の教育政策における一定の「合理性」「計画性」の中に求め、(7)教育の生産力規定事情としての側面を一面的に強調し、教育の資本主義的性格からの脱却の可能性を教育の総力戦体制化の中に見い出した（あるいは、見い出せるかのように装った）幻想的理論、これが教育学における生産力理論であった。因みに、波多野完治は、内務省警保局図書課の「児童読物改善に関する措置要綱」（一九三八年七月）に始まる児童文化の統制に際して、その協議に加わり、また、一九三九年五月に始まる文部省推薦図書推薦委員会の委員に名を連ねたが、間もなく「自由主義的傾向」を理由に罷免されている。(8)他方、宮原誠一は、後藤隆之助の主宰した「昭和研究会」（一九三三年一二月～一九四一年一一月）の事務局へ所員として途中から加わり(9)、また、一九三九年の教育科学研究会の再発足に際して常任幹事となったが、一九四三年一一月には、治安維持法違反被疑により検挙されている。(10)

2　波多野完治の「生産力の拡充」説

波多野完治が、戦時下において、児童文化論の基礎理論として提唱した文化・教育における「再生産論の見地」――「文化は再生産の見地からは、生産性を高める一つの要素と考えられる」(11)「教育は、（中略）最も手っとり早くない、然しながら最も有効確実な生産力の拡充である」(12)――は、「児童文化論に生産力理論を意識的に適用」(13)したものであると評価されている。

確かに、波多野の「生産力の拡充」説は、かの生活教育論争（後期生活教育論争）に際して、波多野が提示した「生産者教育」論の転形であり、教育の社会的機能として「生産力の拡充」機能を強調する一方、教育の階級性及び教育の世界観形成機能を捨象するものであった。そして、その際の理論的媒介が、「再生産論の見地」だったのである。以下この点を具体的に分析しておく。

波多野は、留岡清男の生活綴方教育批判に端を発する生活教育論争を批評した論稿「生産主義教育論の生産性」（一九三八年五月）において、「生産主義の生活教育」とそれ以前の生活教育とを区別し、「前の生活主義は消費層に基礎をおいたものであるのに対し、最近の生活主義は、生産階級に基礎をおいて居る」(14)とした上で、次のように述べたことがあった。

> 生産者の地盤に立つ教育を覚悟するものは、生産主義の教育によって一人前の生産者をつくりあげることを念願とせねばならない。しっかりと地に足をすえた生産者を仕立てあげることが、生産教育の任務である。[15]（傍点は原典）

このように、波多野は、「生産主義の生活教育」が、「生産階級の基盤」に立っていることを自覚し、「労働を基礎とする社会哲学」[16]に立脚して、生産者教育を生活教育の目的として定位すべきことを主張した。

ところで、波多野によれば、子どもを生産的に教育するといっても、それは決して子どもの時代から実際生産に従事させることではない。子どもは「本来消費者」なのであり、それは「非常に先へ行って初めてこの消費をつぐなひ、消費を再生産に転ずることが出来るところの『商品』なのである。[17]」それ故、「教育者は本来、子どもを一人前に育てあげて行くという意味で一般の労働者よりもずっと大きな生産に従事している[18]」とも言われる。波多野が、教育を「商品」の生産とするのは、「教育を一つの再生産行程として眺め」た場合の比喩であって、教育を労働力商品の生産と規定する思想の表明ではない。しかし、ここで注意しておくべき点は、「再生産」論が、「生産階級」の立場から論ぜられる限りでは、児童保護の主張となるが、理念化された高度国防国家の立場から論ぜられると、児童保護そのものが、「生産力の増大」のための手段視されるということである。「生産力の拡充」説は、「生産階級」の立場の捨象された「再生産」論の論理的帰結であった。

そこで、改めて、「生産力の拡充」説段階における波多野の「再生産」論の特徴を検討しておく必要があろう。波多野の「再生産」論は、生産と消費の循環における「生産的消費」なる経済学上の概念を、通常「個人的消費」とされる文化・教育にまで拡張し、両者の区別を解消することによって成立したものと言うことができる。

> 世の中の人は文化といふと、とかくこれを消費的なものと見なす。（中略）然し文化の本質はそのやうなところにな

い。それは現在においては消費であるやうに見えても長い目で見ると、再生産過程の中では近視眼的な目には到底考へられない程の巨大な役割を果すのである。（中略）児童についても同様である。児童は今消費している。（中略）然し再生産過程の中に置いてみると、よく親のスネを囓った児童は拡大せる再生産に役立つのである」[19]

このように、波多野にあっては、文化・教育における「再生産論の見地」は、経済学上の概念の借用以上の範囲を出るものではなく、しかも、生産関係視点を欠落させた説明でもあった。しかし、社会的再生産の問題を媒介として教育と生産（経済）の関係を理論的に把握するという着想は、教育の社会的構造を理解する上で、今日なお示唆に富んでいると思われる。この点、戦後における波多野の自己批判及び理論的系譜において「生産力の拡充」説を継承した国分一太郎の「生産力の再生産」説の中で、生産関係視点の強調にもかかわらず、この「再生産論の見地」の発展させられることのなかったことが惜しまれる。

3　宮原誠一の教育の「再分肢」説

波多野完治が「生産力の拡充」説を提唱したのと同じ頃に、宮原誠一は「形成と教育」（一九四〇年八月）なる論稿を発表し、次のような教育の「再分肢」説を提示した。

職能としての教育は、国家の根源的な職能秩序中に位置を占めるといふよりはむしろ、すべての根源的職能に振り当てらるべき再分肢的・派生的な職分とみらるべきものである。[20]

この宮原の「再分肢」説は、後述するように生産力理論的傾向を持つものであったが、同時に、いくつかの点で、波多野の「生産力の拡充」説とは対照的な理論であった点が注目される。

第一に、宮原の「再分肢」説は、「形成」と「教育」の概念的区別を前提としているが、そこにおける「教育」概念は、社会一般との対立関係において規定され、波多野のように、経済との対立関係における文化的機能の一つとは規定されていないことである。宮原は、従来の教育を広狭二義において規定する見解が、両者の区別と関連を具体的に展開できないでいる点を批判し、いわゆる「広義の教育」を「形成」、「狭義の教育」を本来の意味での「教育」と規定する。ここに「形成」とは、人間形成に対する「自然的環境」「社会的環境」「生物的性質」などの諸要因の「同時的影響の過程」であるが、わけても「社会生活の全過程が、形成に対して決定的意義を有する」ものとされる。かかる過程としての「形成」の特徴は自然成長性に求められる。

人間の社会的経験は、人間の形成に対して比類のない絶大な影響を及ぼすのである。しかし社会生活の全過程は、人間を必ずしも望ましく形成するのではない。それは人間の望ましい形成を助けもし、妨げもする。総じて、形成は自然成長的な過程である。(21)

これに対して、「形成」とは区別される「教育」の特徴は、目的意識性に求められる。

教育は、この自然成長的な形成の過程を望ましい方向に統禦しようとする社会的過程である。それ故、教育は常に目的意識的な過程であって、盲目的に威力を振ふ形成の過程に対して、これを一定の目的にしたがって規制しようと努力する闘争的な過程である。(22)

このように、宮原は、教育概念を一義的に規定することを主張するのであるが、そのことによって、「社会生活の全過程」に対立するものとしての教育は、同時に「社会生活の全過程」に浸透するものとされる。すなわち、「社会生活のあらゆる場面に形成統禦のための一定の目的意識的な、具案的な社会的過程を、人と物と施設とによって組織して行くことが教育の任務にほかならない(23)」とされるのである。かくして、教育は「政治生活、経済生活、文化生活」の全過程と対立すると同時に浸透しあうものとされるのであるが、しかし、教育がかかるものとして「文化生活」から区別されることは、社会における教育の位置を不分明なものとする。「再分肢」説は、何よりもこの問題を解決する理論であったと考えられる。

第二に、宮原の「再分肢」説は、教育の社会的構造に関わって、その派生的性格を強調するが、その際、再び、教育と経済との関係においてではなく、教育と社会一般との関係で論ぜられる。ただし、戦時下の「再分肢」説は、戦後に再論された「再分肢」説とはニュアンスを異にしている点は慎重な吟味を要すると思われる(24)。論稿「形成と教育」においては、「教師とか教育者という職能」は、「国家に奉仕する職能機構の一分肢(25)」であるが、それが国家の職能秩序において占める位置は、政治・経済・文化などの「根源的職能に振り当てられるべき再分肢的・派生的な職分とみられるべきものである」とされている。これに対して、戦後の論稿「教育の本質」では、「教育という社会の機能」は「社会の基本的な諸機能の再分肢にほかならない」とされる。この点については、戦後の項において検討を加えるが、さしあたって、次の点だけは指摘しておきたい。すなわち、戦時下の「再分肢」説は、国家有機体の内部の分業論であり、その意味で、教育の社会的機能論というよりはむしろ社会的構造論であったが、その特徴は、教育の主体として国家を措定する一方、教育の上部構造的性格を曖昧にする点にあったと言えることである。

以上に検討してきたように、戦時下における宮原の教育の「再分肢」説は、そのものとしては、教育と社会の一般的関係を論じたものである。しかし、「再分肢」説を媒介として捉えられる教育と経済の関係認識は、経済が教育を規定することを前提にして、国家の経済的必要が教育に直接反映されることを正当化するものであった。例えば、「人的資源の培養といふことは何も教育自体の要求ではなくて、叙上の基本的国家諸機能の要請として教育に課せられるところの任務である」(26)というように。それ故に、戦時下における宮原の「再分肢」説は、教育学における生産力理論の一形態という一面を有していたと言えよう。

4　小括

波多野完治の「生産力の拡充」説と宮原誠一の教育の「再分肢」説は、共に教育の本質を教育の社会的規定の問題として提起し、これに一定の解決を与えたものと言うことができる。波多野の場合、教育が生産力規定事情の一つであることに着目し、教育の社会的機能の本質を「生産力の拡充」に求めた。しかし、生産と消費の総過程＝再生産過程は、同時に社会的諸関係の再生産過程でもあること、したがって、「生産力の拡充」は、同時に「生産関係の強化」であり、資本主義の下では「資本の生産力の拡充」であることを捨象した。他方、宮原の場合には、教育が社会的諸関係において占める位置の派生的性格に着目し、「教育という職能」の本質を「国家の根源的な職能秩序」の「再分肢」に求めた。しかし、宮原の場合、社会的諸関係が物質的関係とイデオロギー的関係に区別され、教育の派生的性格は、第一義的には、それがイデオロギー的関係であることに由来することを看過した。こうして、波多野にあっては、教育の社会的機能の理解における生産関係視点の欠落の故に、宮原にあっては、教育の社会的構造の理解における教育の上部構造的性格の看過の故に、共に、生産力理論に陥ったのである。

戦後初期の教育科学論が、さしあたって、戦時下の教育本質論を継承しなければならなかった限り、その理論的課題が、かかる教育学における生産力理論の克服にあったことは、蓋し、当然であったと言えよう。

第二節　戦後初期の教育科学論

一五年戦争における敗戦と戦後改革は、天皇制ファシズム体制を崩壊させ、占領政策の枠内とは言え、基本的に政治活動並びに思想・言論の自由が確保された。かかる状況の下で、教育運動の再建、再組織が進められたが、戦時下における弾圧の傷跡は物理的にも精神的にも深く、加えて、急テンポで進む教育改革の進行に対応するための組織活動の必要は、戦前の教育理論の蓄積を継承発展させる課題に、組織的・系統的に取り組むことを著しく困難にしていた。「教育学は教育の事実に追いつけない」(27)でいるという宗像誠也の指摘、あるいは、「教育学の民主的再建はプロレタリア教育理論の確立なしにはあり得ない」(28)という菅忠道の指摘は、かかる理論状況に対する反省の呼びかけであったと言える。その中にあって、戦時下の教育理論を手掛りとして進められた教育学再建の試みが、戦後初期の教育科学論に他ならない。

1　波多野完治の自己批判――「社会心理形成」説の歴史的意義と限度――

戦時下の教育理論に対して、明確な批判と自己批判を行なったのは波多野完治であった。それ故に、戦時下の教育本質論と戦後初期の教育科学論の連続・非連続を検討するにあたっては、波多野の問題提起の吟味から始めることが必要であろう。

波多野は、戦後初期の教育科学論としては先駆的な論稿「社会における教育の位置」（一九四七年六月）において、教育と「社会構造論」との関係如何という問題を提起し、次のような見解を提示した。

教育は一方において社会の政治経済的状態に規定されつつ、他方において全てのイデオロギーを規定するものとなっているのである。そして、このように教育が一切のイデオロギーと並ぶのではなく、その基礎にすわる、という事情は、それが「社会心理」を規定するところの一つの「制度」であるというところから出て来るのである。（中略）それ（「教育」のこと―引用者注）は政治（これは経済に規定される）の上に立って、イデオロギーの土台となるものである。(29)

この波多野の見解を、とりあえず「社会心理形成」説と呼ぶとすれば、この「社会心理形成」説は、戦時下の「生産力の拡充」説とどう関係するか。これが、ここで明らかにすべき課題である。

そこで、先ず注目されるのは、波多野が「生産力の拡充」説に基づいて展開した戦時下の児童文化論に対する自己批判である。波多野は、論稿「児童文化運動の新しい展開」（一九四九年四月）において、児童文化の物質的基礎の問題を論じ、それが一〇年前には、専ら「紙」や「玩具材料」などの問題として認知されていたが、児童文化には「もっと根本的な基礎」、すなわち「イデオロギーを成らせしめる社会の基礎構造、生産力、その生産力から出てくる社会構成」の問題があるとして、戦時下の児童文化論に対して次のような反省を加えている。

十年前にはこのような社会の基礎の変化は出来なかった。社会の物質構造の方はこのままにしておいて、その範囲で児童文化を浄化しなければならなかったのである。だから、児童文化運動はいきおい「児童文化財運動」にならざるをえなかった。(30)

この波多野の自己批判によれば、「生産力の拡充」説は、専ら「児童文化財」の確保と浄化を求める「児童文化財運動」のための理論であり、その制限性は、「社会構成」ないし「社会の物質構造」の問題を捨象していた点に求められていた、と考えてよいであろう。その意味で、この自己批判は、積極的な意義を有していたと言える。そして、「社会心理形成」説は、この「社会の物質構造」の問題、すなわち生産関係視点を教育の概念規定に取り入れる試みであったと言える。

ところで、波多野が「社会心理形成」説を提示する際に直接の批判の対象としたのは、「生産力の拡充」説ではなくて、「社会化」説であった。ここに含まれる問題には、後に触れることにして、とりあえず「社会化」説に対する波多野の批判を見ておきたい。

波多野は、「教育の本質が『社会化』にあることを発見したのは『教育科学』の一つのメリットといってよいだろう(31)」として、デュルケーム、クリーク、ペーターゼンらの名を挙げた上で、「だが我々はここで二つの点に注意しなければならない」として、次のように述べる。

> 第一は社会と国家の混同である。子供が人となるには社会化されなくてはならない。だが国民学校の時代に我々は社会化ということによって「国家化」を考えてはいなかったか。（中略）
>
> 第二に注意しなければならない点は、社会化という場合には、その社会がいかなる社会であるか、ということである。社会が無階級社会（デュルケムの研究したごとき原始社会）であれば、そこに行なわれる教育は一社会一教育にすぎず、子供の成員全部の等質性が要求されるのであるが、スパルタのような奴隷社会になると、奴隷支配者の教育と奴隷たるものの教育とはまったく異ってしまうのである。（中略）この点から考えても社会化ということで階級的内容を抹消してしまうことが、いかに教育の事実に即しないかが明らかである。(32)

およそ以上のような波多野の「社会化」説批判は、波多野が意識していたか否かは別にしても、宮原の「再分肢」説に対する批判としての意味を持っていたと言える。というのは、先に見たように、戦時下の宮原の「再分肢」説にあっては、教育の主体として国家が措定され、同時に、教育の上部構造的性格が曖昧にされることにより、教育の階級性は捨象されていたからである。この点で、波多野が「社会における教育の位置」を論じるにあたって、何よりも教育の上部構造的性格を問題にしたのは意味深い。

しかし、波多野の「社会心理形成」説は、その問題意識の正当さにもかかわらず、満足のいく解決を与えたとは言えない。すなわち、そこには少なくとも二つの問題があったと言える。第一に、「社会心理形成」説は、当初、国語教育に関して提示されたものであり、(33)その限りで興味深い問題提起ではあるが、技術教育などをも包括する教育の一般的な概念規定とはなり得ないことである。この点は、「社会心理形成」説が、「生産力の拡充」説を批判的に発展させるものではなかったことと関わっている。第二に、「社会心理形成」説は、生産力と生産関係、土台と上部構造など、明らかに史的唯物論の用語を用いて展開されているにもかかわらず、これらの範疇の意味内容は波多野の恣意的な理解に基づいていたということである。すなわち、波多野は、「土台＝政治的経済構造」、「上部構造＝イデオロギー」という理解の下に、「土台」と「イデオロギー」の間に「社会心理」なる範疇を置き、教育をこの「社会心理の規定者としての制度」と規定する。(34)この規定は、教育が「土台」によって規定されることを指摘した限りでは積極的意義を有していると言い得る。しかし、「土台－上部構造」論が、何よりも社会的諸関係の総体としての社会構成体の内部構造を示す範疇であることに対する無理解の故に、教育はイデオロギーであるか否かというおよそ無意味な問題設定をもって教育が上部構造そのものであることを否定し、「社会心理」なる第三の範疇を持ち込むことになったのである。

「社会心理形成」説は、およそ以上のような問題点を含むが故に、波多野自身その不十分さを認め、改めて「『再生産』の見地」から、「教育の社会的意義」（一九四八年一月）を論じることになる。[35] しかし、この論稿は、形式から見れば、「生産力の拡充」説と「社会心理形成」説を統合する試みであったと言えるが、内容的には、国分一太郎の「生産力の再生産」説に依拠していたと推察され、独自の理論的内容を持つものとは評価し難い。そして、波多野は、これ以上、この問題を発展させようとはしなかった。

2　国分一太郎の「生産力の再生産」説

波多野完治が、教育の社会的機能と構造を「階級視点＝生産関係視点」から捉えるという問題を提起しながらも、「生産力の拡充」説をそのものとしては批判的に克服し得ないでいた時に登場したのが、国分一太郎の「生産力の再生産」説であった。国分の「生産力の再生産」説が、波多野の「生産力の拡充」説を意識的に継承したものであるか否かは確証し難いが、「生産力の再生産」説を最初に展開した国分の論文が、「新しい児童文化運動の基礎」（一九四七年七月）であったことは興味深い事実である。この論稿において、国分は、「人類社会における広い意味の教育活動とは何か」と問題を提起し、それを「生産力の再生産」と規定して、次のように述べる。

> 人間は政治や学問や芸術にたずさわる前に、何よりも先に、まず飲み食い、住居をかまえ、着物をきねばならぬ。したがって物質的生活資料の直接の生産にたずさわるもの、すなわち農民、労働者、一般勤労者などをその社会の生産力のにない手としてもっている。これを生産力とか労働力とかいっている。（中略）この生産力の再生産ということ、これこそ人類社会における教育活動という一大作業なのだ。[36]

この国分の「生産力の再生産」説は、その後、「科学的教育理論確立のために――永田廣志著『入門史的唯物論』

をよんで」（一九四八年六月）、『生産力の再生産』説について――教育とはどういうことか」（一九四九年一月）、「唯物史観教育の概念――「生産力の再生産説」の自己批判をかねて」（一九四九年九月）、「民主主義教育の前進のために」（一九五〇年一月）などの一連の論稿において一層の展開が試みられている。(37) これらの論稿の中、『生産力の再生産』説について」が、国分の一応の到達点を示していると同時に、国分の思考を最もよく示していると考えられるので、ここでは、この論稿を中心に「生産力の再生産」説の検討を行なうこととする。

さて、国分が、教育の社会的機能を「生産力の再生産」と規定する場合、さしあたって、そこには、二つの意味が込められていた。第一に、ここで言う「生産力」とは、生産力の三要素（労働対象、労働手段、労働力）の中の「もっとも根本的な生産力」としての労働力を意味している。第二に、この労働力は、「生きた人間の労働力」であり、それ故に、労働力の再生産は「労働力のにない手」である人間の再生産を意味する。したがって、「生産力の再生産」という教育の本質規定は、正確には、「生産の根底となる労働力のにない手である、人間みずからを再生産するはたらきが、教育に課せられた社会的機能である(38)」ということになる。

ところで、「生産力の再生産」は、同時に「生産関係の再生産」であり、労働力のにない手の再生産は、同時に社会的諸関係の再生産である。国分は、事柄のこの側面を指摘することも忘れない。そして、この生産関係視点からの考察は、階級社会においては「教育の階級性」の問題として論ぜられることになる。さて、国分は、階級社会においては、「剰余価値を搾取するもの」と「剰余労働を搾取されているもの」とに分化し、前者がその社会の「権力階級」になるとした上で、「支配階級による教育の目的」について、次のように述べる。

生産力の再生産という任務に変化はないにしても、支配階級による教育の目的は「搾取しがいのある生産力」「搾取しやすい生産力」をつくりだすということにあった。(39)

ここで、「搾取しがいのある生産力」とは、生産関係によって規定された労働力のことであって、その意味するところは、支配階級は「剰余価値の搾取」のために一定の生産力（＝労働力）水準を維持することを必要とする限りで教育を施すが、その目的を超えて、生産力の無限の発展を展望することはできない、ということである。他方、「搾取しやすい生産力」とは、支配階級のイデオロギーに支配されている「労働力のにない手」のことであって、その意味するところは、第一に、そのために、支配階級は「現存社会関係＝秩序の保持のためのイデオロギー教育をもっとも重視」するということ、第二に、「特権的な教育と庶民の教育の系統」が区別されるということである。(40)

このように、支配階級による教育の階級性を論じた上で、「被圧迫、被支配階級」の教育要求が対置され、「生産力の再生産という教育の本来的な任務を確信し、それのゆたかな発展をねがっているものは、かれらである」(41)とされるのである。

およそ以上のような国分の「生産力の再生産」説は、波多野の「生産力の拡充」説と比較すると、次の三点において、理論的前進を指摘し得る。第一に、教育と生産力の接点として、労働力を措定したことである。波多野の「生産力の拡充」説にあっては、教育の生産力拡充機能は、文化の生産性との類推において論証されるに止まっていた。また、波多野は、戦後において人間の生産については述べたが、それ以上には分析を進めなかった。これに対して、国分が教育と生産力の接点を労働力に求めたことは、教育と経済の関係認識における一歩前進であったと言える。

第二に、教育の社会的機能の考察にあたって、「生産関係視点＝階級視点」を「最も重要なことがら」(42)として強調したことである。この問題は、戦後いち早く波多野が提起してはいたが、波多野はそれを「生産力の拡充」説に適用しようとはしなかった。これに対して、「生産関係視点＝階級視点」から「生産力＝労働力」の形態規定を試みた国分の見地は、「搾取しがいのある生産力」「搾取しやすい生産力」という概念規定の当否は別にしても、理論的に一歩前進であったと言える。

第三に、教育の主体を階級に求めた点である。この問題も、戦後において波多野が提起しており、その際、波多野は「生産関係を代表する集団」と「生産力を代表する集団」という区別を行なっていた[43]。これに対して、国分は「支配階級」と「被支配階級」という区別を用いている。教育の主体としての階級のこのような規定の仕方に関しては、吟味すべき点が少なくないが、ここでも、問題提起としての意義を確認しておく。

ところで、「生産力の再生産」説は、「広い意味での教育」の社会的機能の本質規定として提示されたものであるが、同時にそこには、「唯物史観における土台と上部構造との関係において、教育とは、どのような位置をしめるものなのか」という教育の社会的構造に関する問題意識が含まれていた。しかし、その際、国分は波多野と同じく、上部構造論を専らイデオロギー論として理解し、「教育はイデオロギーそのものか、もっと特別なものか[44]」というように問題を提起する。ただ、国分の場合、この疑問は、教育の社会的機能における『『生産力の再生産』ないし『生産力の向上』』というような点を考えれば、イデオロギーとだけはいえなくなる[45]」という点にあった。教育がイデオロギーの伝達と「労働力の再生産」という二つの社会的機能を有するという問題と、教育がイデオロギー的社会関係として物質的社会関係としての土台に規定されるところの上部構造における現象であるということは別の事柄である。むしろ、国分の問題意識が正当な理論的意義を獲得するためには、国分は、「狭い意味での教育」＝「上部構造としての教育」に関する概念規定を行ない、「広い意味での教育」の社会的機能が、「狭い意味での教育」において発現する条件を問う必要があったのである。

以上、国分の「生産力の再生産」説の検討を行なってきた。「生産力の再生産」説は、その基本的立場において、かつての波多野らによる「生産者教育」論の復活という側面を有している。しかし、「生産者教育」論の否定（「生産力の拡充」説）の否定としての「生産力の再生産」説は、単なる復活に止まらず、いくつかの理論的前進を含んでいた。しかし、「生産力の再生産」という教育の概念規定は、その粗雑さ故に、大熊信行による批判を受けることになる。この大熊による国分批判の意義は、「生産力の再生産」論争として、節を改めて検討するが、その前に、宮原誠一の戦後における「再分肢」説の検討を行なっておきたい。と言うのは、「国分vs.大熊論争」は、間接的に行なわれた「国分vs.宮原論争」という側面を有していたと考えられるからである。

3　宮原誠一の教育の「再分肢」説、再論

宮原誠一は、戦後初期における論稿「教育の本質」（一九四九年三月）において、教育の「再分肢」説を再論する。その際、一九四〇年論稿「形成と教育」と「教育の本質」との関係について、次のように述べる。

「形成と教育」は、きわめて不じゅうぶんな考察であった。しかし、そこにしめされていた限りでの基本的な観点については、私は今日でも自分の考えを変更する必要をみとめない。そこで私は、ここでは、教育の本質について若干の基本的な問題について考察してみたい。(46)

既に指摘したように、戦時下の「再分肢」説と戦後論文における「再分肢」説とは、異ったニュアンスを持っている。この相違は、宮原の言葉に従えば、一九四〇年論文が、「不じゅうぶんな考察」であったことの結果であるが、その「不じゅうぶん」さが、戦後論文において、どのように克服されたかを検討しておくのが、ここでの課題である。

さて、先に波多野完治の「社会心理形成」説を検討した際に論及しておいたように、戦時下の「再分肢」説の「不じゅうぶん」さは、社会と国家の等置、並びに教育の階級性の抹消にあったと言える。それ故に、宮原の戦後

論文は、この点を克服することが不可欠の課題となる。まず、教育の階級性の問題について、宮原は「形成」と「教育」の概念的区別を確認した上で、次のように述べる。

人間の形成の過程を望ましい方向にむかって統禦しようとする人間の努力が、教育の本質にほかならない、ということは、教育とは本質的に立場あるいは傾向をもつものだということを意味する。(47)

教育の歴史をしらべてみれば、古代以来現代にいたる階級社会において、支配的な教育はつねに支配階級の教育であったことはあきらかである。階級社会における支配的な教育の傾向は、つねに支配階級の利益と信念とに、その価値に、依存するものであった。(48)

このように、宮原は、戦時下の「再分肢」説が、「望ましい方向」即「国家の理念」としていたのに対し、教育の価値選択的本質を媒介として、教育の階級性を導入した。

また、社会と国家の等置の問題については、次のように述べられる。

教育という社会の機能は、社会の他の基本的な機能と並行する一つの基本的な機能ではなくて、社会の基本的な諸機能の再分肢にほかならない。(中略)

教育は、他の基本的な諸機能のそれぞれの末端――もっとも実践的な末端でいとなまれるところの再分肢的な機能なのだ。政治の必要を、経済の必要を、あるいは文化の必要を、人間化し、主体化するための目的意識的な手続き、これが教育というものにほかならない。(49)

このように、宮原は、「国家の根源的職能の再分肢」を「社会の基本的な諸機能の再分肢」に置き換えることによって、社会と国家の等置を克服したのである。

ところで、戦後の「再分肢」説は、教育の社会的機能論として宮原自身も規定し、また、一般にそのように受けとられている。しかし、戦時下の「再分肢」説が教育の社会的構造論であったように、戦後の「再分肢」説も教育の社会的構造論を内包している。例えば、次の如くである。

多かれ少なかれ計画的な手続きと担当者とをもつところの特別な教育組織は、さいしょまず、社会の基本的な諸機能に応じる諸々の集団の内部において産出された。われわれは中世以降そういうものとして貴族の学校、僧侶の学校、軍人の学校、商人の学校などをみることができ、また同業組合における教育組織として徒弟制度や奉公制度をみることができる。すなわち、ここでは社会の基本的機能のいくつかのものの内部から直接に教育の機能が再分肢されていた。(50)

貴族、僧侶、軍人、商人などが等しく「社会の基本的機能」であるか否かは別にしても、社会の機能の「再分肢」は、同時に社会組織の再分肢でもあることが確認されよう。そして、このことは、戦後の「再分肢」説が教育の社会的構造に関しては、依然として、教育の上部構造的性格を曖昧にするものであること、それ故に、教育の本質規定への階級視点の導入にもかかわらず、生産力理論を克服し切れていないことを示している。この点で、宮原が、「精神と物質、理論と実践、頭脳的労働と身体的労働、一般的教養と職業的教養という教育に関連のある二元的対立」(51)の超克を究極的目的とする「生産主義教育」を「資本主義経済の本来の合理性」(52)に依拠して進め得るとしたことは特徴的であった。

4　小括

国分一太郎の「生産力の再生産」説は、「広い意味での教育」の概念規定の試みであり、その限りで、歴史貫通的な規定である。そして、教育の本質的な社会的機能の一つとして、労働力形成機能を措定することは、抽象的には正しい。しかし、この抽象的、歴史貫通的規定を具体的な歴史分析ないし現状分析に用いるためには、「狭義の教育」の概念規定を不可欠とする。そして、その理論的媒介となるものが、「土台－上部構造」論であるべきはずであった。ところが、国分にあっては、「上部構造＝イデオロギー」と理解する傾向があるので、「狭義の教育」の概念規定を正確に行なうことができない。

これに対して、宮原誠一の教育の「再分肢」説は、「広義の教育」と「狭義の教育」を二つながらに「教育」と規定することを批判し、前者を「形成」、後者を「教育」と概念上区別する。そして、教育の社会的機能の本質を、「社会の基本的な諸機能の再分肢」と規定する。この教育の社会的機能の本質規定は、形式的規定としては一般性を有しており、その意味で、国分の「生産力の再生産」説に対する根本的な批判を包蔵している。しかし、より一層注目すべき点は、宮原の「再分肢」説における教育の社会的構造論の側面である。すなわち、宮原は、教育の機能の再分肢に照応する教育組織について言及し、それを「多かれ少なかれ計画的な手続きと担当者とをもつところの特別な教育組織」と特徴づけたが、これは要するに社会的分業としての教育の規定に他ならない。そして、国分の教育構造論に欠落していたのは、正にこの問題であった。しかし、一方、国分が不十分にしろ確認していた教育の上部構造的性格については、宮原の「再分肢」説は明確な規定を欠いていた。

このように、一方における教育の概念規定の粗雑さ（就中、「狭義の教育」概念の欠落）、他方における教育の上部構造的性格に対する認識の曖昧さは、本来両者をして論争に向かわせるのに十分な理論的対立を含んでいたと言える。そして、これらの点に関して、宮原の「再分肢」説に「より多くの共感」を覚えつつ、「生産力の再生産」説を批判したのが、大熊信行であった。

第三節　「生産力の再生産」論争

1　問題の所在

従来、「生産力の再生産」論争は、国分一太郎と大熊信行との間で交された教育の概念規定をめぐる論争であったとされている。例えば、船山謙次は、この論争を「一方が外延を問題とすれば、他方は、内包を論ずるという結果となり、論争がついにかみ合うことなく中断したことは、教育科学の樹立という点からも、きわめて惜しまれることであった」(53)と総括している。この総括は、「国分vs.大熊論争」が、「生産力の再生産」という教育の概念規定の粗雑さに端を発するものであった限りで、事柄の一面を正しく指摘している。しかし、「国分vs.大熊論争」は、もう一つの側面として、史的唯物論を教育学に適用するにあたり、教育と経済の関係をどう規定するか、より具体的には、教育学における生産力理論をいかに克服するか、という論点を含んでいた、と考えられる。と言うのは、大熊自身、戦時下において、その独自の経済学的立場から国策に協力することを目的として、教育を「生産力の生産」ないし「人間生産」という見地から論じたことがあり(54)、したがって、戦後の「生産力の再生産」説批判は同時に自己批判でもあったからである。しかも、その際、大熊は、戦争責任に対する反省から、政治的・思想的立場の問題としては戦前の反共主義に対して、学問的立場の問題としては反マルクス主義に対して、一八〇度の方向転換さえ考えていた(55)。それ故に、大熊の国分批判は、「生産力の再生産」説が「人間をもって国家政策における軍事産業動員の客体とするような気分をまぬがれることができない」[56]という直観的批判を前提にして、「マルクス主義の教育理論が、教育をもって『生産力の再生産』であるとする考え方で、体系的に、一貫しうるものだということを、わたくしは容易に信じない」[57]とする立場からのものであったのである。かかる立場からする大熊の国分批判は、経済学者としての大熊が、マルクス主義経済学に対する一応の知識をもって行なったものであった限りで、「生産力の再生産」説の理論上の問題点を鋭くつくものとなっていた、と言える。しかし、他方、「経済学の否定としての教育学の体系構想」[58]という大熊の問題提起は、大熊の史的唯物論に対する無理解に基づくものとして、観念論的傾向を免がれなかった。そして、国分の大熊批判は、この観念論的傾向に対してなされたのであった。

そこで、ここでは、以上の概括的把握を前提として、主として、大熊による国分批判の合理的内容を取り出すことに課題を限定し、論争の再検討を行なうことにしたい[59]。

2　「生産力の再生産」論争の再検討

大熊信行の「生産力の再生産」説批判は、次の命題に集約されている。

人間と物財。このふたつのものの持続的な生産過程こそは、社会の総過程である。物財の再生産と人間の再生産。この二大行程を二大行程として併行的に考察するのではなく、あくまで物財の再生産過程を中心として考えていくものが経済学だった。その場合、人間の再生産過程というものは、それ自体として独立に考察されることはない。それは商品生産の背後において、労働力の再生産過程として、つまり商品生産にとって不可欠の、しかし従属的な過程として、一面的な抽象性において、とらえられるにすぎない[60]。

大熊にとっては、「労働力」は「経済学」の範疇であり、「労働力の再生産過程」は「経済学」において「一面的な抽象性」のもとに捉えられた「人間の再生産行程」である。この指摘は、資本主義経済とその理論的表現である「経済学」に対しては正しい。それ故、大熊の指摘は、合理的な表現においては、資本主義経済の下における「人間の再生産」は、「労働力の再生産」として、商品生産の法則（＝価値法則）に支配されるということに他ならない。これは、事実の問題である。しかし、大熊は、この事実を事実として認める「経済学」を「物財中心の考え方」として否定し、「人間中心の思考」に基づく、「人間形成の社会過程」の新たな学問体系の構築を求める。「経済学の否定としての教育学の体系構想」は、その一つの試みであった。

国分は、この大熊による「生産力の再生産」説批判の合理的内容を理解し得なかった。しかし、「経済学の否定としての教育学の体系構想」という観念論的試みに対しては「小さな反感」(61)を覚えたので、先に検討した『「生産力の再生産」説について』を書いて、大熊の考え方に対する「若干の反省」を求めたのであった。

この国分論文に対し、大熊は、「教育と生産との関係——マルクス主義における教育理論の方法の問題」（一九四九年六月）において批評を行ない、これを一応「マルクス主義の立場における教育本質論」(62)と積極的に評価した上で、大きくは二つの批判を展開する。一つは、「生産力の再生産」という教育の定義が、一方では広すぎ、他方で狭すぎるという問題である。「生産力の再生産」という定義は広すぎる。なぜなら、「教育が生産力の再生産ということに直接不可離の関係があるのは言うまでもないが、しかし生産力の再生産に直接関係のある事項は、教育活動だけではない」(63)からである。これは要するに、「生産力の再生産」という教育の定義は、労働力の形成過程において教育が果たす役割の特殊性が表現されていない限りで、不十分だという批判である。他方、「生産力の再生産」という定義は狭すぎる。なぜなら、国分は、教育の内容に、社会の風俗習慣、法道徳のようなものから自然科学、芸術、社会科学をも含め、「全人間的な発達」という目標を提示しているが、これは「生産力の再生産という目標からみると、どうみても目標には直接つながらないような教育活動が包括されているようにおもわれる」[64]からである。これは要するに、国分の「生産力」概念が、「生産力＝労働力＝労働力のにない手」、という多義的なものであり、同時に、教育の社会的機能の定義を無媒介に教育目的に置きかえ、一種の「生産者教育」論となっていることに対する批判であった。そして、これらの批判が、「生産力の再生産」説における概念規定の粗雑さを指摘している限りでは、国分によって、多く受け入れられることになる。

しかし、大熊による批判の第二点——そしてこれが批判の核心なのであるが——になると事情は異なる。すなわち、大熊は、マルクスの『資本論』における全面発達論に寄せて次のように述べる。

> 教育は、生産力の生産または再生産であるという思想と、教育は人間生産であるという思想とは、マルクスにおいて統一されている。（中略）しかし統一ということは、二つの思想が一つになることではない。
> 二つの思想は二つの思想である。（中略）これをあくまで一本に統一して、教育は『生産力の再生産』であるという定義で押していくとなれば、それは物的生産中心の思考であり、経済的偏向に堕するものだ、という非難をまぬがれないことになるとおもわれる。[65]

既に述べたように、この批判の合理的内容は、「人間の再生産」が「労働力の再生産」に抽象化されるのは、資本主義的商品経済に特有の現象であり、且つ、そこにおける「労働力の再生産」は、商品生産の法則（＝価値法則）に支配されるのであるから、「生産力の再生産」という定義は、資本主義的意識に捉われた教育の定義である、という点にある。大熊は、それを「経済学的偏向」と表現する。しかし、国分は、かかる大熊の表現に捉われて、その合理的内容を理解し得なかったが故に、「生産力の再生産」説は、「『唯物史観』の方法」を教育学にとり入れる一つの試みとして、「単なる物財中心の経済学的偏向の考え方にダラクしてはいないはずだ」(66)と反論するに止まったのであった。

以上、要するに、大熊による国分批判の意義は、一般的には、教育の歴史貫通的定義と資本主義の下における教育現象の分析の方法との関連の問題を、特殊的には、教育の労働力形成機能が資本主義社会の下で発現する際の価値法則の問題を提起した点にある。しかし、大熊にあっては史的唯物論に対する理解の欠如の故に(67)、国分にあっては「経済学」に対する理解の欠如の故に、これ以上論争を発展させることはできなかった。

まとめ—残された課題—

国分一太郎は、大熊信行の批判に応えた論稿、「唯物史観教育の概念——『生産力の再生産説』の自己批判をかねて」（一九四九年九月）において、改めて次のような教育の概念規定を試みている。

> 人間社会における教育とは、それぞれの社会において、特定の環境（制度）のもとに、ひとびとに特定の文化を与えることによって、特定の意識あるいは精神を形成し、究極においては生産力の基礎を再生産するために、ひとつの影響を与えるはたらきであり、文化形態である。(68)

この国分の概念規定において最も注目すべき点は、教育を「特定の環境（制度）のもとに」行なわれるものとして、いわば「狭義の教育」(69)概念になっていることである。しかも、国分は、「教育というものはひとつの『制度』としての一面があるようだ」として、教育概念を制度としての教育にまで狭めたが、その際の「制度」とは、「生産関係したがって階級関係の表現であり、定式化である」[70]とされるから、これは要するに上部構造としての教育の確認にほかならない。

ところで、この制度としての教育という発想は、宮原誠一の教育の「再分肢」説（「政治の教育化」）から汲みとってきたものであったが、そこには、少なくとも二つの問題が含まれていた。第一に、国分は、制度としての教育という規定から、専ら政治教育の必然性を論証しようとしており、「政治の一支脈」[71]という表現も、宮原の「再分肢」説に対する恣意的理解に基づいていたことである。第二に、それにもかかわらず、（それだからこそ）、教育の上部構造的性格を確認したことは、宮原の「再分肢」説に対する根本的批判を意味していた。それ故に、この国分の新しい概念規定は、「国分vs.宮原論争」に発展する契機を含んでいたと言える。因みに、大熊信行は国分の「生産力の再生産」説を批判した際に、宮原の「再分肢」説に論及し、「（宮原─引用者）氏の所説と国分氏の所説とを対照してみることは、教育理論の方法問題に、改めてわれわれをみちびきいれるものだと言われなければならない」[72]と指摘していた。しかし、この「国分vs.宮原論争」が不発に終ったことは、戦後初期の教育科学論の水準を最終的に規定することとなった。[73]そして、残された課題としての教育の社会的構造をめぐる論争は、一九五〇年代のいわゆる「教育構造論争」において、再び取り上げられることになる。

注

（1）国分一太郎「唯物史観教育の概念」『教育と社会』第四巻九号一九四九年九月、二〇頁

（2）本章の研究は、当初、戦後初期教育運動における教育諸要求の社会的・経済的条件に対する認識の特質を明らかにすることを課題として進められたが、その前提として教育と経済の一般理論の検討を行なう必要に迫られ、このような形でまとめたものである。

（3）宮原誠一「教育の本質」『教育と社会』第四巻三号、一九四九年三月、一三頁

郵便はがき

恐縮ですが
切手をお貼
りください

112-0005

東京都文京区
水道二丁目一番一号

勁草書房
愛読者カード係行

(弊社へのご意見・ご要望などお知らせください)

・本カードをお送りいただいた方に「総合図書目録」をお送りいたします。
・HPを開いております。ご利用ください。http://www.keisoshobo.co.jp
・裏面の「書籍注文書」を弊社刊行図書のご注文にご利用ください。ご指定の書店様に至急お送り致します。書店様から入荷のご連絡を差し上げますので、連絡先(ご住所・お電話番号)を明記してください。
・代金引換えの宅配便でお届けする方法もございます。代金は現品と引換えにお支払いください。送料は全国一律100円(ただし書籍代金の合計額(税込)が1,000円以上で無料)になります。別途手数料が一回のご注文につき一律200円かかります(2013年7月改訂)。

愛読者カード

25118-6　C3037

本書名　戦後日本の教育学

お名前《ふりがな》　　（　　歳）

ご職業

ご住所　〒　　お電話（　　）　－

本書を何でお知りになりましたか
書店店頭（　　書店）／新聞広告（　　新聞）
目録、書評、チラシ、HP、その他（　　）

本書についてご意見・ご感想をお聞かせください。なお、一部を HP をはじめ広告媒体に掲載させていただくことがございます。ご了承ください。

◇書籍注文書◇

最寄りご指定書店

市　町（区）

書店

(書名)	¥	（　）	部
(書名)	¥	（　）	部
(書名)	¥	（　）	部
(書名)	¥	（　）	部

※ご記入いただいた個人情報につきましては、弊社からお客様へのご案内以外には使用いたしません。詳しくは弊社 HP のプライバシーポリシーをご覧ください。

(4) 船山謙次『戦後日本教育論争史』東洋館出版社、一九五八年、一四九頁
(5) 船山謙次は、波多野完治の戦時下における見解も「生産力の再生産」説の一つとして取り扱っているが、国分一太郎の「生産力の再生産」説との内容上の相違を示すためには、別の表現が適当であろう。「生産力の拡充」説という表現は、瀬尾盾夫「教育＝労働力商品形成、その原理と今日的形態」(『東京大学教育学部紀要』第一三巻、一九七三年) において用いられている。
(6) 船山謙次の研究以降、注目すべきものとしては、瀬尾盾夫「教育＝労働力商品形成、その原理と今日的形態」(前掲) と田中武雄「教育民主化の構想と教育研究運動」(『季刊　教育運動研究』第三号、一九七七年一月) がある。瀬尾論文は、波多野の「生産力の拡充」説と国分の「生産力の再生産」説の差異を生産関係視点の有無に求めている点で、また、田中論文は、戦後における最初の「教育構造論」の問題提起者として、波多野を位置づけている点で、船山の研究に反省を加える先駆的問題提起を行なったものとして評価される。
(7) 教育の生産力に対する関係を「生産力規定事情」と規定する見解については、那須野隆一「国民教育と生涯教育」(『現代と思想』第一七号、一九七四年九月) を参照。
(8) 波多野完治「なめかわ君とわたし」(『作文教育新講』新光閣書店、一九五三年) 参照。
(9) 酒井三郎『昭和研究会』ティビーエス・ブリタニカ、一九七九年、四八－四九頁、参照。
(10)『宮原誠一教育論集』第七巻 (国土社、一九七七年) 所収の「宮原誠一略年譜」参照。
(11) 波多野完治「児童文化構造論」教育科学研究会編『児童文化　上』一九四一年、七頁
(12) 波多野完治「児童文化の理念と体制」国語教育学会編『児童文化論』岩波書店、一九四一年、三二頁
(13) 菅忠道「児童文化の現代史」菅忠道編『現代児童文化講座　下』双龍社、一九五一年、四八頁
(14) 波多野完治「生産主義教育論の生産性」『教育』第六巻五号、一九三八年五月、二四頁
(15) 同　右　二七頁
(16) 同　右　二四頁
(17) 波多野完治「高山氏の提案を読みて」『生活学校』第四巻六号、一九三八年八月、一六頁
(18) 波多野完治「国民教育と生産場面」(初出不明。一九四〇年前後の執筆と推定される。) 前掲『作文教育新講』二一六頁
(19) 前掲・波多野完治「児童文化の理念と体制」六九－七〇頁
(20) 宮原誠一「形成と教育」『日本評論』一九四〇年八月、一八七頁
(21) 同　右　一八五頁

(22) 同　右
(23) 同　右　一八六頁
(24) この問題については、小川利夫「『教育』の資本主義的性格——現代日本の『教育』方法論争によせて——」(五十嵐顕他編『講座　現代民主主義教育』第一巻、青木書店、一九七〇年)において、宮原誠一が学んだとされるスヴァトコフスキーの「古典的命題」との対比から、教育の主体(形成)の問題に焦点づけての批判的検討が行なわれている。
(25) 前掲・宮原誠一「形成と教育」一八六頁
(26) 同　右　一八七頁
なお、宮原は、戦時下における「工場事業所内教育系統の整備」の問題によせて、「資本主義的産業観」からの脱却と「日本産業観の確立」について述べたことがある(宮原誠一「勤労青年の教育について」日本教育学会編『教育学論集』第二輯、一九四三年)。
(27) 宗像誠也「教育学」民主主義科学者協会編『科学年鑑』、一九四八年、二三四頁
(28) 菅忠道「教育理論の階級性」『あかるい教育』第一二号、一九四八年七月、一九頁
(29) 波多野完治「社会における教育の位置」『明かるい学校』第三号、一九四七年六月、七‐八頁
(30) 波多野完治「児童文化運動の新しい展開」『生活学校』第四巻二号、一九四九年四月、一三頁
(31) 前掲・波多野完治「社会における教育の位置」三頁
(32) 同　右　四‐五頁
(33) 『生活学校』(第二巻一号、一九四七年一月)誌上における「座談会　観念的国語観の批判」の中での波多野完治の発言(一〇頁)を参照。
(34) 前掲・波多野完治「社会における教育の位置」八頁
(35) 波多野完治「教育の社会的意義」『新しい教育と文化』第二巻一号、一九四八年一月
(36) 国分一太郎「新しい児童文化運動の基礎」国民図書刊行会編『季刊　新児童文化』第二冊、一九四七年、七〇頁
(37) これらの論文の初出は、以下の通り。
国分一太郎「科学的教育理論確立のために」『あかるい教育』第一一号、一九四八年六月
同　「『生産力の再生産』説について」『教育と社会』第四巻一号、一九四九年一月
同　「唯物史観教育の概念」『教育と社会』第四巻九号、一九四九年九月
同　「民主主義教育の前進のために」『社会と学校』第五巻一号、一九五〇年一月

(38)前掲・国分一太郎『「生産力の再生産」説について』一一頁
(39)同　右　一三頁
(40)同　右　一四頁
(41)同　右　一五頁
(42)前掲・国分一太郎「新しい児童文化運動の基礎」七二頁
(43)前掲・波多野完治「社会における教育の位置」九頁
(44)前掲・国分一太郎「唯物史観教育の概念」一五－一六頁
(45)前掲・国分一太郎「科学的教育理論確立のために」三六頁
(46)前掲・宮原誠一「教育の本質」三頁
(47)同　右　八頁
(48)同　右　一〇頁
(49)同　右　一三頁
(50)同　右　一四頁
(51)宮原誠一「教育の計画化」『教育と社会』第二巻一一号、一九四七年一一月号（『宮原誠一教育論集』第一巻、国土社、一九七六年、所収、一〇八頁）
(52)宮原誠一「経済と教育」『社会と学校』第四巻六号、一九五〇年六月、一一頁
(53)前掲・船山謙次『戦後日本教育論争史』一六一頁
(54)例えば、大熊は、「学校教育は、被教育者の将来における活動力の増強のために、現在における生産的活動を断念せしめるものであり、また教育に携はるものについては、それがために現在における他の生産的諸活動を断念するものである。経済学上の概念をもっていへば、それは人間形成における『迂回生産』であるといふこともできるであろう」と述べたことがあった。「兵・労・学の一体性」『知性』一九四四年五月（大熊信行『戦中戦後の精神史』論創社、一九七九年、所収、三〇九頁）
(55)大熊信行「告白　序章」『季刊理論』第一号、一九四七年（前掲・大熊信行『戦中戦後の精神史』所収、三三一－三三二頁）参照。
(56)大熊信行「人間生産と人間形成」『教育と社会』第三巻一〇号、一九四八年一〇月、一三頁
(57)大熊信行「教育と生産の関係」『教育と社会』第四巻六号、一九四九年六月、一二頁
(58)大熊信行「人間形成の社会過程―経済学の否定としての教育学の体系構想についての覚書―」『教育と社会』第三巻二号、

一九四八年二月
(59)「生産力の再生産」論争の経過については、前掲・船山謙次『戦後日本教育論争史』を参照されたい。
(60)前掲・大熊信行「人間生産と人間形成」四頁
(61)前掲・国分一太郎「唯物史観教育の概念」一四頁
(62)前掲・大熊信行「教育と生産との関係」九頁
(63)同　右　一三頁
(64)同　右
(65)同　右　一〇頁
(66)前掲・国分一太郎「唯物史観教育の概念」二一頁
(67)大熊信行の「経済学の否定として教育学の体系構想」が、史的唯物論に対する無理解に基づいていることの指摘は、鈴木重吉「革命理論と教育学」(『教育と社会』第四巻四号、一九四九年四月)においてなされている。
(68)前掲・国分一太郎「唯物史観教育の概念」二〇頁
(69)同　右　一七頁
(70)同　右
(71)同　右
(72)前掲・大熊信行「教育と生産との関係」二一頁
(73)宮原誠一の教育の「再分肢」説は、氏の「生産主義教育論」の基礎理論であったから、一九五〇年代における「生産主義教育論争」は、部分的には、宮原の「再分肢」説をめぐる論争でもあった。しかし、国分一太郎は、五〇年代にはいると、「生産力の再生産」説を放棄するので、この論争に積極的に参加することはなかった。

第二章　教育科学論争の諸前提

はじめに

本章では、わが国における一九五〇年代の教育科学論の水準を集約的に反映していると考えられる「教育科学論争」の理論史的研究の一環として、当該論争中のいわゆる「教育構造論争」の再検討のための基礎視角の検出を試みる。

「教育科学論争」の定義は、必ずしも確立されている訳ではない。この用語を最初に用いたのは、おそらく船山謙次（『戦後日本教育論争史』一九五八年）であったと思われるが、船山の場合には、戦後における教育科学をめぐっての論争の総称としてこの言葉をあてている。(1) これに対して、一九五〇年代の史的唯物論と教育学をめぐる方法論論争をもって「教育科学論争」と称したのは小川太郎（『教育科学研究入門』一九六五年）であったが、現在では、この小川の用法に従うことが多いように見受けられる。本書も、この小川の用法に従う。

なお、「教育科学論争」の定義は諸説に分かれるが、「教育構造論争」については、これが「教育科学論争」における中心的論争の一つとされる点、及び、海後勝雄の問題提起（起点「資本主義の発展と教育上の諸法則」一九五四年）に端を発する論争とされる点ではほぼ一致している。なお、論文「資本主義の発展と教育上の諸法則」は、プリント版『教育史研究』第一号に掲載されるにあたって、その目次では「教育の構造と発展法則について」と題されていた。「教育構造論」という言い方は、これに由来するものと思われる。

「教育構造論争」に関する従来の研究において、この論争に最も明解な分析を加え、その総括的評価において、通説的位置を占めているのは、小川太郎の「教育科学論をめぐって」（一九五八年）であると思われる。小川は、この論文において、教育の総体を上部構造に位置づける見解を支持したが、これは今日、論争の確定的成果と評価されている。ところで、その際小川は、上部構造は土台（生産諸関係の総体）によって規定されるだけではなく、生産力によっても規定されるとし、全体として上部構造は下部構造――「生産関係と生産力の矛盾的統一としての生産様式」――によって規定されるとの見地に立っていた。(2) しかし、土台（生産諸関係の総体）との対概念として措定される上部構造範疇と、下部構造（生産様式）との対概念として措定される「上部構造」範疇とでは、その範疇的内容、したがってその方法論的意義を異にすることにならざるを得ない。当面の問題はこの一点にかかる。

周知のように、論争は、海後勝雄が教育史研究会に教育史の理論として提出した論文「資本主義の発展と教育上の諸法則」において、「上部構造としての教育」とは別に、いわば非上部構造としての教育が存在するかの如き次のような見解を提示したことから開始された。

> 教育の働きは、資本主義社会において、広義の人間形成としては土台と上部構造とのすべての構造のうちに直接に行われ、狭義においては上部構造としての機能を果たすだけでなく、広く国民的規模において広汎にとりあげられた点は重視されなければならない。(3)

この海後の問題提起の特徴は、コア・カリキュラム論争以来の論点——教育における変わるものと変わらないもの——が問題意識の根底にあったことと、(4)スターリンの論文「言語学におけるマルクス主義について」(一九五〇年)における「土台ー上部構造」論がその立論の基礎とされていたこと、の二点にあったと言える。ところで、ここで海後によって設定された問題の枠組み——教育における変わるものと変わらないものの問題を「土台ー上部構造」論によって如何に解くか——は、今日の時点から見れば、それ自体が検討の対象とされるべきものであるが、当時においては、それが批判的に吟味されることはなかった。そして、この点では、スターリン批判後の「土台ー上部構造」論の一定の再検討を踏まえて書かれた先述の小川の論文も例外ではなかったのである。小川の定説とは異なる上部構造範疇理解はこの点に関わっていると言える。それ故、「教育構造論争」の再検討は、何よりもこの論争の枠組みの吟味から始められなければならないのであって、本章は、この課題を果たそうとするものである。

第一節　戦後教育改革と教育学——その一断面——

1　アカデミズム教育学と史的唯物論

一九五〇年代の「教育科学論争」は、史的唯物論と教育科学をめぐるわが国最初のアカデミックな論争であった点、教育史的にも興味深い論争であったと思われる。(5)戦前において、史的唯物論の立場に立った教育学研究は、天皇制教育の精髄とされた「教育勅語」の批判にまで及んだが、正にそれ故にこそ、それは天皇制国家による弾圧の対象とされた。したがってそれは、「教育勅語」の呪縛の下に置かれていたアカデミズム教育学の内部においては公然とは展開され得ず、その主な担い手は在野の教育運動関係者であった。第二次大戦における敗戦と占領を契機とする戦後教育改革によって初めて、教育学は「教育勅語」の呪縛から解放され、史的唯物論はアカデミズム教育学の中に市民権を得ることとなる。その点で象徴的なのは、宗像誠也の教育科学論であろう。宗像は、「阿部重孝の教育科学研究を継承しつつ、戦前の教育科学研究運動のなかでもっとも自覚的に教育科学の研究方法を追及した」(6)と評価されているが、その戦前の論稿「教育科学論の検討」（一九三九年）においては、「デュルケームの教育の科学 science de l'education とクリークの教育の科学 Erzieungswissenchaft とアメリカに於ける教育の科学的研究 scientific study of education」の三つの潮流が「我々に或る示唆を与えることが出来」(7)るものとして取り上げられていた。これに対して、戦後の『教育研究法』（一九五〇年）において同様のテーマを「教育科学論の諸類型」として取り上げた時、先の三つの潮流の他に、新たに「マルクス主義の教育科学」(8)を検討の対象に加え、「マルクス主義教育科学においてはっきり読み取られる教育の社会的歴史的力動観」を、学ぶに値するものと評価したのであった。

2　戦後教育学における史的唯物論の定位

かくして、史的唯物論はアカデミズム教育学において市民権を得たが、アカデミズム教育学の内部においては、史的唯物論を駆使した教育学研究の蓄積を欠いていたから、戦後初期においては、かかる研究は戦前来の教育運動関係者の手によって開始されることとなった。この点で、民主主義教育研究会・民主主義教育協会の機関誌『明かるい学校』『あかるい教育』が、系統的に史的唯物論の立場に立つ教育学研究を組織しようとしていたことが注目される。この試みは、占領政策の転換に伴う占領軍権力の弾圧を主要な契機として民主主義教育協会が自然解消に追い込まれることにより、十分な成果をあげ得なかったが、民主主義教育協会が組織的に取り組んだコア・カリキュラム批判は、「マルクス主義教育論として恐らく日本で最大の業績であるのみならず、また日本のあらゆる教育学文献の中での一つの最高峰であろう」[9]（完像誠也）と評価された矢川徳光の『新教育への批判――反コア・カリキュラム論』（刀江書院、一九五〇年）成立の一つの基盤となったのであった。

ところで、矢川をはじめ民主主義教育協会関係者の多くは、コア・カリキュラム論を「史的唯物論の立場」から批判したのであるが、これに対して、コア・カリキュラムを理論的にも実践的にも推進する運動体として組織されたコア・カリキュラム連盟の内部にも史的唯物論に対して関心を示す潮流が存在した。コア・カリキュラム連盟の初代幹事長であり、「教育構造論争」において問題提起者の役割を果たすことになる海後勝雄は、その代表的な存在であったと言える。けれども、その際、言うまでもなく海後は、コア・カリキュラムを支持する立場から史的唯物論に接近していった。それ故、戦後教育学における史的唯物論は、なによりもカリキュラム論の基礎理論として学的関心を得ると同時に、コア・カリキュラムをめぐる民主主義教育協会関係者とコア・カリキュラム連盟関係者との論争を通じて、その対抗的理解が形成されていくこととなったのである。

第二節　コア・カリキュラム論争と「生産力の理論」

教育における変わるものと変わらないもの、及び社会における教育の位置の問題への海後勝雄の関心は、コア・カリキュラム論争の過程で形成されたものである。そこで、海後がこれらの問題を、スターリンの言語学論文に触れる以前において、どのように論じていたかを見ておくことは、海後の問題提起の内容を正確に理解する上で役立つであろう。

1　民主主義教育協会のコア・カリキュラム批判と海後勝雄の反論――海後vs.石橋論争――

民主主義教育協会や矢川徳光のコア・カリキュラム批判は周知のことであるので、ここでは海後勝雄のコア・カリキュラム論に対する石橋勝治の批判とそれに対する海後の反論を中心に検討しておきたい。石橋が批判したのは、『カリキュラム』誌上で行なわれたシンポジウムにおける海後の提案「コアの作業単元は如何にあるべきか」であった。この提案において海後は、コアの作業単元の性格を「近代的な生産様式」の性格に照応するものと規定し、その内容を「公共の学校のカリキュラムとして、特定の政治的立場をとらないことを前提とするならば、民主主義と合理主義に立つ近代化を中心としなければならない(10)」と論じた。これに対して石橋は、次のように批判する。海後は、「近代的な生産様式」とだけいって、「生産関係」には一言も触れておらず、したがって、資本主義社会における生産関係としての「資本家と労働者の関係」を問題としていない。「そこで氏にしたがえば、(現在わが国は――引用者）資本主義的生産体制であるから、この生産様式、生産関係を体裁よく維持しようというのであろう。」それ故、海後の所論は「明確に政治的立場をとっている(11)」のであって、それは、「資本主義体制を維持し、資本家階級をヨーゴし、これに奉仕するという立場」である。

かかる石橋の批判に対して、海後は次のように反論する。「石橋氏は、学校をもって社会の発展・変革の施設と考え、階級闘争の手段と見ているように思われる。」しかし、学校は「現実の政治闘争の場」ではなく、「今日子供たちに強く要求しなければならないのは、一刻も早く民主主義・合理主義の態度を身につけて、民主革命以前の段階から脱却すること」であって、「今のままでは、ろくな資本主義社会にも社会主義社会にもならず、立ち遅れた植民地に堕ちるほかはないであろう(12)。」

この「海後vs.石橋論争」において、石橋が海後の所論では生産関係の位置づけが不明確であることを指摘したことは、それが海後の史的唯物論理解における一貫した特徴であるだけに意味深い。他方、海後が、石橋の批判が学校を「階級闘争の手段」と考えているところからくると指摘したことは、民主主義教育協会のコア・カリキュラム批判に対する海後の反批判の核心的な問題意識の表明として注目に値しよう。そして、石橋の批判が、史的唯物論の立場に立って、教育に対する生産関係の規定性の強調として行なわれたとすれば、海後が、史的唯物論を念頭に置きつつ、民主主義教育協会のコア・カリキュラム批判の内在的反批判を試みようとした時、教育に対する生産力の規定性を強調することになるのは、ある意味で必然的であったと言えよう。

因みに、船山謙次によれば、民主主義教育協会側からのコア・カリキュラム批判に対して、「もっとも積極的に」(13)反論したのは、海後であったとされる。

2 コア・カリキュラム運動の転換と「生産力の理論」

コア・カリキュラムをめぐる論争は、「①矢川徳光を中心にするコア・カリキュラムのイデオロギー的性格をめぐる外部との論争、②文部省との間でかわされた教科カリキュラムの解体の是非をめぐる論争、③いわゆる『牧歌的カリキュラム』の『自己批判』以降の内部論争」(14)に大別されると言われる。このような論争において示されたコア・カリキュラム批判の背後に戦後の教育行政と教育運動の対抗的展開があることは言うまでもないが、ここでは立ち入らない。当面の問題は、コア・カリキュラム連盟が、これらの諸批判を一つの契機としてその運動の転換を遂げていったことと、その際、その転換を推進していった者の一人に海後勝雄がいたことの確認である。コア・カリキュラム連盟の運動の転換は、一九五一年一月の総会における「民族の歴史的現実にたつ」カリキュラム研究の問題提起と、同年八月の新潟集会における日本の危機的課題につらなる四つの教育目標(イ.生産の高度化と経済自立、ロ.前近代性の払拭による民主主義の確立、ハ.平和愛好と国際協調、ニ.窮乏からの解放と生活水準の向上)の提示

によって開始され、一九五三年六月の日本生活教育連盟への名称変更によって一応完了せられたと言ってよいであろう。(15)

ところで、コア・カリキュラム連盟の運動の転換を告げる論文として、しばしば広岡亮蔵の「牧歌的カリキュラムの自己批判」(一九五〇年)が挙げられるが、その際、広岡のこの論文が「梅根・海後先生にこたえる」(16)ものとして書かれたことは注目に値する。実際、コア・カリキュラム連盟内にあって、カリキュラムの内容に、日常生活の延長に止まらない、歴史的課題を取り入れる必要性をいち早く主張していたのは、海後勝雄であった。例えば、『カリキュラム研究の方法論』(一九四九年)において、「社会の要求を如何にカリキュラムに反映するか」(17)という「スコープの問題」を論じた際に、そこにおける社会とは地域社会に止まらず、全機構的に把握された近代社会であるべきであるとし、さらに次のように述べる。

現代社会の解決されなければならない矛盾は、単に国内だけの課題であるだけでなく、深く国際的な危機と結びついている。それは一つの世界史的危機とも名づけるべきもので、現代社会の体制に根ざしている。例えば、階級的対立や国際的戦争の可能性として現れているのがそれである。したがって、階級対立の克服や、国際協調の問題は、コアの中に大きい位置を占めなければならない。(18)

そして、かかる主張を教育目標論として具体的に展開しようとしたのが、論文「カリキュラムと目標設定」(一九四九年)であった。この論文において、海後は、「一おう近代市民社会に生活する人間として(資本主義であろうが社会主義であっても)身につけなければならない」能力の形成を教育の「恒常的目標」と規定し、「一つの体制から次の体制へ移行しようとする」今の時代において解決の求められる「歴史社会的課題」に取り組み「社会の発展

をすすんで推進してゆける人間」の形成を「歴史社会的目標」と規定したのであった。(19)

ところで、この海後の教育目標論は、一面では、コア・カリキュラムを児童中心・日常生活中心の「はいまわる経験主義」とする批判に応えようとしたものであると言うことができ、この点が「歴史社会的目標」の設定に示されているのであるが、他面では、コア・カリキュラム論の主柱をなす生活カリキュラム論を資本主義擁護のカリキュラム論とする石橋らの批判に対する反批判を含意しており、それは「恒常的目標」の設定に示されていた。そして、この「恒常的目標」を理論づける際に、「生産力の理論」が導入されたのである。すなわち、海後は、体制の違いを超える教育の「恒常的目標」の設定の根拠を、「社会の機能としての未成熟者の教育は、社会にとっては一つの再生産のはたらき」であり、「生産力の再生産」としての教育は、「社会がそれだけのものを教育に投下しなければ、社会は現状を持続することができず、その機能を中断しなければならなく」なる、という点に求めたのであった。(20)海後のかかる主張は、波多野完治の「生産力の拡充」(21)説もしくは国分一太郎の「生産力の再生産」(22)説を想起させるが、海後の場合、「生産力」の概念を高島善哉の「生産力理論」(23)に依拠していたと見られる点が特徴と言えよう。

なお、海後の教育目標論は、教育の社会的機能論に対応して展開されていた。すなわち、教育の「恒常的目標」には「恒常的機能」(24)が、「歴史社会的目標」には「転換期の教育」に求められる「現実の体制にたいする否定と変革とに奉仕」(25)する機能がそれぞれ対応していたと言える。この場合、教育の「恒常的機能」が「生産力の理論」によって根拠づけられていたことは言うまでもない。このように、海後はカリキュラム論及び教育の社会的機能論に「生産力の理論」を導入したのであるが、この時点で既に、教育における変わるものと変わらないものへの問題関心が海後において成立していたこと、及び、変わらないものが「生産力」と結びつけられて論じられていたことが注目されよう。

3　イデオロギーとしての教育と社会的機能としての教育

教育における変わるものと変わらないものへの関心は、しかし、コア・カリキュラム論争の段階においては、「土台－上部構造」論と結びつけられてはいなかった。とは言え、この段階において既に、社会における教育の位置の問題に対する関心もまた海後勝雄によって表明されていた。そこで、ここでは、教育史の理論としての「教育構造論」成立以前の、いわば教育社会学の理論としての「教育構造論」について検討しておきたい。

ところで、この段階における海後の「教育構造論」は、「イデオロギーとしての教育」論の批判という角度から論じられている。このことは、「生産力の理論」への接近がそうであったように、「土台－上部構造」論への接近も、民主主義教育協会側からのコア・カリキュラム批判に対する反論の意図が込められていたことを意味している。海後は、『教育社会学の構想』（一九五〇年）において、「教育とイデオロギー」というテーマを論じた際に、「教育を意識的過程の問題であると規定することは、すでにわが国でも二三の学者によって試みられている」[26]が、これは吟味を要する問題であるとし、イデオロギー概念を「上部構造としてのイデオロギー」と「狭義のイデオロギー」（すなわち、政治的秩序などよりはもっと観念的ないわゆる意識形態」）に区別して、「イデオロギーとしての教育」論の分析を試みる。先ず、「イデオロギー」を「社会の全体の構造のうちにおいて、下部構造にたいして区別せられた上部構造のこと」であるとする「一般的規定」によるならば、「教育は上部構造である」とされる。これに対して「教育は意識的過程である、とする場合のイデオロギーは、上部構造一般ではなくて、狭義のイデオロギーを意味しているように思われる。」しかし、「教育は、むしろ社会の全体構造——技術・経済・政治・法制から諸文化までその内容に取り入れようとするだけでなく、出来るだけ現実性をもたせ、観念化を避けようとする傾向をもって」おり、したがって、教育は「狭義のイデオロギー化にたいしては、むしろ逆の方向をとりつつある」とされる。[27]

ここで、海後は、「意識的」と「イデオロギー的」とを同義語として用いているが、ともあれ、この段階の海後の「教育構造論」においては、概念規定に曖昧さを残しながらも、ともかく「教育は上部構造である」と規定されていたのであって、この点は銘記されなければならない。すなわち、すぐ後で検討するように、「土台－上部構造」論に対する海後の理解には看過できない問題が含まれていたが、「一般的規定」すなわちマルクスのいわゆる「史的唯物論の定式」に依拠しての議論においては、海後自身が「教育上部構造論」者であったのである。

ところで、海後は、「土台－上部構造」論を社会的諸関係の構造理論としてではなく、社会的諸機能の構造理論として理解していた。すなわち、海後は、「教育社会学概論」（一九五〇年）において、社会的機能としての教育の位置を問うた際に、先ず、社会機能の「相互の関係や規定性を吟味しようとするとき、上部下部のいわゆる構造づけをした分類を行う」べきとして、「（イ）生産的機能（下構）」「（ロ）組織的機能（中構）」「（ハ）表現的機能（上構）――せまい意味でのイデオロギー過程」という「機能体系」を提示した上で、教育の機能は、「これまでの教育の観念からすれば、おそらく第三のイデオロギー過程に含ませることになると思われる」が、しかし、「社会的な機能としての教育を考えるならば、それはむしろ社会の秩序を維持するという任務をあたえられ、そのために一定の組織をもってはたらいている点に注意」すれば、「第二の分類のうちに含めることが妥当であろう」と述べていたのであった。[28] このように、「土台－上部構造」論を社会的諸機能の構造理論として理解しようとする限り、社会における教育の位置づけは動揺せざるを得ない。というのは、海後も指摘しているように、「教育は、社会のすべての機能に結びつき、これと協力するものと言うことができる」[29] からである。[30]

第三節　スターリンの言語学論文と「海後理論」

1　『近代教育史』（全三巻）の刊行と教育史の理論

「教育構造論争」の発端となった海後勝雄の「教育構造論」（以下「海後理論」）は、直接には、教育史の理論として成立したものであった。そこで、予め、海後の教育史研究がカリキュラム論における問題関心と深く結びあっていたことを確認しておきたい。周知のように、海後は、コア・カリキュラム連盟の運動の方向転換を推進する一方、広岡亮蔵と共に若手研究者を結集して『近代教育史』（全三巻、一九五一年、五四年、五六年）の執筆・刊行を指導した。そして、この過程において、教育史研究会が組織され、ここでも海後は理論的指導者の役割を果たした。「海後理論」は、これらの教育史研究の方法論として提示されたものであり、海後の問題提起に端を発する「教育構造論争」は、主として教育史研究会の機関誌『教育史研究』を舞台に展開されたのであった。

ところで、海後の教育史研究への関心は、以前に、カリキュラム論の基礎理論としての教育社会学に示した関心と基本的には同じであったと言える。すなわち、海後はかつて、『教育社会学の構想』において、教育の社会学的研究の必要性を次のように論じていた。

> 今日のような社会の激動期にあっては、（中略）教育の領域でぶつかる一つ一つの矛盾や課題は、その依ってきたるところは深いものがあるから、いわゆる教育学の理論だけでは解決できないものだということが次第に意識されてくる。そこから、従来の観念であった教育固有の殻を突きやぶって、教育現象を支えているその基礎までほりさげていこうと

する、教育を孤立させて捉えないで、社会構造やその歴史的発展との関係を見定めようということになる。このことが教育の社会学的研究を要求する一つの客観的な条件なのである。(31)

そして、海後が、教育史研究によせた問題関心も、基本的には、教育社会学によせたものと同じであった。海後は『近代教育史Ⅰ』の巻頭論文「序説 市民社会の成立過程と教育の一般的性格」の第一章「教育史研究の方法について」の冒頭で次のように述べている。

われわれの教育史研究が、資本主義社会の成立過程にまでさかのぼって、教育の発展の跡を辿ろうとするのは、ただ従来とちがう立場から教育史を見直そうという歴史的興味からだけ出発しているのではない。最初、われわれにとっての関心は、日本の教育が今日当面しているもろもろの矛盾や、それにもとづく課題の実体を社会科学的に分析して、そこからいわゆる教育危機を克服する方途を見出そうとする点にあった。(32)

それ故、コア・カリキュラム論争における海後の問題関心が、教育史の理論としての「海後理論」に反映されることもまた、必然的な成り行きであったと言えよう。

2　スターリンの言語学論文と「海後理論」の成立

コア・カリキュラム論争の過程において形成された海後勝雄の二つの問題関心――教育における変わるものと変わらないもの、及び社会における教育の位置――が「教育構造論」において結び合わせられ、「海後理論」として結晶するにあたって、理論的媒介の役割を果たしたのが、スターリンの論文「言語学におけるマルクス主義について」であった。スターリンは、この小論文において、言語は上部構造ではないということを論証するために、「土台‐上部構造」論の特異な見解を提示したが、その骨子となる命題は次の如くであった。

① 土台というのは、そのあたえられた発展段階における社会の経済制度である。上部構造とは、社会の政治的・法律的・宗教的、芸術的・哲学的な見解と、これに照応した政治的・法律的その他の機関である。

② あらゆる土台は、それに照応した特有の上部構造をもっている。（中略）土台が変化し、なくなり、新しい土台がうまれるとこれにひきつづいて、それに照応した上部構造がうまれる。言語は、この点で上部構造とは根本的にちがっている。

③ 上部構造が土台によってつくられるのは、土台に奉仕するためであり、（中略）上部構造がこの奉仕の役割をすててしまうならば、また自分の土台を能動的にまもる立場から、土台がどうであろうと無関心な態度をとる立場、つまりどの階級に対しても同じような態度をとる立場にうつるならば、それだけで上部構造の格が落ち、上部構造でなくなるであろう。言語は、この点で上部構造とは根本的にちがっている。

④ 上部構造はある経済的土台が生きてはたらく一時代の産物である。だから、上部構造が生きているのは長いことではなく、ある経済的土台の根絶と消滅とともに、根絶し消滅する。ところが、言語は、反対に、数多くの時代の産物であって、そのあいだかかって、言語は形成され、ゆたかになり、みがきをかけられてきたのである。

⑤ 上部構造は、生産、人間の生産的活動と直接にむすびつくのではない。それは間接に、つまり経済機構を通じ、土台を通じて、生産とむすびついているにすぎない。だから、上部構造が生産力の発展水準におこった変化を反映するのは、いきなり直接にするのではなく、土台における変化ののちに、生産における変化が土台における変化として屈折するのを通じてである。（中略）ところが、言語はこれと反対に、人間の生産活動と直接にむすびついており、また生産活動ばかりでなく、生産から土台までの、土台から上部構造までの、人間のあらゆる活動分野にわたるそのほかのあら

ゆる人間的活動ともむすびついている。[33]

海後は、このスターリンの言語学論文を、「教育を土台にたいする上部構造の一部」とする見方の論拠となっているマルクスの『経済学批判』の「序言」の段階に較べて、「さらに一段とすすんだ論理が展開せられている」[34]と評価し、「教育上部構造論」批判の論拠としたのであった。因みに、「教育上部構造論」は、海後の造語であると思われるが、教育は上部構造の一部であり、且つそれに尽きるとする見方を指している。

海後の「教育上部構造論」批判は、最初、先述の論文「市民社会の成立過程と教育の一般的性格」において開陳され、次いで、「教育構造論争」の発端となった論文「資本主義の発展と教育上の諸法則」における「土台における教育」と「上部構造としての教育」という問題提起を経て、『教育科学入門――社会科学としての教育学』（一九五五年）で詳細に展開され、「矢川徳光氏の批判に答える――『教育科学入門』批判への反批判」（一九五六年）において再論されたものである。そこで先ず、『教育科学入門』を中心に海後の主張を確認しておきたい。

さて、海後の「教育上部構造論」批判の論点は三つあった。第一に、教育の社会的機能に関わって、「教育は、たんに土台にたいしてだけでなしに、社会の構成体をかたちづくっている諸領域をもれなく反映し、その発展にたいして責任を果たそうとしている。それ故、例えば、「資本主義社会における生産力の発展と、生産教育や科学技術教育とのあいだに発生する矛盾を分析するというような問題になると、教育は上部構造であるといったたぐいのはんちゅうでは、科学的な分析の武器にならない」（傍点は原典）とされる。[35]これは、上部構造は「土台に奉仕する」という役割を果たすものであり、またそれは「人間の生産活動と直接に結びつくのではない」というスターリンの命題に依拠していたと言えよう。

第二に、カリキュラム論に関わって、「教育の目的や内容、その任務のうちに、超歴史的なファクターをもつものが比較的多く、例えば、「上部構造には属しない」言語をはじめ、「歴史を超えた科学的知識や法則、技術等の、いわゆる文化遺産として今日活用されているものの大部分が教育の目的や内容に含まれている」が、「この事実は『教育上部構造論』者たちにとっては、はなはだ困ったことのようである」とされる。(36) これは、「上部構造が生きているのは長いことではなく、ある経済的土台の根絶と消滅とともに、根絶し、消滅する」というスターリンの命題に依拠していたと言えよう。

第三に、教育の概念規定に関わって、「組織的・計画的な」教育は上部構造であるが、教育概念に「自然的形成」をも含めるべきものとすれば、「組織性や計画性の希薄な教育が広範におこなわれているばあい、これを一括して上部構造に加えることは意味をなさない」とされる。(37) これは、「上部構造とは、社会の政治的・法律的・宗教的・芸術的・哲学的な見解と、これに照応した政治的・法律的その他の機関である」というスターリンの命題に依拠していたと言える。

海後はこのように「教育上部構造論」を批判した上で、自身の「教育構造論」として、「社会経済的構成における教育の位置と役割」を生産力と教育、生産関係と教育、イデオロギーと教育、国家と教育という順序で考察する。なお、海後は「社会経済的構成」概念に生産力を含めていることに注意されたい。

そこで、以上のような海後の「教育上部構造論」批判を念頭において、海後の問題提起の内容を要約的に述べれば、次のようになろう。「教育は土台に対する上部構造としての一般的性格をそなえ」、土台を反映するとともに、「土台を維持し発展させることに積極的な役割をはたし」(38) ており、かかる教育の上部構造的性格は、教育内容においてはイデオロギーの教育（教育における変わるもの）として現れる。と同時に、教育の特殊性として、「生産力主体としての人間の教育は、生産教育において直接に生産力のある水準を反映」(39) しているが、かかる教育の「生産力の再生産」機能は上部構造としての機能ではなく、またそれは、教育内容においてはイデオロギーとは区別される科学・技術の教育（変わらないもの）として現れる。このように、海後は、教育の社会的機能と内容の物質的基礎の問題に「土台－上部構造」論を適用したのであった。

しかしながら、一般に、教育の社会的機能や内容の物質的基礎の問題と、社会における教育の位置の問題とは、相対的に区別される二つの問題であって、史的唯物論の基礎範疇との関わりについて言えば、前者は〈生産力・生産関係・生産様式〉の範疇系列によって解析され、後者は〈土台・上部構造・社会構成体〉の範疇系列によって解析されるべき問題であると考えられる。この場合、上部構造は、土台（生産諸関係の総体）とは区別される社会関係の存在論的（「一つの政治的及び法的上部構造」と「社会的意識諸形態」）、及び認識論的（「イデオロギー的社会関係」）性格を指示する概念であるから、およそ上部構造一般の役割とか機能とかいうことは、元来問題になり得ないはずであった。ところが、スターリンは上部構造の「土台に対する奉仕の役割」という一般的命題を提示し、「土台－上部構造」論に混乱を持ち込んだのであった。「海後理論」は、この「土台－上部構造」論における理論的混乱の一つの所産であったが、その際、海後自身の、「土台－上部構造」論を社会的諸機能の構造論とする理解が、スターリン理論を受け入れる素地をなしていたことに留意する必要があろう。

なお、教育の社会的機能の物質的基礎の問題と社会における教育の位置の問題とを結びつけることによって、数育を上部構造とする見解に疑問を呈する見解が、既に戦後初期に、国分一太郎によって表明されていたことは、第一章で見てきたところである。海後の問題提起の新しさは、そのアカデミックな装いとスターリン論文を理論的基礎としていた点にある。

まとめ

コア・カリキュラム論争以来の、教育の社会的機能と内容——別言すれば教育における変わるものと変わらないもの——の物質的基礎の問題を史的唯物論の基礎範疇を用いて解析する試みを海後勝雄が行なうに当たっては、二つの前提があったものと言える。第一に、教育の社会的機能を変わるものと変わらないものに区分する海後の問題意識は、「海後 vs. 石橋論争」などを経て、コア・カリキュラムの目標論として生まれたものであったことである。その際、教育における変わらないものが生産力と結びつけられていた点が、海後の主張の一つの特徴であった。

第二に、海後がマルクスの「史的唯物論の定式」に依拠する限りでは、海後自身が「教育上部構造論」者であったのであるが、スターリンの論文「言語学におけるマルクス主義について」に触れ、そこにおける「土台－上部構造」論を援用することで、「教育上部構造論」を批判するようになったことである。その際、海後の主張は、教育における生産力の規定性を変わらないものの根拠とし、このことを強調する点では、コア・カリキュラムの目標論以来一貫していたことが特徴的であった。

およそ以上のように、コア・カリキュラムの目標論とスターリンの「土台－上部構造」論が、教育史の理論としての「海後理論」の骨格を形成していたのである。

そして、次章で見るように、「教育構造論争」における海後の「教育上部構造論」批判を根底から切り崩したかに見えた小川太郎の主張も、海後の問題提起の枠内で論じられたものであった限りでは、「土台－上部構造」論の方法論的意義に対する誤解を含み、それ故に、定説とは異なる「上部構造－下部構造（生産様式）」の範疇設定に至ったものと言えよう。それ故、「教育上部構造論」を「土台－上部構造」範疇の厳密な規定の下に展開する試みは、今日なお残された課題なのである。「教育構造論争」の今日的再検討の基礎視角はここに与えられる。

注

(1) なお、船山謙次「戦後〝教育科学論争史〟」『別冊　現代教育科学』第二号、一九六五年夏季号、参照。
(2) 小川太郎「教育科学論をめぐって」小川太郎・黒田孝郎・今井誉次郎他著『戦後教育問題論争』誠信書房、一九五八年、三一頁（小川太郎『教育科学研究入門』明治図書、一九六五年に「教育科学論争」と改題して収録）。小川は、この見解を「マルクス主義の用法」としては自明のこととしていた。実際、当時においてこのような見解があったことは事実であるが、少なくとも一九七〇年代以降の定説とは異っている。なお、小川の「土台－上部構造」論理解は、『教育と陶冶の理論』（明治図書出版、一九六三年）において若干変化している。すなわち、そこでは、「下部構造」という概念の使用を避ける一方、「土台をたんに生産関係と理解して上部構造をその反映としてとらえるだけならば、まだ十分でないように思われる」（五頁）とし、土台概念に生産力の契機を含ませる必要を示唆している。したがって、上部構造が生産関係と生産力とによって規定されるとする点では同じである。この小川の見解が「定説に反して」いることは大橋精夫も指摘している（大橋精夫「『小川太郎教育学著作集 第一巻』解説」青木書店、一九七九年、四一五頁）。
(3) 海後勝雄「資本主義の発展と教育上の諸法則」プリント版『教育史研究』第一号、一九五四年五月、二頁（再掲『教育史研究』創刊号、一九五五年一〇月）
(4) 小松周吉「教育の上部構造的性格について――海後教授の所論に関する一つの疑問」（プリント版『教育史研究』第二号、一九五四年七月、六頁）参照。
(5) 長尾十三二「教育の歴史的研究」（『教育学全集』第一巻、増補版、小学館、一九七五年、三三九頁）参照。
(6) 山田昇「宗像誠也　教育科学論の検討」稲垣忠彦編集『近代日本教育論集　八　教育学説の系譜』国土社、一九七二年、三三五頁
(7) 宗像誠也「教育科学論の検討」『教育』第三巻一〇号、一九三九年一〇月、二一頁
(8) 宗像誠也『教育研究法』河出書房、一九五〇年（『宗像誠也教育学著作集』第一巻、青木書店、一九七四年所収、九四頁）
(9) 宗像誠也「大いなる寄与」第四九号『図書新聞』一九五〇年六月一四日
(10) 海後勝雄「シンポジウム　コアの作業単元は如何にあるべきか―提案―」『カリキュラム』第五号、一九四九年五月、四五頁
(11) 石橋勝治「シンポジウム　コアの作業単元は如何にあるべきか、批判3」同　右、一一－一二頁

(12) 海後勝雄「批判に答える」同　右　一五頁
(13) 船山謙次『続　戦後日本教育論争史』東洋館出版社、一九六〇年、三七頁
(14) 磯田一雄「コア・カリキュラム論争『梅根長坂論争』解説編」久木幸男・鈴木英一・今野喜清編集『日本教育論争史録』第四巻、第一法規、一九八〇年、一三頁
(15) 前掲・船山謙次『続　戦後日本教育論争史』七七頁、参照。
(16) 広岡亮蔵「牧歌的カリキュラムの自己批判」『カリキュラム』第一五号、一九五〇年三月、一二頁
(17) 海後勝雄『カリキュラム研究の方法論』誠文堂新光社、一九四九年、一三二頁
(18) 同　右　一四五頁
(19) 海後勝雄「カリキュラムと目標設定」『カリキュラム』第八号、一九四九年八月、一一頁
(20) 同　右　一四五頁
(21) 波多野完治『青年教育者への手紙』巌松堂書店、一九四七年、参照。
(22) 国分一太郎「『生産力の再生産』説について」『教育と社会』第四巻一号、一九四九年一月、参照。
(23) 高島善哉『経済社会学の構想』自由書院、一九四八年、参照。
(24) 海後勝雄『教育社会学の構想』金子書房、一九五〇年、二五頁
(25) 同　右　三七頁
(26) 同　右　一三二頁
(27) 同　右　一三三－一三五頁
(28) 海後勝雄「教育社会学概論」『教育大学講座　五　教育社会学』金子書房、一九五〇年、五四－五六頁
(29) 同　右　五七頁
(30) この見解は、宮原誠一の教育の「再分肢」機能説を思い起こさせる。とは言え、宮原は、自説を「土台－上部構造」論によって理論化しようとはしなかった。
(31) 前掲・海後勝雄『教育社会学の構想』四－五頁
(32) 海後勝雄「序説　市民社会の成立過程と教育の一般的性格」海後勝雄・広岡亮蔵編『近代教育史』第一巻、誠文堂新光社、一九五一年、三頁
(33) スターリン「言語学におけるマルクス主義について」『弁証法的唯物論と史的唯物論』(石堂清倫訳) 国民文庫、大月書店、一九五四年、一四一－一四九頁

(34) 海後勝雄『教育科学入門』東洋館出版社、一九五五年、六九頁
(35) 同　右　六〇－六一頁
(36) 同　右　六一－六二頁
(37) 同　右　七〇－七二頁
(38) 同　右　五八－五九頁
(39) 同　右　七八頁

第三章　「教育構造論争」の分析

はじめに

本章では、一九五〇年代における教育科学論争の一環として行なわれた「教育構造論争」の分析を行なう。[1] 前章において、「教育構造論争」の諸前提を、海後勝雄の教育構造論の形成過程に焦点づけて検討し、論争の今日的総括のための基礎視角を設定した。すなわち、「教育構造論争」において、論争の焦点であった「教育上部構造論」に関し、それを批判した者も擁護した者も、共に「土台－上部構造」範疇に対する理解において当時の理論状況に制約されており、そのことから教育的諸関係の内的編成を解析するための方法論的基準たるべき「土台－上部構造」論が教育の社会的機能と内容の物質的基礎を解明するための方法論として誤って適用されるに至ったと見られること、それ故、「教育上部構造論」を「土台－上部構造」範疇の正確な理解の下に展開することは、今日なお残された課題である、というのがそれである。

そこで、改めて問題の所在を問うならば、それは小川太郎の次のような問題整理の中に明示されていたと言える。

(「教育構造論争」において―引用者)残された課題は、変わるものと変わらないものをどう史的唯物論では位置づけるかということになる。海後は、変わらないものは『土台―上部構造』の関係の適用外」のものだというし、矢川は小松・柳とともに、上部構造の中のものだと見るのである。そして、もし海後が土台を明確に生産関係＝所有関係＝経済制度として理解していっているのであれば、それの反映としての上部構造としては教育は説明しきれないと海後がいうことには、矢川・小松・柳ともに異論はないであろう。何故ならば、上部構造は、生産様式(生産関係と生産力との矛盾的統一としての)によって規定され、したがってその中には当然土台＝生産関係の反映としては説明しきれない要素がふくまれるからである。(2)

このように、小川は、当時において既に、「教育構造論争」の理論上の核心問題――すなわち、教育が上部構造に属する社会現象であることと、教育が「生産様式」によって規定されるということを、「史的唯物論の定式」に即して、どのように統一的に説明するか――を明確に自覚していたのであるが、にもかかわらず、小川は、問題を正しく解くことができなかった。その原因は、二つあったと言えるように思われる。第一に、小川は上部構造範疇の対概念として下部構造(生産力と生産関係の統一としての生産様式)範疇を措定し、これを「マルクス主義の用法」と思念していたことである。(3)しかし、この問題は、一九五〇年代後半に進められていた「土台―上部構造」論争の一つの主題でもあったのであり、定説が形成されていたわけではなかったのである。第二に、小川の「教育構造論争」の検討は、いわば即自的な分析に止まり、教育科学論の理論史上に占める該論争の位置と意義の検討にまでは進まなかったことである。ここから、海後理論に対する過大評価が生じ、海後の問題提起の枠組み――教育の社会的機能と内容の物資的基礎を「土台―上部構造」論によっていかに解析するか――それ自体の検討を分析の視野に入れることが妨げられたと思われるのである。それ故、「教育構造論争」の分析を試みるにあたっては、この二点に留意することが求められるであろう。

第一節　海後理論の理論史的位置

1　教育学における生産力理論

「教育構造論争」において、問題提起者の役割を果たしたのは、海後勝雄であった。その意味で、「教育構造論争」を理解する鍵は、海後の教育構造論の内部に求められ得るし、また求められなければならないであろう。

ところで、海後の教育構造論を評価するポイントの一つは、矢川徳光によって指摘されたところの、その生産力理論的性格であると思われる。わが国の教育学における生産力理論は、戦時中、教育の階級性の認識をその理論的支柱の一つとして展開された教育運動が政治的に弾圧・解体せられるという情況下において、総力戦体制（戦時国家独占資本主義体制）が生産力の高度化を必要とした限りで天皇制ファシズム国家によって追及された「合理性」に、抵抗の教育の根拠を求めた教育理論として成立した。その一つの特徴は、教育の社会的機能の考察においてこれを専ら生産力視点から論じ、教育の労働力形成機能を教育の根本的機能として措定した上で、そこから直接に教育課題を導出しようとする点にあった。この教育学における生産力理論は、戦後初期の教育科学論において、教育の社会的機能の考察に生産関係視点を導入し、教育の世界観形成機能を労働力形成機能と並ぶ教育の根本的機能として再措定するという形で克服が試みられた。その代表的な例として、波多野完治の「社会心理形成」説と国分一太郎の「生産力の再生産」説をあげることができる。そして、理論的系譜から見れば、海後の教育構造論は国分の「生産力の再生産」説との密接な関連が認められる。というのは、教育の世界観形成機能は「教育上部構造論」で説明できるが、労働力形成機能はそれでは説明できないのではないか、という問題提起を最初に行なったのは、国分であったからである。(4) それ故、理論史的には、海後の教育構造論は、この国分の問題提起に対する一つの回答であったと言うことができる。この点は、海後が「教育上部構造論」批判を最初に行なった論文「市民社会の成立過程と教育の一般的性格」(一九五一年) に明らかである。すなわち、海後はそこで、次のように述べていたのであった。

かつて一部に、教育を上部構造もしくはイデオロギーとして、下部構造に対立させることが行なわれた。なるほど教育はイデオロギーとしての一面をもつけれども宗教や芸術などと同一に考えることは許されないであろう。すなわち、教育についての原理的な考え方では、宗教や哲学と共通するところをもっている。しかし、人間の意識や諸能力の形成としての教育は、社会構造のすべての領域と直接結びついている。たとえば、教育は人間に生産能力を付与することによって生産力の再生産としての役割を果たしている。このはたらきは、生産力の重要な条件に直接かかわるものであって、一般的な意味での意識過程と解釈することは適切ではない。(5)

ところで、教育の社会的機能として、労働力形成機能を強調することは、コア・カリキュラム論争以来の海後の持論でもあった。そして、確かに、海後が注目したところのスターリンの言語学論文における上部構造論を前提にすると、教育の労働力形成機能 (「生産力の再生産としての役割」) は上部構造としての教育の機能ではないという議論が成立し得る。しかし、海後がそこから議論を一歩進め、「上部構造としての教育」とは別に、いわば非上部構造としての教育 (「土台における教育」) が存在すると主張するとき、戦時下のそれと同じではないが、生産力理論に陥っていたのである。すなわち、論争の発端になった論文「資本主義の発展と教育上の諸法則」(一九五四年) において、海後は次のように述べる。

資本主義社会における土台の発展にともなう直接の人間の形成や変革は、資本主義の発展するすべての領域に広汎に行なわれたが、それらの土台における教育の任務と機能に照応して、上部構造としての教育についての新しい見解がうまれる。（中略）

教育の働きは、資本主義社会においては、広義の人間形成としては土台と上部構造とのすべての構造のうちに直接に行なわれ、狭義においては、上部構造としての機能を果たすだけでなく、広く国民的規模において広汎にとりあげられた点は重視されなければならない。(6)

この海後の主張は、後に批判者が理解したように「土台における教育」＝「生産のための教育」というほど単純ではなかったが、それはともあれ、理論的抽象としての教育の労働力形成機能が、それ自体として、「上部構造としての教育」とは別に生きた現実としての教育を成立させるという海後の主張は、換言すれば生産力が無媒介的に（直接に）教育を規定するということであって、かかる思惟様式は生産力理論の一種にほかならない。そして、論争における海後批判の焦点もまたこの点にあったと言える。

2　教育学における生産関係理論の批判

海後勝雄の教育構造論を評価するいま一つのポイントは、海後が批判の対象としたところの、教育を上部構造に位置づける「一部」の議論の生産関係理論的性格についてである。海後は、批判の対象を明示していないが、コア・カリキュラム論争以来の経緯に照らせば、それはかつての民主主義教育協会関係者、とりわけソヴィエトの教育学の紹介を精力的に行なっていた矢川徳光の議論であったことは容易に推察される。ところで、一九五〇年前後に、矢川が、史的唯物論の立場に立つ教育学として肯定的に紹介したのは一九三〇年代初頭のソヴィエト教育学であったが、そこでは、階級社会における教育の本質は階級闘争の一形態ないし階級闘争の一手段である点にあり、教育学は政治学の一分肢であると主張されていた。(7) このように、専ら生産関係視点＝階級視点から教育の本質を論定する理論は、生産力理論との対比においていわば生産関係理論と言うことができるのであるが、確かに、スターリンの言語学論文における「土台－上部構造」論を前提にして、「教育上部構造論」を主張した場合、ある意味で必然的に生産関係理論的傾向を持たざるを得なくなると言える。その意味では、海後の「教育上部構造論」批判は、教育科学論を前進させ得る契機を含んでいたと言えよう。

以上の意味で、「教育構造論争」の内容をなし、またその内的推進力となっていたのは、教育の社会機能と内容の物質的基礎をめぐる生産力理論と生産関係理論の対抗であり、その際の理論装置として、いわば論争の形式を構成していたのが、「土台－上部構造」論であったと言うことができる。

第二節　「土台における教育」と「上部構造としての教育」

──論争の第一段階＝論文「資本主義の発展と教育上の諸法則」をめぐる論争──

「教育構造論争」は、三つの段階を経過したと言うことができる。

第一段階は、海後勝雄の論文「資本主義の発展と教育上の諸法則」（一九五四年）をめぐる論争で、論争の基本的性格は教育史研究会の内部論争であったと言い得るが、例外的に矢川徳光の参加していることが注目される。

第二段階は、海後の著作『教育科学入門』（一九五五年）をめぐる論争で、「海後vs.矢川論争」を中軸として、教育史研究会の外部から多くの発言のあった点に特徴があった。

第三段階は、スターリン批判後の「土台－上部構造」論の再検討の動向に規定されながら進められた論争の総括の段階で、論争形式をとらなかったとは言え、論争史の一段階を構成していたと言うことができよう。

1 「土台における教育」批判

さて、論争の第一段階における海後の主張は先述したが、その論点は次の二点に要約することができる。すなわち、海後勝雄は、第一に、教育の社会的構造に関わって、「上部構造としての教育」とは別に、「土台における教育」の存在を主張し、第二に、教育の社会的機能に関わって、資本主義社会における教育は「上部構造としての機能」を果たすだけではないことを主張したのである。この二つの論点は、海後論文の中では、必ずしも結びつけられてはいなかったが、論争参加者の多くは、そこに必然的な関連を見い出し、次のように海後の教育構造論の批判を行なったのであった。

桑原作次

教育は上部構造に規定され、それを媒介として究極的には下部構造に規定される。しからば、教育自体は下部構造であるか上部構造であるか。生産力の生産という面からみれば下部構造に属するように見え、イデオロギーの再生産という面からみれば上部構造に属するようにみえる。しからばこのような二つの部分に分割すべきであろうか。もちろん分割すべきではない。教育は一つのものでなければならぬ。（中略）

教育は全体的人間の形成である。それは物質的生産過程ではない。すなわち下部構造ではない。それは上部構造的側面および下部構造的側面を含む上部構造である。(8)

小松周吉

われわれが教育現象を考察するさい、その目的（人間像）や内容を捨象してその形式や技術のみをとりあげるならば（中略）それは言語と同様、社会のあらゆる階級に奉仕し、また土台が消滅してもなくならないということができる。「土台で行なわれる教育」――職場における技術の伝達やレジームの訓練など――とても同様である。（中略）それらは、現実にはそれ自身で独立して存在しうるものではなく、特定の社会の学校、家庭、職場等を一貫する支配的な教育体制（上部構造）の一環として営まれ、その土台に奉仕しているのである（中略）。「土台における教育」を抽象的にとりだして、上部構造ではない教育が存在するというのは誤りではないであろうか。(9)

矢川徳光

大兄は「土台における教育の任務や機能」ということをお考えのようですが、わたくしには、その点が理解しにくいのです。土台というのは経済制度のことですから、経済制度における教育の任務や機能ということになり、不明確なのです。わたくしは教育はどこまでも（3Rs の教授、H_2O といったことの伝達にいたるまで）上部構造だと考えます。H_2O といったこと自体が上部構造だというのではありませんが、H_2O の教育（伝達といってもよい）は上部構造の有機的部分だというのです。(10)

柳　久雄

資本主義社会の土台の発展にともなう人間の形成や変革、この「土台における教育」の任務と機能は、それが直接的に生産活動と結びついているから、その限りスターリンの規定――（上部構造は生産と直接に結びつかず、ただ間接的に経済機構、土台を通じて生産と結びついているにすぎない）――によって、そのような教育は上部構造としての教育から一応区別されるであろう。また教育が機械の理解や使用法を教え科学技術の基本を教え、それが直接的に生産的活動と結びついているとすれば、その限り教育が非上部構造的な面をもっていることは事実である。しかしこれを一面的に強調することは、教育のもっている社会的性格や階級性についての誤謬をひきおこすおそれなしとしない。むしろ全体構造的にいえば、土台における教育それ自体が土台によってうみだされたものであり、その形成と強化に積極的に援助するところの上部構造的役割を果たしているとみることができるのである。(11)

これらの批判に共通していた点は、教育における変わらないものは上部構造ではなく、また教育の労働力形成機能は上部構造としての機能ではない、という海後の主張は多かれ少なかれ認めつつも、「上部構造としての教育」とは別に、これと独立して「土台における教育」なるものが存在するという海後の主張については否定的であった、ということである。

2　「生産様式」範疇への着目

ところで、このように「上部構造としての教育」とは別に非上部構造としての教育は存在し得ないとしても、教育における変わらないものないし労働力形成機能の物質的基礎の問題が、スターリンの「土台－上部構造」論では解けないこともまた明らかである。この点では、柳が教育の社会的機能の物質的基礎を統一的に解明する基礎範疇として「生産様式」範疇を提示したことは重要である。すなわち、柳久雄は先の一文に続けて次のように述べる。

ここで全体構造的というのは、生産力だけを孤立させて、生産のための教育を抽象的に取上げるものではなくて、生産力と生産関係とを統一したところの生産様式を基本として、この生産様式と教育とを構造的に関連づけることである。

（中略）

もし生産関係をはなれて、生産力のみを取り上げるならば、これは一種の抽象的な「生産力論」となるであろう。(12)

なお、小松周吉も、生産様式範疇の提示こそ行なわなかったが、海後の教育構造論の基本的問題が、いわば生産力と生産関係の矛盾の教育への反映という見地の欠落している点にあることを、次のように指摘していた。

（海後論文には幾多の問題点があるが―引用者）とくに「生産力の発展と生産のための教育」と「社会関係と教育における諸矛盾」とを分離して考察するにとどまり、これらを総合して分析するという立場を欠いている点は惜しむべき欠陥として指摘せざるをえない。なぜならば、この両者の矛盾こそは、資本主義社会における教育の基本的矛盾であり、したがってそれを綜合して弁証法的に把握しない限り、資本主義社会の教育の基本法則を十分に明らかにすることは不可能であるからである。(13)

しかし、このように言ったからといっても問題はなお残るのであって、教育の物質的基礎として生産様式を措定することと、土台（生産諸関係の総体）を措定することとの方法論上の区別と関連はなお明らかではない。そして、海後理論の批判者が、一様に、教育は全体構造的にはスターリンが言う意味での上部構造であると主張したとき、論理必然的に教育の社会的機能を規定する二つの基本的契機（生産力と生産関係）の中、より規定的であるのは生産関係であるということにならざるを得ない。ところが、生産力こそ教育に対する規定的契機であるというのが、海後の基本思想であった。かくして、論争は第二段階を迎えることになる。

第三節　「教育上部構造論」批判と「生産力理論」批判

―論争の第二段階＝『教育科学入門』をめぐる論争―

海後勝雄は、第一段階における諸批判に対して、これに個別的に応えるということをしなかったが、論争の行なわれた翌年に『教育科学入門――社会科学としての教育学』（一九五五年）を著し、改めて「教育上部構造論」批判を展開した。この『教育科学入門』に対しては多くの論評が行なわれたが、中でも矢川徳光は最も詳細な批判を行ない、これには海後も応えるという形で第二段階の論争は進行した。そこで、ここでの叙述も、「海後vs.矢川論争」を中心とすることにする。なお、この段階において開陳された清水義弘の「教育＝上部構造論」批判は、史的唯物論それ自体に批判的な立場からのものであり、いわば論争に否定的に参加したものであったが、その論点は論争の性格を分析する上で興味深いものがあり〔補論一〕で検討することとする。

1　海後勝雄の「教育上部構造論」批判

さて、海後の『教育科学入門』においては、さすがに「土台における教育」という主張は撤回され、「計画的・組織的教育」のレベルという限定つきではあるが、「社会現象としての教育は、社会の土台にたいする上部構造としての一般的性格をそなえている」ことが確認された(14)。しかし、その確認に続けて、すぐに海後は「教育現象を上部構造としてとらえることによって、教育についての科学的な認識がのこりなく可能であるかというと、そうではない(15)」とし、教育の特殊性の問題として、二つの点を指摘する。その第一は、教育は土台によって規定されるだけではなく、「社会過程のすべての領域」とりわけ生産力によっても規定されている、という点である(16)。この点に関わって、海後は次のように「教育上部構造論」を批判する。

　教育は、たんに土台にたいしてだけでなしに、社会の構成体をかたちづくっている諸領域をもれなく反映し、その発展にたいして責任をはたそうとしているのであって、この点は、同じ上部構造に属するといっても、思想や宗教、芸術や哲学などと区別される点なのである。このような性格が、教育の特殊性として指摘されるのである。したがって、教育についての科学的研究の方法としても、上部構造としてのアップローチのほかに、全体としての社会過程との関係という視点からの、アップローチを必要とする。たとえば、資本主義社会における生産力の発展と、生産教育や科学技術教育とのあいだに発生する矛盾を分析すると言うような問題になると、教育は上部構造であるといったたぐいのはんちゅうでは、科学的な分析の武器にはならない。一部の論者によると、職場における技能者養成の教育のはたらきも、上部構造であると主張するが、この種の対象の分析に上部構造のはんちゅうを適用すること自体が無意味であり、非生産的であることをしるべきである。(17)（傍点は原典）

海後が教育の特殊性として指摘した第二の点は、「教育の目的や内容、その任務のうちに、超歴史的なファクターをもつものが比較的に大きい位置を占める」(18)という点である。この点に関わって、海後は再び次のように「教育上部構造論」を批判する。

　言語はスターリンがその論文でするどい分析と批判をこころみているように、上部構造には属しない。封建社会の言語は資本主義社会になると否定されて、別な言語にとってかわられるごときものではないからである。このような問題は今日あきらかにされているにもかかわらず一部の論者は言語や数理も必ず階級的な内容と結びついて表現されるというような理由から、一種の「教育上部構造論」に固執している。（中略）この問題をやや拡大して考えると、どちらかといえば歴史を超えた科学的知識や法則、技術等の、いわゆる文化遺産として今日活用されているものの大部分が、教育の目的や内容に含まれていることがあきらかになるだろう。この事実は、「教育上部構造論」者たちにとっては、はなはだ困ったことのようである。しかしながら、教育の過程そのものを客観的に認識しようとする立場からは、これらのいわば歴史的カテゴリーの適用外のもの、基本的・形式的なものを大きく含んでいることが、むしろ教育の特殊性であることを、積極的にみとめなければならないのである。(19)

論争の第二段階における海後の「教育上部構造論」批判の理論的核心はここに明らかであって、すなわち、海後は、論争の第一段階で解明されたように、教育における変わらないもの（そしてこれは生産力の教育に対する規定性と不可分なのであるが）は変わるものと不可分であるということは認めたが、教育が全体構造的には上部構造である（したがって、生産関係が規定的契機ということになる）という「教育上部構造論」には承服できず、教育の特殊性論を媒介として、教育の労働力形成機能は、「土台－上部構造」論では解析できないこと、教育においては、変わらないもの、したがって生産力こそが規定的契機であることを改めて主張したのであった。

2　海後理論における史的唯物論―「内部的相互矛盾の法則」について―

これに対して矢川徳光が真っ向から批判するのであるが、この点は後述することとし、先に、「土台－上部構造」論の教育学研究における方法論的意義の理解に関わってなされた海後勝雄の問題提起――「社会構成体における教育の位置づけ、いわゆる教育構造論について、ソヴィエト教育学のしめした結論は、社会主義社会では有用であっても、複雑な日本社会における教育の分析には十分適用できないと考えたので、上部構造論だけでなく、内部的相互矛盾の法則を提案した」[20]――について検討しておきたい。さて、「教育構造論についてソヴィエト教育学がしめした結論」とは「教育上部構造論」のことであるが、それが、社会主義社会では有用であっても云々、という戯画的議論はともかく、教育における変わらないものないし教育の労働力形成機能の問題は、「土台―上部構造」論では解けないという海後の主張は、それ自体としては正当であった。そして、この問題の解決の方向は、既に、論争の第一段階の成果としての柳久雄による生産様式範疇の提示によって与えられていた。ところが、海後はこの柳によって紹介された生産様式論に学ぶことを頑強に拒否し、新たに意味内容の不明確な「内部的相互矛盾の法則」なるものを提示したのであった[21]。

ここでは、少なくとも、海後理論に内在するところの三つの問題点が指摘されなければならない。第一に、上部構造範疇の理解においては、海後は依然としてスターリン理論の枠内にあり、相変わらず教育における変わるものないし教育の世界観形成機能の分析には「土台―上部構造」論が適用され得ると考えていたことである。第二に、海後は史的唯物論の基礎範疇を用いて教育構造論を論じたのであるが、彼の認識論の基本的性格はウェーバーのそれに近く[22]、それ故、論争の主題が教育の物質的基礎の解明であることを明瞭に理解し得ていなかったと見られることである。第三に、第二の点と関わるのであるが、海後の史的唯物論の基礎範疇に対する理解が極めて恣意的であったことである。例えば、スターリンの「土台―上部構造」論においては、土台＝経済制度として、土台概念に生産力を含ませないことが特徴的なのであるが、海後は、論文「資本主義の発展と教育上の諸法則」において、なんの根拠も示さずに、「土台としての生産力や生産関係[23]」などと述べる。また、『教育科学入門』ではなんの断りもなく、概念規定を変更して、ある箇所では、「上部構造にたいして土台にあたるものは、生産様式すなわち所有関係や経済制度である[24]」と述べ、他の箇所では「土台＝生産関係[25]」と表現していたのであった。而して、かかる曖昧な概念規定、とりわけ生産様式範疇を生産関係範疇系列に置くことをもってしては、到底正しい問題提起に至り得な

いことは、蓋し、当然であった。(26)

ところで、このような海後の史的唯物論の基礎範疇に対する理解の曖昧さについては多くの論者が言及しているが、そこに、生産力理論への傾斜を看取したのは、矢川徳光であった。矢川は、海後が生産力と生産関係について、「社会における基本的な生産諸関係を分析すると、つぎの三つの要素によりなりたっていることがわかる。そのだいいちは、人間にたいして立ちあらわれる自然的諸条件、つぎに人間的要因にぞくする技術、および主体としての人間と人間相互の労働組織の三つである。この三つの要因が一定の社会の生産諸力と名づけるものを構成する(27)」などと述べていることに注意を促しながら、海後は「生産関係と生産力とをはっきり区別せず」、両者の関係についての論述が不明確であるとし、「その不明確さのために、『生産力と教育』という節の論述には、生産力理論がはっきりあらわれている(28)」と指摘する。そして、海後が「生産力主体としての人間教育は、生産教育において直接に生産力のある水準を反映しているが、それだけでなく、それぞれの段階における文化と教育とのすべてが一定の生産力を基礎としているということができる(29)」と述べている箇所を指示し、この教育に対する「生産力水準の直接的反映」という考え方は生産力理論にほかならないとした(30)。この矢川の指摘は基本的に正当である(31)。

ところで、矢川はこのように海後を批判した後、自己の見解として、「生産力の発展の決定的要因は人間や人間の労働ではなく、『生産力の性格に照応した新しい生産関係である(32)』」と述べていた。これは、矢川理論の生産関係理論的傾向を端的に示した一文として、「海後vs.矢川論争」の性格を暗示していたと言えよう。

3　矢川徳光による海後理論の再批判──教育学における生産力理論の批判──

さて、矢川は、先述した海後の「教育上部構造論」批判の二つの論点について、次のように批判する。先ず、第一の生産力の教育に対する規定性の問題は「土台－上部構造」論では解けないという海後の主張に関連して、海後が「生産力主体としての人間の教育」が、「まちがった史的唯物論」では「生産力から切りはなされて、意識形態の一部にはねあがってしまう(33)」と述べていた点を捉え、「教育は、もともと意識形態の一部であって、そのことは、『はねあがる、はねあがらない』の問題ではない(34)」とし、次のように述べる。

問題はむしろ、著者が「生産力の主体としての人間の形成」という教育を社会の経済制度のいかんによって、そのありかたをかえる意識形態とは考えていない、という点にある。（中略）

著者は、人間と自然との接触は、直接的なものでなくて、いかなるばあいにも一定の社会関係を媒介としておこなわれるものである、とは考えていないようである。このことは、著者が、「科学的知識や法則、技術などのいわゆる文化遺産」の「大部分」のものの教育を上部構造とは考えていないことと、密接につながっているようである(35)。

次に、第二の、教育の特殊性は変わらないものを多く含む点にある、という海後の主張については、矢川は、「階級社会においても、教育の特殊性は、その階級性にあるのではなくて、『むしろ』教育が超階級的、『超歴史的ファクター』をたくさんふくんでいるという点にある(36)」と海後は主張しているとした上で、これを、次のように批判する。

著者は、自然科学の知識や法則と、そういう知識や法則の教育とを区別していないように思われる。（中略）教育は、自然科学の客観的な知識や法則によって、その内容を豊かにされねばならない。だが、どのような自然科学の知識や法則であっても、その教育は、社会的・思想的関連をはなれて成立することはできない。

著者のこのような主張は、教育現象の理解に、階級闘争史観を首尾一貫して適用することに反対している著者の立場

図５　矢川徳光の「土台－上部構造」図式

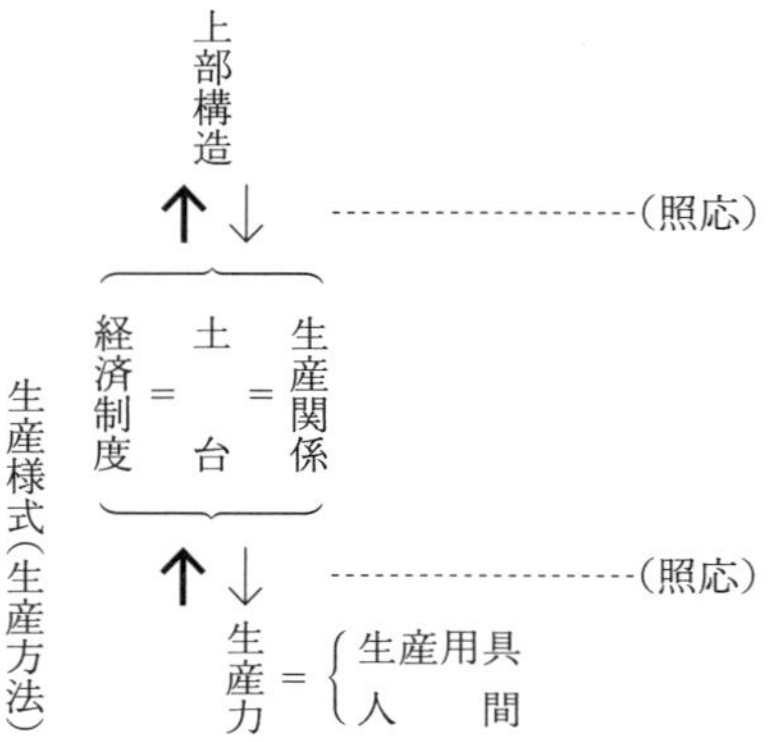

「書評　海後勝雄著『教育科学入門』について」
『教育史研究』No. 1、1955年10月、10頁

から、おのずと生まれでたものであろう[37]。

ここに、矢川の海後批判における主題もまた明らかであって、すなわち、矢川は、海後理論の生産力理論的性格を批判し、上部構造でないような教育は存在しないこと、教育の特殊性は上部構造である点に求められるべきこと、したがって、教育においては、変わるもの、すなわち生産関係が規定的契機であることを主張したのであった。この矢川による海後批判は、海後の教育構造論における生産力理論的傾向を批判したものとしては、正当であった。しかし、矢川が、自然科学の教育は生きた現実においては社会的・思想的関連をはなれて成立することはできない、と言うべきところを、自然科学はともあれその教育は社会的・思想的関連をはなれて成立することはできない、と主張するとき、科学・技術の教育それ自体という理論的抽象を拒否していることになるのであって、これでは、科学・技術の教育とイデオロギーの教育との物質的基礎の違いが分析できず、したがって、生きた現実としての教育における両者の矛盾も明らかにされ得ない。そして、矢川理論のかかる問題点は、矢川の「土台－上部構造」論理解と関連があったと思われる。

矢川の史的唯物論の基礎範疇に対する理解は、海後とは対照的に、「マルクス主義の基本文献にしたがって[38]」おり、「教育構造論争」の理論的核心問題——教育が上部構造に属することと生産様式によって規定されることを、史的唯物論の定式に即して、いかに説明するか——についても自覚的であったように思われる。というのは、矢川によって提示された「土台－上部構造」の図式（**図５**）は、「土台－上部構造」論と生産様式論の範疇的関連如何、

という問題に対する一つの回答を与えているからである。すなわち、矢川の図式によれば、上部構造は直接的には土台（＝経済制度＝生産関係）によって、間接的には生産力によって、そして全体構造的には生産力と生産関係の統一である生産様式によって規定されているということになる。そして、矢川は、このような理解に立てばこそ、教育の労働力形成機能は承認しつつも、生産力水準を直接に反映した教育が存在するという海後の主張を拒否し、教育それ自体は上部構造であると主張したのであった。

ところで、矢川のかかる「土台－上部構造」論理解は、概ねスターリン理論に依拠していたと言えるのであるが、そこには、少なくとも二つの問題が指摘され得る。第一に、矢川は上部構造を機能と構造を備えた生きた現実を表す概念と考え、生きた現実の社会関係的側面（イデオロギー的社会関係）を表示する概念とは考えていないことである。換言すれば、矢川理論においては、生産様式論は「土台－上部構造」論に包摂されているのである。そこで、第二に、かかる理解にたつと、教育を社会構造的には上部構造であると主張することは、同時に、教育の社会的機能は土台に対する奉仕機能であるということにならざるを得ず、教育の労働力形成機能は上部構造としての教育の機能ではない、という海後の主張に対して正面から応えることができないことである。而して、矢川は、教育の特殊性は上部構造である点にある、と主張するに止まったのである。

さて、論争は、矢川のかかる批判に対して、海後が反論し、さらに矢川が再批判するというように展開されたのであるが、そこには、教育学における生産力理論と生産関係理論の対立が鮮明になった点を除けば、理論的に新しい内容は、含まれていない。すなわち、海後は、「私が生産力の主体として人間の問題をとくに中心としてとりあげるのは、私が人間教育を研究しようとしているからだけでなく、基本的には人間を重んずる立場にもとづいている」(39)と改めて教育に対する生産力の規定性を強調し、教育における変わらないものは「土台－上部構造」論では解けないことを再論したのに対し、矢川は、「海後氏は教育は生産力の再生産であるという点にその特殊性があるとされるであろうが」、わたしは、「教育は生産力の再生産でもあるが、その独自な特殊性は人間性をそなえた人格の定位にあると」[40]考えると述べ、両者の対立が、教育の特殊性の理解の相違にあることを再確認したに止まる。

およそ、以上のような第二段階における論争の成果は、第一に、「教育構造論争」の内容をなすところの、教育の社会的機能と内容の物質的基礎の理解をめぐる、教育学における生産力理論と生産関係理論との対立が顕在化されたことである。だが、一般に論争における対立の顕在化は、問題解決の必要条件である。第二に、「教育上部構造論」をめぐっての相対立する主張は、共にスターリンの「土台－上部構造」論に依拠していたのであるが、このことは、裏を返せば、スターリン理論では、教育の社会的機能と内容の物質的基礎の問題は論理整合的に解明できない、ということを意味し、論争の理論装置それ自体の検討の必要性を暗示していたことである。かくして、スターリン批判後の「土台－上部構造」論の再検討は、論争の第三段階、すなわち論争の総括に向かわしめることになる。

第四節　スターリン批判後の教育構造論

――論争の第三段階＝「教育構造論争」の総括――

論争の第二段階において明らかになったことは、スターリンの言語学論文における「土台－上部構造」論を前提にすると、「教育上部構造論」は教育における変わらないもの、ないし教育の労働力形成機能を論理整合的に説明し切ることができず、他方、「教育上部構造論」批判は生産力理論に陥るということであった。それ故、論争としての論争は「ほとんど対立したままで問題を残してしまった」[41]のであるが、スターリンの死後（一九五三年三月）徐々に進められ、ソヴィエト共産党第二〇回大会（一九五六年二月）以降公然化されたスターリン批判と「土台－上部構造」論の再検討は、論争に新たな展開の可能性を与えた。この可能性を現実性に転化させるためには、論争当事者の冷徹な自己批判と史的唯物論の基礎範疇に対する自主的再検討を必要としたのであるが、それを直に論争当事者に求めるには、スターリン批判の衝撃は巨大に過ぎたと言うべきであろう。「教育構造論争」の不幸な「中断」[42]の原因は、恐らくこの点に求められるし、後に述べるように、「教育構造論争」の当時における最も優れた総括が、論争の直接の当事者ではなかった小川太郎によって行なわれたことも、この点に関わっていたと言えよう。

ところで、スターリン批判後に見られた「教育構造論争」の総括には、二つの傾向があった。その一つは、論争を清算主義的に評価するもので、その典型は海後勝雄の『教育哲学入門』（一九六〇年）に見られる。いま一つは、論争の批判的継承を意図するもので、その典型は小川太郎の「教育科学論をめぐって」（一九五八年）に見られる。

1 「教育構造論争」の清算主義的総括

―海後勝雄『教育哲学入門』における「教育構造論争」の評価について―

「教育構造論争」において問題提起者の役割を果たしてきた海後勝雄は、『教育哲学入門』において、スターリン批判後の「土台－上部構造」論争に学びながら、スターリンは土台と上部構造範疇について、「(イ) 上部構造はじぶんの土台をかためる、(ロ) 土台が死滅すると、その上部構造も死滅していく」という二つの「特殊な形式的規定」[43]を与えたと総括した上で、「教育構造論争」自体を、次のように否定的に評価している。

土台・上部構造の、このような大まかな規定は、同様に大まかな現実認識には役立ちうるだろう。しかしそのままでは、教育を含めて、社会現象の複雑な内部矛盾や相互矛盾を分析する道具にはならない。（中略）そのうえ、このスターリンの二つの規定は、逆に現実の認識を誤らせる役割もはたす。たとえば、教育現象は上部構造（スターリン的意味での）に入れていいのかどうかというたぐいの、現実認識とは余り縁のない問題になってしまう。一部の論者のばあいのように、上部構造に入れた方が階級性の優位を説得するのに有利だ、というたぐいの便宜主義におちいり、目的とする科学的認識とはかかわりのない主張になる。けっきょく、言語学論文に続く論争の設問自体に間違いがあったということなのである。(44)

ここで、海後が、「言語学論文に続く論争の設問自体に間違いがあった」と述べている、そのこと自体は正しい。既に指摘したように、「教育構造論争」は、教育の社会的機能と内容の物質的基礎の問題を、本来教育的諸関係の内的編成の解析のための方法論的基準たるべき「土台－上部構造」論によって解こうとした点で、論争の内容と形式に矛盾を孕んでいたからである。しかし、設問の仕方が間違っていたとしても、問題それ自体は解消しないのであって、論争の批判は、問題の正確な定式化によって補われなければならない。ところが、海後が次のように言うとき、問題それ自体を解消してしまうところの、いわば清算主義的評価に陥っていたと言わざるを得ない。

筆者は以前から、特に「上部構造としての教育」を扱うばあいと、社会構成の総体に対応する関係や内容を問題とするばあいとの、視点を区別するべきだという考えをもっている（拙書『教育科学入門』）。それにたいして、各方面からの批判をうけた。当時の批判者はスターリンの規定をよりどころとしていると思われるので、今日あらためて問題にする必要はなさそうである。(45)

この海後の言明については、少なくとも、二つの問題点が指摘されなければならない。第一に、「教育構造論争」において、スターリンの規定に基づいて議論を展開したのは、誰よりも海後自身であった。それ故、海後が「教育構造論争」に言及する際には、先ずなによりも、かつて海後がスターリンの「土台－上部構造」に関する

「大まかな規定」を、「教育を土台にたいする上部構造の一部」とする見方の論拠となっているマルクスの『経済学批判』の序言」の段階に比べて「さらに一段とすすんだ論理が展開せられている」[46]と評価し、「教育上部構造論」批判の論拠としたことに対する、卒直な反省がなされるべきであったと言える。そして、この反省を欠いていた点に、海後の「教育構造論争」に対する清算主義的評価の一つの根拠が求められよう。第二に、海後は、スターリン批判後においてもなお、「上部構造としての教育」について語るのであるが、その際の「土台－上部構造」論の理解は、多く、H・ルフェーブルの著作に依拠していたことである。[47]そして、このように、「土台－上部構造」論の教育学研究における方法論的意義について自主的検討が求められている、正にその時に、依拠する学説を変更するという方法で自説を補強するような安易な対応の取られたことは、海後をして論争に対する清算主義的評価に導いたもう一つの根拠であったと言えよう。

2　「教育構造論争」の止揚
―小川太郎による論争の総括と残された課題―

一九五〇年代に展開された社会諸科学における「土台－上部構造」論争の一つの論点は、土台範疇に生産力を含めるか否か、という点にあった。そして、スターリンの言語学論文の影響が社会諸科学に及ぶ以前においては、「土台＝生産様式」として、土台に生産力を含める見解は、けっして稀ではなかった。[48]また、「上部構造－下部構造」範疇を設定し、「下部構造＝生産様式」とする見解もあった。[49]ところが、スターリンの言語学論文においては、土台は経済制度と同義とされたため、土台に生産力は含まれないという見解が通説的地位を占めることとなった。そして、このこと自体は、マルクスの「史的唯物論の定式」における規定とも概ね合致するものとして、正当であったと言える。[50]むしろ、教育構造論にとっての問題は、スターリンが同時に提示した上部構造の土台に対する奉仕の機能という一般的規定がもたらした理論的混乱であった。すなわち、このスターリンの規定に教育の社会的機能論が接合されたとき、教育の世界観形成機能は上部構造としての教育の機能であるが、教育の労働力形成機能はそうではないという理論的帰結が得られることを主な根拠として、「上部構造としての教育」と非上部構造としての教育という二元論的発想の下に、「教育上部構造論」批判が始まったのであった。それ故、かかる「教育上部構造論」批判の克服は、教育の社会的機能と内容の物質的基礎を「土台－上部構造」論によって論じるという、その枠組み自体の吟味から始められるべきであったと言える。

そして、その端緒は、「教育構造論争」において柳久雄が行なったところの、教育の社会的機能と内容の物質的基礎をトータルに解析する基礎的範疇としての生産様式範疇の提示によって与えられていた。しかし、スターリンの「土台－上部構造」論を前提にする限り、教育が土台によって規定され、且つ生産様式によっても規定されるということを論理整合的に説明し切ることは不可能であった。ところが、スターリン批判後における「土台－上部構造」論の再検討の過程において、土台概念に生産力を包含する見解を含め、上部構造は生産様式によって規定されるとする説が復活した。(51) かかる見地に立てば、教育の社会的機能と内容の物質的基礎を「土台－上部構造」論によって解析するという枠組みの範囲内で、「教育構造論争」を内容的には止揚することが可能となる。小川太郎による「教育構造論争」の総括は、このような試みの一つであった。既述のように、小川は、「教育構造論争」を総括するにあたって、「上部構造－下部構造（＝生産様式）」の範疇区分を採用している点が特徴的なのであるが、これに対して、小松周吉も、「マルクス主義の用法としては、土台とは生産力と生産関係の総体としての生産様式のことである」(52)との見地から、論争の総括を行なっているが、土台範疇のこのような理解では、小川の総括と大同小異のものとならざるを得ない。なお、柳久雄も『現代教授過程』（一九六〇年）において、「教育構造論争」に対する総括的見解を述べているが、概ね小川の総括に依拠していたと言える。

ところで、小川は、「教育構造論争」の総括を行なった論文「教育科学論について」に先立って、「教育遺産の考え方」という論文を発表しているが、そこにおいて小川は、民主教育の見地から継承すべき戦前日本の教育遺産について論じた際、そのような教育遺産は、いわゆる下からの教育の運動と経験のみならず、支配的教育の中にもあったとして、次のように述べていた。

そこで第四に、支配的な教育自体の中に、遺産として継承すべきものはないかという問題にふれなければならない、これを教科の内容編成の面について言えば、修身・歴史・地理のような、支配の意図が露骨にあらわれていた、本来社会科学の分野であるべきものについては、ほとんど全く学ぶべきものはないといってよいであろう。国語にしてもそうした色彩は濃厚であった。けれども、数学や理科のような分野では、すでに明らかにされているように特に国民学校の教材編成にあたっては、国民の科学的な能力の発展のために、民間の独自な研究がある程度反映されているのであって、生活と科学の結合、実験・観察・測定などの重視、系統の尊重などの諸点では、戦後の理論や実際と比べても一段とすぐれたものをもっていた。(53)

このように、小川は教育における変わらないものの存在を事実として確認しており、それ故に、海後の問題提起に対して深い関心を寄せたのであるが、同時に小川にとっての問題は、生きた現実としての教育において、変わるものと変わらないものがどのように関連しているかということであった。そして、小川は、「教育構造論争」の検討を通して、これを、生産力と生産関係の矛盾の反映として理解することで、理論化の展望を見出していた。と同時に、これは、小川による「教育構造論争」の総括の基本的視点ともなった。ところで、生産力と生産関係の統一を表示する範疇は生産様式であるから、(54)小川の基本思想は、生きた現実における教育は生産様式によって規定される、ということであったと言えよう。[55] そして、この見地の確立は、教育の社会的機能論及び教育課程論における生産力理論と生産関係理論の対抗を最終的に止揚したものとして、戦後の教育理論史を画するものであったと言える。いま、そのことを、確認しておけば、次の通りである。

上部構造は、生産様式（生産力と生産関係の矛盾的統一としての）によって規定され、したがって、その中には当然土台＝生産関係の反映としては説明し切れない要素が含まれる。（中略）問題は、海後があくまでも上部構造は土台の変化とともにすっかり変わるものだ、と考えつづけているところにある。そこからかれは変わらない要素を上部構造外におくのである。そういう点では、海後はスターリンの定式によりかかりすぎている。（中略）一体、土台が変われば上部構造がすみずみまで変わるなどということは、教育にかぎらず、たとえば哲学をとってもありうることではない。そうであるならば、哲学史は成立しないことになる。変わらない要素がたくさんあるのは教育に限らないのである。海後は二つの要因の矛盾を認めたが、その矛盾は上部構造とその外のものとしてではなく、上部構造における矛盾として把えるべきであろう。そしてその矛盾の基礎が、生産力と生産関係の矛盾なのである。[56]

他方、論争における海後理論の批判の中では、生きた現実における教育を「上部構造としての教育」と非上部構造としての教育に分ける二元論に対して、教育を上部構造として一元論的に把握する見地が擁護されたが、小川はまた、この見地をも引き継いでいた。そこで、小川に独自であるところの、上部構造としての教育は、土台（生産関係）によって規定されるだけではなく、生産力によっても規定され、全体としては「下部構造＝生産様式（生産力と生産関係の矛盾的統一）」によって規定されるという見解が成立することになる。しかし、この見解は、「土台－上部構造」論を生産様式論に解消するものであって、その後、今日に至るまでの、「土台－上部構造」論の教育学研究における方法論的意義の究明の立ち後れの、一つの理論史的背景になっているように思われる。本研究を必要とした所以である。

まとめ

「教育構造論争」は、その内容から見れば、教育の社会的機能と内容の物質的基礎の理解をめぐる論争であり、形式から見れば、「土台－上部構造」論の教育学研究における方法論的意義を問う論争であったと言うことができる。その意味で、「教育構造論争」は論争の内容における対立・矛盾と同時に論争の内容と形式の間にも矛盾を孕むものであった。論争の経過は、かかる二重の矛盾の展開として理解され得る。

論争は、三つの段階を経過したと言える。第一の段階は、海後勝雄の論文「資本主義の発展と教育上の諸法則」をめぐる論争である。海後はこの論文において、スターリンの言語学論文を前提とした場合、教育の社会的機能と内容の物質的基礎の問題は、「土台－上部構造」論だけでは解けないこと、また「上部構造としての教育」のほかに「土台における教育」(非上部構造としての教育)が存在することを主張した。これに対して、論争参加者は、多かれ少なかれ海後の第一の問題提起は肯定的に受け止めつつも、第二の問題提起には否定的であり、教育は総体として上部構造であることを論証しようとした。この論争の第一段階における成果は、教育の社会的構造に関わって、教育は上部構造に属する社会現象であることがほぼ確定されたこと、及び教育の社会的機能と内容の物質的基礎をトータルに把握し得る範疇として、柳久雄より、生産様式範疇が提示されたことである。

論争の第二段階は、海後の『教育科学入門』における教育構造論をめぐるものである。海後はこの著作において、組織的・計画的教育が上部構造という一般的性格を持つことを認めた上で、しかし、教育の特殊性は上部構造以外の諸性質（生産力に直接に結びつき、また歴史貫通的な文化遺産——変わらないもの——を多く含むこと）を持つことにあると主張した。これに対して、矢川徳光は、教育が労働力形成機能（生産力の再生産機能）を果たすことは認めつつも、教育の特殊性は上部構造である点にあると批判した。この論争の第二段階における成果は、論争の内容——教育の社会的機能と内容の物質的基礎の理解をめぐる生産力理論と生産関係理論の対抗——が明瞭になると同時に、スターリンの「土台－上部構造」論を前提にする限り、論点の理論的解明は不可能であることが明らかになったこと、その意味で、論争の内容と形式の間における矛盾が顕在化したことである。

スターリン批判後の「土台－上部構造」論の再検討の動向に多かれ少なかれ規定されつつ行なわれた論争の総括は、論争の第三段階を構成する。その典型は、小川太郎によるものであって、小川は教育の社会的機能と内容の物質的基礎を、生産力か生産関係かというように単に区別の相において論ぜられるだけでは不十分であって、それは、両者の矛盾的統一としての生産様式に求められるべきことを最終的に論定した。これが、論争の肯定的成果である。しかしながら、その際、小川によって「上部構造－下部構造（生産様式）」範疇が措定されたことにより、「土台－上部構造」論の教育学研究における独自の方法論的意義は不明確なまま残された。これが、論争の否定的成果である。ここで、否定的とはいえ成果であるとするのは、土台を生産諸関係の総体とする「史的唯物論の定式」の規定を採用した場合には、「土台－上部構造」論は教育の社会的機能と内容の物質的基礎を解明する理論装置たり得ないこと、したがって、その教育学研究における方法論的意義は他に求められるべきことが暗示されていたからである。

〔補論一〕 清水義弘の「教育＝上部構造論」批判について

論争の第二段階において、清水義弘は、史的唯物論そのものに対して批判的な立場から、「教育＝上部構造論」批判を行なっている。この清水の批判は、必ずしも論争に直接参加したものではなかったが、その論点は海後勝雄の「教育上部構造論」批判と驚くほど似ており、論争の性格を知る上では、興味深いものであった。

さて、清水の「教育＝上部構造論」批判の論点は三つあった。その第一は、「土台－上部構造」論の教育学研究における方法論的意義それ自体に疑問を呈した点である。「教育上部構造論というのは、古典的な社会構造論の規定をうけたものであるが、この規定をめぐって多くの論争がなされているところに今日の問題」がある。[57]「上構下構の二次元的構造論は、（中略）複雑な現代社会を説明するには余りに機械的であり、大まかすぎると考えられる。[58]」このように批判した上で、清水は、教育上部構造論争について、「教育現象の特殊性の主張、非所属論、とくに中間段階論こそは見のがしえない貴重な内部批判であろう[59]」と論じたのであった。「土台－上部構造」論の方法論的意義に関し、海後が部分否定であるのに対して、清水は全面否定であるという違いはあるが、共に、古典的な「土台－上部構造」論理解に立脚しての「教育上部構造論」を批判した点では共通していた。

第二に、清水は、「教育＝上部構造論を実質的に支えているのはイデオロギーとしての教育の規定である[60]」とした上で、イデオロギーの教育への浸透は、教育理論においても限界があり、「教育技術と教育組織」に関しては一層限定されるとして次のように述べる。「教育技術なかんずく教育組織は、もはや内容ではなくひとつの形式であるから、イデオロギーにかかわりなく教育実践を操作することも可能であり、いくつかことなった体制イデオロギーにたいしてもひとしく奉仕することができるのである[61]」。これは、教育における変わらないものは、「土台－上部構造」論の適用外の問題であるとした海後の主張に通じている。

第三に、清水は、「教育＝上部構造論を現実的に規定するのは、教育の階級的性格についてのテーゼである」とした上で、階級社会における教育は「階級闘争の手段の一つ」であるといった「一般的なテーゼ」に対しては「若干の保留」が必要であって、近代社会では「教育は社会的上昇の有力な手段」でもあり、それ故、「ブルジョアのための教育」は「プロレタリアの教育とは全く無関係なブルジョアだけの教育」ということとは異なると指摘する。(62)これは、海後が、教育は資本主義社会において「上部構造としての機能を果たすだけでなく、広く国民的規模において広汎にとりあげられた点は重視されなければならない」と述べていたことに通じている。およそ以上のような、海後と清水の「教育上部構造論」批判における相似性は、清水の教育史研究会批判を念頭におくと、(63)一見奇妙であるが、これは次のように理解され得る。海後と清水が批判の主たる対象としたのは、矢川徳光によって紹介されたところの、一九三〇年代ないし一九五〇年代初頭のソヴィエト教育学における教育構造論であったが、それらは多分に生産関係理論的傾向を持つものであった。そして、教育学における生産関係理論が、生きた現実としての教育の全面的・構造的把握を十全ならしめないものである限りでは、両者の批判には現実的根拠があった。しかし、海後はその生産力理論的傾向の故に、清水はその反史的唯物論傾向の故に、共に、史的唯物論の教育学研究における方法論的意義を正確に理解できなかった。そこで、両者の批判は現象的ないし外在的批判に止まらざるを得ず、両者の主観的意図を越えて、多くの共通性を持つこととなったのである。

〔補論二〕 中野徹三の生活過程論と「教育＝上部構造」批判について

教育現象の法則的認識、すなわち一定の教育現象の生成・発展・消滅過程の合理的把握において、史的唯物論が一つの有効な方法論を提出していることは、今日、一般に認められているところであろう。ところで、教育現象の分析に史的唯物論を適用するにあたっては、史的唯物論の基礎範疇と教育学の諸範疇との関連を方法論的に一貫させておくことが不可欠なのであって、この点の理論的反省を欠く場合には、しばしば政治主義的、あるいは経済主義的等々の一面的分析に陥りがちである。それ故に、かかる方法論の理論的研究は、教育現象の具体的分析とは相対的に独自の課題として設定され得るし、されねばならない。しかし、方法論の研究は、自己了解を目的とする場合を別とすれば、それが実りある成果を生み出すためには、教育現象の具体的分析において、旧来の方法論では不十分なことが、ある程度客観的に確認されていることを前提にした上で、さらに方法論研究のための新たな素材が存在していることを必要とするであろう。

ところで、これまで史的唯物論の基礎範疇と教育学の諸範疇との関連に対する理論的反省が行なわれた際には、しばしば論争を伴ってきた。わが国について言えば、一九三〇年代の生活教育論争、一九四〇年代後半の「生産力の再生産」論争、一九五〇年代の教育科学論争、一九六〇年代の教育政策の概念論争、一九七〇年代の教育運動史の方法論論争などを挙げることができる。この中、一九五〇年代教育科学論争は、その参加者においても、提出された論点においても、最も多彩、且つ包括的な論争であって、教育科学論の戦後段階を画するものであったと言うことができよう。それ故、今日、方法論的研究が行なわれる際には、一九五〇年代教育科学論争の正確な理解が前提とされるべきであって、これを欠く場合には一面的な問題提起に終わるであろう。例えば、近年その「生活過程論」の展開によって注目されている中野徹三の場合がそれであって、氏はその独自の史的唯物論の理解から出発しながらも、教育の本質については、次のようなありふれた議論を繰り返している。

教育過程も、それ自体が観念的上部構造をなすのではない。教育過程におけるイデオロギー的要素（教育内容におけるイデオロギー要素、教育者の教育観―これもイデオロギーである）と、土台および政治的上部構造によって規定される教育諸制度が、そうなのである。

科学的・技術学的諸知識と技能の教育は、直接的労働過程と社会的に有用な諸労働のための準備過程であって、これらの諸知識・技能と教材が「上部構造」に属さないと同じく、上部構造を形成しない。(64)

そして、中野は、この見地から小川太郎の次のような見解を機械論的な「教育＝上部構造」論と批判している。

支配的な教育自身は、生産力の発展のための教育――科学・技術の発展と労働力育成・向上のための教育――と、生産関係維持のための教育――資本家的イデオロギーの注入のための教育――の間に矛盾をもつ。生産力のための教育は、いわゆる教育における持続的なもの・普遍的なもの・進歩的なものの根拠であり、生産関係のための教育は、可変的なもの・階級的なもの・反動的なものの根拠である。(65)

周知のように、小川の「教育＝上部構造」論は、正に中野と同様の見解を含む海後勝雄の「教育構造論」に端を発するところの一九五〇年代「教育構造論争」の一定の総括として理論化されたものであって、中野の見解（＝海後の見解）が誤りであることは、この小川による論争の総括において基本的に批判し尽くされている。したがって、中野が少なくとも小川の総括を読んでいたならば、一九五〇年代「教育構造論争」以前の水準に逆戻りするが如き見解を提示することはなかったであろう。これが、問題の一面である。

他方において、中野の「教育＝上部構造」論批判は、結論においてこそ海後の見解と同じであるが、その史的唯物論の基礎範疇に対する理解の水準においては、海後のそれとは格段の差を有している。そして、それ故にこそ、中野は、小川の「教育＝上部構造」論を批判し得たのである。実際、中野の理論展開の中には、一九五〇年代教育科学論争の水準を超える契機が含まれている。しかし、中野においては、一九五〇年代の論争の正確な理解を欠くが故に、この契機が自覚的に展開されないでいる。ところで、その契機とは、「土台－上部構造」論の今日的理論水準を踏まえた上で、「教育＝上部構造」論を新たに展開する可能性のことである。この可能性を現実性に転化させるためには、中野の予感した問題を正確に定式化することが必要である。

その論点の第一は、中野が正しく指摘したように、教育は、その生きた現実においては、教育過程として社会的生活過程の範疇に属するということの確認である。ところで、この社会的生活過程としての教育過程は、「物質的生活の生産様式」によって規定されている。そこで想起されるべきことは、小川が「教育＝上部構造」論を展開するに際して、「土台－上部構造」論ではなく、「上部構造－下部構造」論の見地をとっていたことである。ここに下部構造とは、土台（＝生産諸関係の総体）とは区別されたところの生産様式（＝生産力と生産関係の統一）と同義とされる。したがって、史的唯物論の基礎範疇の今日的理解を前提にすれば、小川の「教育＝上部構造」論は、実は「教育＝社会的生活過程論」だったのであって、内容的には、基本的に中野の見解と一致しているのである。それ故、中野は、小川の「上部構造－下部構造」論をこそ批判すべきであった。

そこで、第二の論点として、小川の「教育＝上部構造」論が、海後の問題提起に対する回答としては不十分であったとすれば、中野の見解が、実は新たな問題提起であった、ということになるか否かが問題となる。結論から言えば、然りであり、否である。一般に「教育＝上部構造」とする規定は、一九五〇年代「教育構造論争」の確定的成果であったとされるが、そして結論的にはそれは正しい規定と考えられるのであるが、中野の問題提起は、「教育＝上部構造」論が「土台－上部構造」論の正確な理解に立って再構築されるべきことを示唆するものであって、この意味で、それは今日的意義を有している。しかし、中野のように、教育の個々の要素が上部構造に属するか否かを問うことは、提起されている問題の性格――総体としての教育が上部構造的性質を有するか否か――に対する無理解を示すものであって、この点は、海後の見解に対する諸批判において既に克服されていた問題である。

したがって、問題は次のように立てられるべきである。すなわち、生きた現実としての教育の社会的形態を規定する教育的諸関係は、「イデオロギー的社会関係」（＝上部構造）であるか否かと。問題がこのように提起されて初めて、「教育＝上部構造」論の今日的展開が可能となる。

注

（1）「教育構造論争」に関する主な研究は、以下の通りである。
海老原治善「社会現象としての教育」海後勝雄編『教育科学――その課題と方法』東洋館出版社、一九五六年
小川太郎「教育科学論をめぐって」小川太郎他著『戦後教育問題論争――教育実践の科学化のために』誠信書房、一九五八年
船山謙次『戦後日本教育論争史――戦後教育思想の展望』東洋館出版社、一九五八年
小松周吉「教育科学論争 上、中、下」『現代教育科学』第八七、八九、九〇号、一九六五年 四、五、六月
細井克彦『「教育科学論争」とその到達点――教育学の対象と方法をめぐって」『東京大学教育学部紀要』第一五巻、一九七五年三月
なお、別に、那須野隆一「国民教育と生涯教育」（『現代と思想』第一七号一九七四年九月）は「教育構造論争」の論点（教育内容の物質的基礎）の本格的展開の試みとして注目される。本研究は、この論文から多くの示唆を得ている。
（2）前掲・小川太郎「教育科学論をめぐって」三一頁

(3) 小川太郎は、「下部構造」なる範疇を、マルクス主義の用語としては自明であるかのように用いており、事実、今日においても少なからぬ論者によって使用されているが、この点については、厳密な文献学的検討を要するであろう。ここでは、「『土台と上部構造』の関係を、しばしば『下部構造と上部構造』といいかえられているが、これでは、本来マルクス主義がしめそうとする意味があらわれず、正しくない言いあらわしである。」（森宏一編『哲学辞典』増補版、青木書店、一九七五年、三四八頁）という見解のあることを紹介するに止める。なお、生産様式によって規定されるところの生きた現実としての教育を表示する範疇としては、上部構造ではなく、「社会的生活過程」が措定されるべきである、というのが筆者の見解である。この点については、本章の〔補論二〕「中野徹三の生活過程論と『教育＝上部構造』批判について」を参照されたい。

(4) 国分一太郎「唯物史観教育の概念」『教育と社会』第四巻九号、一九四九年九月、参照。

(5) 海後勝雄「序説　市民社会の成立過程と教育の一般的性格」海後勝雄・広岡亮蔵編『近代教育史』第一巻、誠文堂新光社、一九五一年、八頁

(6) 海後勝雄「資本主義の発展と教育上の諸法則」プリント版『教育史研究』第一号、一九五四年五月、二頁

(7) 矢川徳光は、既に、戦時下において、一九三〇年代初頭のソヴィエト教育学の紹介を行なっていたが（ペンネーム長崎操「ソヴィエト同盟における最近の教育論争」『教育科学研究』一九三三年）、戦後この研究をベースに『新教育事典』（平凡社、一九四九年）の大項目「教育研究法」中の小項目「ソ連の教育科学」を執筆し、さらに、『ソヴェト教育学の展開』（春秋社、一九五二年）を著した。なお、宗像誠也が、その著『教育研究法』（一九五〇年）において吟味を行なったマルクス主義の教育科学は、矢川によって紹介された一九三〇年代初頭のソヴィエト教育学であった。矢川は、当時、一九三〇年代初頭におけるスヴァトコフスキーやメディンスキーの教育学論を「教育学におけるレーニン的段階」を示すものと評価していた（前掲・矢川徳光『ソヴェト教育学の展開』（『矢川徳光教育学著作集』第一巻、青木書店、一九七三年所収、九頁）。なお、スヴァトコフスキー・メディンスキー著、倉内史郎・鈴木秀一訳『マルクス主義教育学の方法論』（明治図書、一九六一年）参照。

(8) 桑原作次「社会の一般的構造と教育」プリント版『教育史研究』第二号、一九五四年七月、三－四頁

(9) 小松周吉「教育の上部構造的性格について——海後教授の所論に関する一つの疑問」同　右　七頁

(10) 矢川徳光「海後論文における教育の『社会化』および『構造性』をめぐって」同　右　九－一〇頁

(11) 柳久雄「土台における教育と上部構造としての教育——教育の構造論について」同　右　一一頁

(12) 同　右

(13) 前掲・小松周吉「教育の上部構造的性格について——海後教授の所論に関する一つの疑問」五頁

(14) 海後勝雄『教育科学入門——社会科学としての教育学』東洋館出版社、一九五五年、五五頁

(15)同　右　五八頁
(16)同　右　五九頁
(17)同　右　六〇－六一頁
(18)同　右　五九頁
(19)同　右　六二頁
(20)同　右　一－二頁
(21)(海後勝雄氏は)「教育現象を上部構造としてとらえることによって、教育についての科学的な認識がのこりなく可能であるとは言えないとし、上部構造論だけでなく、『内部的相互矛盾の法則』によらなければならないというけれども、その『内部的相互矛盾の法則』が必ずしもあきらかでない。」船山謙次「海後勝雄氏と『教育科学入門』」『カリキュラム』第八〇号、一九五五年八月、五〇頁
(22)海後勝雄自身「マルクス主義の業績以外からは学ばないという態度」はとらないとして、マックス・ウェーバーその他からも学んでいると述べている(「矢川徳光氏の批判に答える――『教育科学入門』批判への反批判」『教育史研究』第二号、一九五六年、三六頁、参照)。実際、海後の法則概念はウェーバーの「理念型」と重なるものであった。なお、この点について、清水義弘が、教育史研究会の「原理論→発展段階論→現状分析という三段階の方法論的手続」について、「ウェーバーの『理念型』にはたと思い当たる」(「教育科学の現段階と教育社会学」清水編『日本教育の社会的基底』国土社、一九五七年、三二頁)と述べていたことは興味深い。ただし、教育史研究会の〈原理論・段階論・現状分析〉という方法論は、ウェーバーの理念型というよりは、宇野弘蔵が『資本論』の独特な解釈のもとに経済学の方法論として提示したものであって、教育史研究会へは、橋本勲が持ち込み、その理解には様々なニュアンスの相違は残しながらも、教育史研究会において共通の方法論として認められていたものである。例えば、教育史研究会のメンバーによって書かれた『教育科学――その課題と方法』(東洋館出版社、一九五六年)において、久保義三は「今日の教育科学は何をめざすか」の中で、次のように述べている。
「(社会現象としての教育を全体としての社会との内的な関連においてとらえるための――引用者)方法論的手つづきとしては、三つの段階がとられるであろう。第一に教育の原理論的研究であり、第二に教育の発展段階論であり、第三に現状分析である。この三つの段階論は、いうまでもなくより抽象的なものからより具体的なものへと論理を展開する過程をしめすものであるが、各段階ごとにことなった方法論的取扱が要求されることになる。」(七〇頁)
(23)前掲・海後勝雄「資本主義の発展と教育上の諸法則」二頁
(24)前掲・海後勝雄『教育科学入門』八三頁

(25)同 右 九二頁
(26)「著者自身に上部構造の理解の仕方の不足があるのではないかと疑われるふしがあります。上部構造の立っている土台の理解に混乱が見られるからです。」東京大学教育学部助手会「共同書評 海後勝雄著『教育科学入門』」『教育』第三八号、一九五五年九月、七三-七四頁
(27)前掲・海後勝雄『教育科学入門』七四頁。なお、この思想は、海後が学んだとしているH・ルフェーブル著『マルクス主義』(竹内良知訳、文庫クセジュ、白水社、一九五二年、七四-七五頁)において述べられている。
(28)矢川徳光「書評 海後勝雄著『教育科学入門』について」『教育史研究』創刊号、一九五五年一〇月、三四頁
(29)前掲・海後勝雄『教育科学入門』七八頁
(30)前掲・矢川徳光「書評 海後勝雄著『教育科学入門』について」三五頁
(31)なお、この問題に関わって、海後勝雄が参考にしたと述べている高島善哉も、海後の論述では「生産力と生産関係が切りはなされて」おり、「とくに生産力と生産関係との対応と矛盾というもっとも重要な論理がぼかされてしまう危険があるのではなかろうか」(「書評 社会科学からみた教育——海後勝雄著『教育科学入門』について」『思想』第三七四号、一九五五年八月、一五八頁)と指摘していたことが注目される。
(32)前掲・矢川徳光「書評 海後勝雄著『教育科学入門』について」三五頁
(33)前掲・海後勝雄『教育科学入門』七六頁
(34)前掲・矢川徳光「書評 海後勝雄著『教育科学入門』について」三五頁
(35)同 右 三六頁
(36)同 右 三六頁
(37)同 右 三六-三七頁
(38)同 右 一〇頁
(39)前掲・海後勝雄「矢川徳光氏の批判に答える——『教育科学入門』批判への反批判」三七頁
(40)矢川徳光「海後勝雄氏の反批判を読んで」『教育史研究』第三号、一九五六年三月、四八-四九頁。なお、「教育構造論争」に関する矢川の総括的見解は、「社会科学と教育科学」(全国青年教師連絡協議会編『教師の社会科学』東洋館出版社、一九五六年)の「五 上部構造としての教育」において述べられている。
(41)船山謙次『戦後日本教育論争史』東洋館出版社、一九五八年、一七〇頁
(42)前掲・那須野隆一「国民教育と生涯教育」一〇六頁

(43) 海後勝雄『教育哲学入門――教育科学の哲学』東洋館出版社、一九六〇年、二二三頁
(44) 同　右　二二四頁
(45) 同　右　二三七頁
(46) 前掲・海後勝雄『教育科学入門』六八－六九頁
(47) 海後は、スターリンの「土台－上部構造」論における問題点を指摘した後に、次のように述べていた。
「このような誤りを生みだした責任は、スターリンだけが負うべきかどうかという問題になると、どうやら『資本論』以前のマルクスの説明の簡略さやその発展に原因があるようである。すなわち、マルクス自身の論理に時間的発展が認められるので、土台・上部構造の区別をし、その相互関係を明らかにする必要のあったのは『序言』の時期であって、『資本論』以後になると、経済・社会構成という概念として豊かにされ、まとめられているのである。マルクスによる土台・上部構造という社会の構造分析の方法は、一方では従来はっきりしないままでとらえられていた社会の経済的基礎と上部構造とを区別した点は極めて大きいが、他方では社会的なものが経済的なものに還元される傾向をもっている。そのために、『資本論』の段階では、社会の総体的把握として経済・社会的構成という概念に発展させた。レーニンもまた、『人民の友とはなにか』の中でこの概念をさらに発展させ、客観的な社会現象の科学的認識の立場から、経済的なものが社会的現実のすべてをつくすものではないことを指摘している。ところがスターリンは、ふたたび土台・上部構造という概念を、より単純化した形で押しだしてきたのである」（前掲・海後勝雄『教育哲学入門』二二四－二二五頁）。これが、H・ルフェーブル『マルクス主義の現実的諸問題』（森本和夫訳、現代思潮社、一九五三年、一〇一－一〇三頁）で展開されている議論の要約であることは、ほとんど疑いない。
(48) 例えば、世界思想研究会編纂『マルクス主義哲学辞典』（富士出版社、一九五二年）の「どだいとじょうぶこうぞう（土台と上部構造）」の項には、「生産様式――すなわち、生産力とそれに対応する生産関係――は、社会の経済的土台（基礎）をつくり」（四二一頁）云々という記述がある。
(49) 例えば、西澤富夫「上部構造と下部構造」弘文堂編集部編『社会　社会学　第八巻　社会体制構成の原理』弘文堂、一九五〇年
(50) この点については、芥川集一「社会体制の原理」（『講座　社会学　第八巻　社会体制と社会変動』東京大学出版会、一九五八年）を参照。ただし、土台概念に生産力を含めるべきとの見解が、今日なお少なからぬ支持を得ている（例えば、中村静治『生産様式の理論』青木書店、一九八五年）ことも付言しておく。
(51) 例えば、榊利夫「『土台』試論」（『前衛』一五七号、一九五九年一〇月）。因みに、榊は、『マルクス主義と哲学論争』（青木書店、一九六六年）において自説を撤回し、「所与の社会の生産諸関係の総体である経済構造が、経済的土台をかたちづく

る」（一二七頁）という今日に至る通説を支持している。
(52) 前掲・小松周吉「教育科学論争　上」九八頁
(53) 小川太郎「教育遺産の考え方」小川太郎他編『講座　学校教育』第二巻、明治図書、一九五七年、四四－四五頁
(54) 生産様式概念のこのような理解は、一九五〇年代末には確固たる通説となっていた。しかし、生産様式を生産力範疇系列（「労働の技術的過程と組織的過程の統一」）に置くべきとの芝田進午の問題提起（『人間性と人格の理論』青木書店、一九六一年）以来、その概念規定をめぐって論争状態が続いていると言ってよい。筆者は、生産様式概念を何らかの意味で、生産力と生産関係の統一を表示するものと理解しているが、細部については今後の検討に委ねざるを得ない。
(55) 教育が生産様式によって規定されている、という見地は、「教育構造論争」以前においてもしばしば表明されていた。例えば、戦前において、山下徳治は、「教化史」（『日本資本主義発達史講座』第四回配本、岩波書店、一九三二年、三－四頁、参照）の方法論の基本的見地をここに求めていたと言える。したがって、ここでの評価のポイントが、小川の見解が論争の経過を踏まえた上での理論的反省によって媒介されている点にあることは、言うまでもない。
(56) 前掲・小川太郎「教育科学論をめぐって」三一－三二頁
(57) 清水義弘『教育社会学』東京大学出版会、一九五六年、四二頁
(58) 同　右　四三頁
(59) 同　右
(60) 同　右
(61) 同　右　四四頁
(62) 同　右　四六－四八頁
(63) 「教育構造論争」に対する評価を含め、教育史研究会の研究方法論に対する清水の批判は、「教育科学の現段階と教育社会学」（清水義弘編『日本教育の社会的基底』国土社、一九五七年）において述べられている。
(64) 中野徹三『生活過程論の射程』窓社、一九八九年、一二九頁
(65) 小川太郎『教育と陶冶の理論』明治図書、一九六三年（『小川太郎教育学著作集』第一巻、青木書店、一九七九年、所収、九頁）

〔附記〕本章を執筆するに当たっては、本書巻末に【付録】として収録してある『『教育構造論』に関する那須野隆一ノート」を参照した。記して、謝意を表する。

第Ⅱ部　教育科学論の展開

第四章　人間形成の物質的基礎

はじめに

本章の課題は、人間形成の物質的基礎についての理論的考察を通して、「現代社会における人間形成と教育」をめぐる諸問題に対し、一定の方法論的示唆を与えることにある。

ここで、本研究の経緯に触れ、併せて本章の構成について概説しておきたい。本研究の直接の契機となったのは、二宮厚美の論稿「経済学からみた人格と能力の発達」(『教育』一九八二年五月)であった。この論稿は、経済学研究者たる二宮が、雑誌『教育』の求めに応じて、教育学と経済学との対話を深めるべく、当時教育学の分野で進められていた人格概念の理解をめぐる論争に関わって、ユニークな問題提起を行なったものである。しかしながら、筆者の知る限り、この二宮の問題提起に対する教育学の側からの本格的な返答は行なわれず、対話は必ずしも実を結ばなかったように思われる。その理由は、さしあたって二つほど挙げることができよう。第一に、教育学の分野において当時交わされていた人格論をめぐる方法論論争は、学力形成と人格形成との連関のメカニズムの解明や子どもの内面把握を通じての子どものまるごとの理解、といった問題関心に示されるように、子どもの個体的発達のレベルで進められていたのに対し、二宮の問題提起は、共同体論や協業論を介して人格論の社会的基礎を論ずるというように、人間の歴史的発達のレベルで行なわれたことである。したがって、二宮の問題提起がユニークであればあるほど、教育学における人格論との接続に困難が伴われたと思われるのである。しかしながら、第二に、かかる困難は、教育学が学際的な対話を試みる際には常につきまとうものであってみれば、より基本的には、人格論をめぐって教育学と経済学が対話を行なうために必要な共通の基礎理論であるべき社会科学方法論（史的唯物論）に対し、教育学の側で必ずしも必要な準備ができていなかった、という事情があるように思われる。

以上のような問題意識から開始された本研究は、先ず何よりも、史的唯物論に対する一定の理解のもとに展開されたと評価し得る人間形成論ないし人格論の中、本研究のベースとなるべき業績を確定しておくことが必要であるように思われた。その検討結果は、第一節で人間形成論をめぐる若干の理論的諸問題としてまとめてある。次いで、第二節で、本章の主題である人間形成の物質的基礎を論じた。ただし、予めお断りしておけば、ここで展開するのは、あくまで最も抽象的なレベルでの理論的考察の結果に限られる。最後に、第二節で確認された方法論上の見地に照らして、先述の二宮の論稿の検討を第三節で行なった。

第一節　人間形成論をめぐる若干の理論的問題

1　宮原誠一の「形成と教育」

宮原誠一の論稿「教育の本質」は、人間形成にとって、社会生活こそが基礎的であることを明言し、いわゆる教育の「再分肢」論を展開した論稿として著名である。行論に必要な限りでその内容を要約すれば、以下の通りである。

宮原によれば、教育の本質の理解において、「形成」と「教育」とを概念的に区別することが肝要であるとされる。すなわち、従来いわゆる「広義の教育」(人間形成に対して及ぼされる社会的環境の全ての影響を指す)と「狭義の教育」(学校教育)との区別が行なわれながら、両者の関連が問われず、実際の理論的展開においては「狭義の教育」だけが取り上げられてきたことを批判し、人間の形成の過程に働く力として、①社会的環境、②自然的環境、③個人の生得的素質、④教育、の四つを措定した上で、前三者の影響の下に自然生長的に進行する人間形成の過程を「形成」と概念規定し、「教育」はこの「形成」の過程を目的意識的に統御する過程であるとした。そして、人間形成にとって、「形成」は諸個人の意識からは独立に進行しているところの基礎的過程であり、「教育」は「形成」にとってかわることはできないとした。このような「形成」と「教育」の概念規定を試みた上で、宮原は「形成」過程にはたらく三つの力のうち、とりわけ社会的環境が規定的な力であることを指摘しつつ、「教育という社会の機能は、社会の他の基本的な機能と並行する一つの基本的な機能ではなく、社会の基本的な機能の再分肢にほかならない」とする。したがって、また、教育とは「政治の必要を、経済の必要を、あるいは文化の必要を、人間化し、主体化するための目的意識的な手続き」に他ならないとされるのである(1)。

それ故、ここにおいて、われわれは、人間形成の社会的基礎として、政治生活、経済生活、文化生活といった社会生活それ自体を通して進行しているところの自然生長的な人間形成の過程を検討する必要性が示唆されているものと理解することができよう。

ところで、人間形成の社会的基礎として政治・経済・文化を措定した場合、これらの三者はいかなる構造を形成しているであろうか。この点について、宮原が、別稿「経済と教育」において、「精神的文化は、つまるところ、経済によって規定される(2)」としていたことからすれば、人間形成の社会的基礎としては、経済生活がとりわけ規定的であると見ていたものとして差し支えないであろう。しかしながら、宮原は社会の基本的機能を政治、経済、文化に分類することの当否それ自体の判断を保留していたので、この問題に対する積極的な理論的展開は見られなかった。この点は、宮原が、当時においては、社会科学方法論とりわけ史的唯物論に対して相当に深い理解を持ちつつも、史的唯物論の諸範疇の厳密な使用の必要性を必ずしも認めていなかったように思われる点とも関係していよう。それ故、人間形成の物質的基礎の解明に必要な理論装置の整備の一層の進展は、教育の社会的機能と内容を史的唯物論の諸範疇を駆使して解明することを主題として展開されたいわゆる「教育構造論争」に待つことになるのである。

2 「教育構造論争」と小川太郎の人格・学力形成論

ここで、「教育構造論争」というのは、一九五〇年代における教育科学論争の一環として今日評価されているところの、海後勝雄の問題提起(「資本主義の発展と教育上の諸法則」一九五四年五月)を発端とする一連の論争を指すが、ここでは本章の課題に照らして、必要な限りでその主な論争点を要約しておくこととする。(3)

論争の主題は、今日の時点から見れば、教育の社会的機能と内容の物質的基礎の解明にあったと言い得るが、「海後vs.矢川論争」に象徴される具体的な論争点の一つは、教育の社会的機能として範疇的に区別し得るところの労働力形成機能と世界観形成機能の相互関係においてどちらが規定的か、という点にあった。そして、そのことが、「土台-上部構造」論を前提に社会における教育の位置を問う、いわゆる「教育上部構造論」と結びつけられ、労働力形成機能を規定的とする海後は、教育の物質的基礎としての生産力を強調し、教育は土台(生産諸関係)によって規定される上部構造には包摂され尽くさないとするのに対し、世界観の形成(ないし人格形成)機能を規定的とする矢川徳光は、教育の物質的基礎としての生産関係を強調し、教育は上部構造であるとしたのであった。かかる論争点は、教育学における生産力理論（海後の場合）と生産関係理論（矢川の場合）の対抗を内包していたと考えられるのであるが、この論争を生産的なものにするためには、文字通り弁証法的論理、すなわち両者の主張を、その一面性は批判しつつ、より高次な主張の諸契機として統一的に組み入れる論理を必要とした。それが生産力と生産関係の矛盾論と、この矛盾的統一を指示する範疇としての生産様式の定位であった。

かかる見地は、論争の初期段階において、既に、柳久雄や小松周吉によって端緒的に示されていたが、論争を総括しつつ、これを説得的に展開し、且つ、人格・学力形成論の基礎理論として具体的成果を提示し得たのが、小川太郎であった。すなわち、小川は、論争の総括を通して、「上部構造としての教育」は「生産様式（生産関係と生産力との矛盾的統一としての）によって規定(4)」されるとの方法論的見地を確立し、かかる見地から、教育の内部構造把握の端緒として、人格の形成と学力の形成の二側面を取り上げ、資本主義社会の下におけるその矛盾について解明を試みている。その場合、「人格の形成という側面は、人間の行為の態度・性格・信念・世界観の形成を内容として、社会に対する態度の形成に関係し、学力の形成という側面は、実在を意識に反映してこれを支配するための知識・技能・能力・熟練の形成を内容とする(5)」とするが、ここで、人格の形成が生産関係との、学力形成が生産力との、各々の範疇的関連が自覚されていたことは言うまでもない。そこで、改めて、小川の人格・学力形成論が、当面の課題である人間形成論に対して有する方法論上の意義を要約すれば、次の通りである。すなわち、第一に、小川は、人格・学力形成の物質的基礎として生産様式を措定したが、このことは、経済活動こそが人間形成の基礎過程であることを示唆していることである。第二に、生きた人間の形成過程を分析する端緒として、生産力と生産関係という史的唯物論の基礎範疇との連携の下に学力の形成（より一般的に言えば能力の形成）と人格の形成という区別を措定したことである。以上の二点は、本書が直接的に小川の業績から継承すべきことを自覚しているところである。しかしながら、小川の人格・学力形成論が人間形成論一般ではなく、教育の内部構造論として論じられたものであるという事情は別にしても、氏の所論では、人格の形成と学力の形成の矛盾を指摘はしているが、いわば生産様式範疇に相当するところの、両者の統一を指示する範疇設定と範疇編制の方法論を欠いている。そこで、次に、こうした論点に自覚的であると思われるところの、人間形成論を次に検討することとしたい。

3　那須野隆一の人間形成論

那須野隆一は、教育科学論争において提起された方法論上の諸問題に関心を寄せ、その今日的継承・発展を自覚的に試みているが、(6) 氏の論稿「教育における労働の意義」は、当面する課題にとって、とりわけ二つの点で注目される。第一に、那須野が、人間的存在を表示する根元的な諸指標として、人間性・人格・個性という三つの基本的範疇を措定していることである。すなわち、那須野によれば、「人間性も人格と個性も、人間的存在（人間としてのありよう＝人間らしさ）を表示する根元的な諸指標もしくは諸特性として措定する」(7) ことが立論の前提であるとされ、人間労働の諸特質と関連づけつつ、人間性を「人間労働を媒介とする人間的自然と自然的人間との区別と関連、一般的にいえば人間と自然との区別と関連を指称する概念」として、人格を「人間労働――とりわけ人間独自の特質をもつ労働能力＝労働力――を媒介とする人間的動物と動物的人間との区別と関連、一般的にいえば人間と動物との区別と関連を表示する概念」として、個性を「人間労働とりわけ分業＝個性的受持労働を媒介とする人間的個性（人間一般としての個性）と個性的人間（個性そのものとしての諸個人）との区別と関連、一般的にいえば人間相互の区別と関連を意味する概念」として、各々規定している。言うまでもなく、人間的存在のあり様を示すために、人間性・人格・個性という範疇設定を行なう試みは、那須野が初めてではない。例えば、著名な文献としては、第二次大戦後のわが国の教育に大きな影響を及ぼしたとされる「新教育指針」（文部省、一九四六年）を例示することができよう。しかし、ここで注目したいのは、第一に、一九七〇年代から八〇年代にかけての教育学の領域において人格論が盛行し、人格範疇をもって人間的存在の全体性を表示するという傾向が見られた中で、那須野が人格を人間的存在の一側面を表示する範疇として措定するという分析的な視点を保持し続けていることである。勿論、この場合、那須野が、ある意味でオーソドックスな範疇設定の仕方を継承しつつも、独自の概念規定を試みていることは先に見た通りである。第二に、小川の人格・学力形成論との関係で言えば、小川に欠けていたところの、人間形成のあり様を統一的に示す範疇として、個性範疇が措定され、且つ生産様式論との連携の下にその理論的展開の行われるべきことが示唆されていることである。個性論が、現代教育改革論の一論点として取り上げられている今日、その科学的展開は、それ自体としても待望されるべきものと言えよう(8)。注目されるべき第二の点は、第一の点と関わるのであるが、那須野が人間性・人格・個性という範疇系列の編制の仕方に一貫した方法論の適用を試みていることである。すなわち、氏によれば、「人間性・人格・個性という系列は、それらの相互の内的な区別と連関において措定されることにより、はじめて厳密な意味での範疇編制たりえる」ものとされ、そのばあい「人間性・人格・個性という範疇編制を可能にする一元的・構造的基軸は、人間労働の意義と役割」をおいては見あたらず、したがって、この論稿では、人間性・人格・個性という範疇系列は、人間労働の内容・形態・様式のそれぞれに対応する人間的存在の特性として解析され、編制されているのである。ここで、内容・形態・様式という解析の方法論について、那須野は次のように要約している。

一般的に内容・形態・様式とすすむ解析の順序は、範疇の〈上向過程〉、つまり抽象的な範疇から具体的な範疇への編制過程として捉えることができる。その意味では、第一に、人間性・人格・個性は羅列的な並列範疇もしくは対立範疇ではないこと、第二に、人間性・人格・個性は人間存在の特性をしめす抽象的な範疇から具体的な範疇へと展開される整合的な系列であること、第三に、それゆえ、個性範疇は人格範疇の意味内容を保持し、人格範疇は人間性範疇の意

味内容を保持していること、以上のことを留意しておきたい。(9)

およそ以上のような那須野の所論は、その副題（「労働と人間性・人格・個性の形成と発達」）に示されているように、いわば労働過程論ないし労働様式論のレベルに焦点づけて人間形成の基礎過程を論じたものであり、且つ「試論」としてユニークな問題提起を行なったもので、その後の見解の発展は当然予想されるところであるが、この論稿に限って本書で継承・発展すべき論点を指摘すれば、以下の通りである。第一に、人間存在の諸特性を人間性・人格・個性という諸範疇で表示し、且つそれらの「範疇設定＝範疇編制」を、人間労働を基軸に行うという那須野の見地の継承を前提とした場合、人間性・人格・個性の形成の物質的基礎としては、どのような諸範疇が設定されるべきか、という問題が提起され得る。これまでの叙述からも容易に予想されるように、本書では、〈生産力・生産関係・生産様式〉を〈人間性・人格・個性〉の形成の物質的基礎を指示する最も基礎的範疇として措定する。その場合、人間形成の基礎過程をなす生産労働は同時に人間社会の形成の基礎過程でもあること、及び人間社会の生産活動においては、生産労働の物質的内容を表示する最も基礎的な範疇として生産力が、その社会的形態を表示する最も基礎的な範疇として生産関係が、生産力と生産関係の統一を表示する範疇として生産様式が、各々措定されること、以上の二点を前提にしていることは言うまでもない。第二に、〈人間性・人格・個性〉の形成の物質的基礎を指示する範疇として、〈生産力・生産関係・生産様式〉といった諸範疇を措定した場合、これらの諸範疇の展開において、那須野によって提示されたところの、〈内容・形態・様式（統一）〉という系列で解析を進める方法論が適用され得る。ところで、一般に、社会現象の研究に適用される内容規定と形態規定は、生きた現実を対立物の統一として認識するための抽象的な分析概念であり、統一規定は、生きた現実を範疇的に再構成し、概念的に認識するための具体的な総合概念である、と言うことができるように思われる。この見地からすると、那須野が内容・

形態・様式とすすむ解析の順序に関わって、「個性範疇は人格範疇の意味内容を保持し、人格範疇は人間性範疇の意味内容を保持している」としている点は、再考を要する。すなわち、形態規定の具体的内容は内容規定によって媒介されており、したがって叙述においては、内容規定は形態規定より先に展開されなければならないが、概念内容から見れば、内容規定は形態を捨象した抽象であり、形態規定は内容を捨象した抽象であって、形態規定には内容規定の意味内容は保持されてはいない。それだからこそ、内容と形態をまとめて考察する統一規定が必要になるのである。それ故、本書では、人格概念には人間性（素質・能力）は含まれない、との立場をとっている(10)。

第二節　人間形成の物質的基礎

1　人間形成の物質的規定性

一般に、社会諸科学の究極の関心事は人間にあると言い得るが、わけても現代教育学は、全ての子ども・青年の諸能力の全面的発達と民主的人格の形成を通して、彼らの個性の全面的開花に導く可能性と必然性の解明を自らの課題としている点で、その関心は直接的であると言えよう。

ところで、社会諸科学、したがって教育学の対象としての人間は、さしあたって、生きた諸個人としてわれわれの眼前に現れる。しかし、与えられたものとしての生きた諸個人は、それ自体としては一つの混沌たる表象にすぎない。そこで、われわれが、この混沌たる表象から直接に現代子ども論ないし青年論等々を論じるならば、それは、現代の子ども・青年のあれこれの特徴の没概念的な展開に止まらざるを得ないであろう。例えば、三無主義論、モラトリアム論等々は、それ自体としては現代の子ども・青年の特徴の一面を反映しており、その限りで一つの問題提起たり得るものであるが、しかし、これらはしばしば実践への展望を欠いたあれこれの解釈の域を出ないことが多い。これに対して、問題の理論的且つ実践的な提起がなされ得るためには、対象の全面的把握を必須とするのであるが、それはそれでまた、対象に即しての理論（方法論）を必要とするであろう。というのは、多様な諸性質を備えた生きた諸個人の全面的把握には、これらの諸性質の単なる寄せ集めによって到達し得るものではなく、一定の理論（方法論）によって媒介された分析と総合の積み重ねによってのみ接近し得ると考えられるからである。その意味で、生きた諸個人の全面的把握はまた構造的（諸範疇＝諸編成）把握でもある。以下において試みられるのは、生きた諸個人の全面的・構造的（諸範疇＝諸編成）把握に迫るための理論（方法論）構築に関わる基礎的問題の一つであるところの、人間形成の物質的規定性の基礎的解明である。

生きた諸個人は、その形成過程から見れば、人間の生活過程の所産である。ところで、人間の生活過程は、物質的生活の生産様式とそれによって規定される社会的・政治的・精神的生活過程一般とに区別され得る。[11] この中、物質的生活の生産様式は、人間生活の物質的基礎であると同時に、そのあり様は自然科学的な精密さで把握し得るところであって、それ故に、この物質的生活の生産様式によって規定される限りでの人間の形成過程の把握は、全問題解明の基礎であると言い得るであろう。本節で、先ずもってかかる課題を設定した所以である。

2　人間性と生産力

われわれが、実社会において生活している生きた諸個人を考察の対象とした場合、直ちに明らかになることは、それが、自然的存在（自然界の一員）であると同時に社会的存在（人間社会の一員）であるという、二重の規定性を持っているということである。それ故、われわれの考察は、生きた諸個人としての人間を自然的存在と社会的存在とに分析することから始められる。さて、自然的存在としての人間は、人間にとって所与の前提であるが、われわれにとって、その生物学的・解剖学的等々の諸特徴、要するに自然諸科学によって解明されつつあるような自然的人間の諸特徴それ自体は、当面の関心事ではない。われわれの関心事は、かかる自然的人間を人間的自然とするところの、すなわち、人間を自然一般とりわけ動物から区別するところの諸特徴である。そして、かかる諸特徴の総体が、人間性に他ならない。人間が動物から区別される諸特徴は多様であり得るが、人間自身は、生産労働を始めるや否や動物から自己を区別し始める。[12] A・ポルトマンによれば、人間の発生過程を他の動物から区別するところの独特の動物形態学的諸特徴は、直立姿勢、言語の使用、技術的行動様式等々に示される人間の存在様式（人間性）の洞察によってのみ合理的に説明され得るのであるが、[13] その人間の存在様式（人間性）を合理的に説明する鍵が生産労働に存していることは、史的唯物論の創始者たちが見事に解明していたところである。[14]

自然的存在としての人間にとって、労働は、自然と人間との物質代謝を媒介する人間特有の活動形態として永遠の自然必然性である。[15] 人間は労働を通じて自然に働きかけ外的自然を変化させるが、そうすることによって、自分自身の自然をも変化させる。[16] 人間性とは、先ずもって、第一に、かかる過程の成果として、歴史的に生成してきたものであり、また生成しつつあるものである。それ故、不変の人間性なるものは、一個の抽象物として以外には存在しないが、それは二重の意味でそうなのである。第一に、人間性の労働における定在は労働諸能力（精神的及び肉体的諸能力の総体）に他ならないが、[17] 本能による束縛から自由であるところの人間労働は、したがってまた労働諸能力は、その本性において、無限の発達可能性を有しているということである。[18]

第二に、生産労働により労働諸能力として顕在化されるところの人間性は、人間に内在するものとしては素質として把握されるのであるが、環境に受動的に適応することによって素質を能力に顕在化させる動物一般とは違って、環境を変革することを通じて素質を能力に転化させる人間にあっては、素質は個体の能力の発達を限界づける運命的要因ではなく、能力を獲得する可能性として、それ自体無限の可塑性を有していることである。[19] 人間労働の発展段階は、総括的には、労働対象、労働手段及び労働力を基本的構成要素とするところの生産力の発展段階として把握される。そして、生産力の発展段階は、何が生産されているかという点よりはむしろ如何に生産されているかによって区別される。換言すれば、労働手段の体系によって規定されるところの労働の効率性によって区別される。労働は、人間性の形成の推進的契機であるが、それ自体は、人間にとって自然必然性たることを止めない。これに対して、人間性の自由な発達は、この自然必然性の彼方にあるのであるが、それは、生産力の一定の発達段階において初めて実現可能性が与えられる。労働日の短縮は、その根本的な条件である[20]。

現代教育学がその実現を展望するところの、人間の諸能力の全面的発達の物質的基礎は、言うまでもなく現代資本主義が生み出したところの巨大な生産力に求められるのであるが、この点の原理的究明を深めるためには、一般に、人間性形成の物質的基礎として、生産力関連範疇を、それに限って措定することが要請されよう。

3　人格と生産関係

人間の自然的存在の側面を範疇的に示すのが人間性であった。これに対して、人間の社会的存在の側面を示す範疇が人格である。生きた諸個人が行うところの労働は、それ自体としては、人間と自然との物質代謝を人間自身が媒介・規制・制御する行為であるが[21]、人間労働はまた本質的に協働であり、それ故、一定の歴史的に規定された社会の中での生産行為としてのみ実存する。この生産における人間と人間との社会的関係が、生産関係である。生産関係は、生産・分配・交換・消費を通じて社会的物質代謝を媒介・規制・制御する人間の行為に規定的目的＝推進的動機を与え、したがってまた、規則性と反復性を与える。かかる生産関係の担い手として把握された人間が、先ずもって人格に他ならない。その意味で、この論理段階における人格とは、本質的には生産諸関係の人格化である[22]。人格概念を理解する上で肝要な点は、範疇的には、生産関係が生産力を含まないように、人格は人間性（素質・能力）を含まないということである。この点はとりわけ、人格の実体をなす人格的力の本質把握にとって重要である。人格はしばしば諸個人に内的統一性を与える機能として理解されるのであるが、意志と意識を備えた人格の第一の機能は、実践的意識としての言語を媒介とする意志の交流によって、自他の人格の行為を媒介・規制・制御する点にある、と思われる。かかる力としての人格的力の発現が、人間の認識能力ないし精神的諸能力の一定の発達を前提にしていることは自明である。しかしながら、諸人格が社会的物質代謝において自他の行為を媒介・規制・制御する特定の仕方は、生産諸関係によって客観的に規定されている。すなわち、人格的力の実体は、生産諸関係によって規定されるところの社会的力である。この場合、認識能力ないし精神的諸能力は、人格的力を発現させる媒介的契機にすぎない。以上の意味で、人格は、その本質において、社会的諸関係の総体である。[23]しかし、生きた諸個人の人格においては、この社会的諸関係が意識を介して彼の人格として結晶する過程は消し去られている。それ故、人格はあたかも人間性と同様に、彼の素質の顕在化として把握されがちなのであるが、人格の本質は、かかる見地からは絶対に理解し得ないのである。

さて、生産諸関係の総体は社会の経済的構造を形成するが、生産手段の私的所有によって特徴づけられる階級社会においては、生産関係は敵対的性格を持つことになり、これに規定されて敵対的な諸人格が形成されることになる。例えば、資本主義社会においては、諸人格は、資本家、賃労働者、地主等の階級的規定性を受け取る。他面では、資本主義的生産に先行するところの未発展な生産段階においては、諸個人は彼らが所属する共同体と臍の緒でつながっており、独立した人格としては現れない。[24]このような人格的依存関係によって特徴づけられる生産関係の下では、諸人格は人格性（人格的自由）を持たない。かかる人格性なき人格は、階級社会にあってはしばしば非人格として取り扱われるのであって、古代社会における奴隷や封建社会における農奴はかかる社会的存在であったと言えよう。これに対して商品生産が行なわれる社会においては、そして商品生産の全面的展開は資本主義社会において初めて実現するのであるが、生産関係は人格的依存関係の解体の上に形成されるところの物的依存関係に基づく人格的に自由な関係によって特徴づけられる。(25) ドイツ古典哲学において理論化されたところの人格性（人格的自由）の担い手としての人格という近代の人格概念は、(26) その物質的基礎を、商品生産のかかる特徴に求めることができる。とは言え、商品生産関係の担い手としての人格（商品生産者または商品所有者）は、価値法則が競争を通してのみ貫徹されることに規定されて、絶えず競争に駆り立てられる。それのみではない。資本主義的商品生産にあっては、「二重の意味で自由な」(27) 労働者の存在をその存立の根本的条件とするのであるが、彼らは労働力の売買を通じて、その労働を資本の下に包摂せられ、労働における彼らの人格性は剝奪される。(28) それ故、諸個人の人格的発展が互いの人格的発展の条件となるような真の人格的自由は、熾烈な階級闘争を通じての物的依存関係の廃棄と自由な人格的結合に基づく共同体の再建によってのみ、その十全な実現可能性が与えられるのである。(29)

現代教育学が展望するところの、自立から自律へ（人格性の確立）、さらに自覚的規律へと向かう民主的人格の形成の物質的基礎は、以上の意味で、現代資本主義がもたらす古い共同体の解体と資本主義的（商品）生産関係の全面的展開に求められるのであるが、この点の原理的究明を深めるためには、一般に、人格形成の物質的基礎として生産関係関連諸範疇を、それに限って措定することが要請されよう。

4　個性と生産様式

これまでの考察において、人間は、生産力の担い手としては労働力（人間性）として現れ、生産関係の担い手としては人格として現れた。その場合、人間性の実体をなすのが、労働諸能力として発現されるところの人間自身の肉体に備わっている自然力であってみれば、人間性は生きた諸個人にとって歴史貫通的な内容規定であると言うことができる。これに対して、人格の実体をなす人格的力が純粋に社会的な力であってみれば、人格は生きた諸個人にとって歴史変遷的な形態規定であると言えよう。ところで、生産関係は、生産力の発展水準に照応して形成されると同時に、生産力の発現の仕方を制約する。この点に比すれば、人格は人間性の発達水準に照応して形成されると同時に、人間性の発現の仕方を制約すると言うことができよう。かかる意味において、人間はその現実性においては、すなわち生きた諸個人としては、人間性と人格の統一体である。そして、生きた諸個人を相互に区別するところの、各個人の本質的特徴が個性に他ならない。諸個人が個性的であるのは、人間が自己意識を持つ自然存在として、意識的に自己を形成するからである。なるほど、動物も各個体はそれぞれ独自の諸特徴を有しており、相互に区別され得るが、それはもっぱら遺伝的要因か環境的要因によるところの個体差にすぎない。

個性の発達にとって規定的意義を持つのは、分業である。分業は、生産手段の私的所有が発生する以前においては、共同体的規制の下に置かれているところの社会的分業として現れる。とは言え、そうであるのは、人間の欲望がまだ限られたものであり、したがって自然発生的分業が未発展なまま骨化されていたからである。それ故、かかる歴史の発展段階では、内容的にも、形態的にも、個性形成の物質的条件は極めて未成熟である。私的所有に基づくところの商品生産と貨幣経済の発展は人間の普遍的欲望を呼び起こし、分業の発展を押し進める。だが、それは依然として自然発生的分業としてであり、そこにおいて諸個人は社会的生産物を私的に生産する。この場合、労働者が生産手段の私的所有者でもあるような条件の下では、個性の一定の自己充足的な発達が見られる(30)。しかし、その際、労働者は生産手段の所有者でもあることによって、特定の生産手段に縛りつけられており、個性の発達の条件を予め指定されたものとして受け取るという狭隘さを免れ得ない。それ故、自然発生的分業の下における労働者がどんなに個性的に見えても、それは個性の自由な発達の結果ではない。

資本主義的商品生産の発展は、かかる個性の発達に新たな性格を付与する。ここでは、労働者は生産手段と生活手段から完全に切り離されており、それ故、自己の個性の発展を制限するような対象的諸条件から自由である。しかし、その対極において、生産手段は資本として労働者に対立させられており、労働者が労働するためには、労働力の売買を通して、資本としての生産手段に合体させられなければならない。かかる条件の下では、労働者の人格的自由は自らの労働力を売る自由にすぎず、労働における人格性は剝奪され、彼の労働内容、したがって彼の諸能力の発達は、資本家によって指定されることとなる。それ故、資本主義的生産の下では、労働者の個性の発達は疎外され、資本の見地からは単なる個体差におとしめられる。他方では、資本の下への労働の包摂が進むにしたがって、資本主義に独自の生産様式が発展し、労働の社会化が進展させられる過程において、工場内分業が組織される。工場内分業は、計画的分業であるという点で、自然発生的な古い分業とは著しい対照をなすのであるが、剰余価値の生産を規定的目的＝推進的動機とするところのかかる分業にあっては、細分化された労働過程の下で、労働者の諸能力の一面的発達が強いられることとなる。(31) しかし、資本主義的生産様式の最高の発展段階である資本制機械＝大工業においては、労働者の諸能力の全体的発達をその死活問題たらしめ、(32) 全面発達のための諸条件を準備するとともに、労働の社会的自己包摂を志向するところの労働者の階級的結合の物質的基礎を成熟させる。(33) 現代教育学が展望するところの個性の全面的開花の物質的基礎は、以上の意味で、資本制機械＝大工業の今日的展開に求められるのであるが、この点の原理的究明を深めるためには、分業の廃止という古典的命題との連携の下に、生産様式関連諸範疇を検討することが要請されるであろう。

第三節　人格論の社会的基礎——二宮厚美の所論の検討——

1　問題の所在

本節では、二宮厚美が、「教育学の人格論」を「経済学の眼」で捉え直す試みとして展開された「人格論の社会的基礎」に関する所論の検討を行なう。さて、経済学者たる二宮が「教育学の人格論」に関心を寄せたのは偶然ではない(34)。それは、氏の所属する基礎経済科学研究所（一九六九年発足）の研究活動において、その初期から人間発達の問題に対し一貫した関心が寄せられ、「人間発達の経済学」として体系化が図られてきた経緯の然らしめるところであった(35)。そして、現代経済学は発達の経済学であるとして編まれた『講座　現代経済学』（全六巻、一九七八年～一九八二年）の第一巻『経済学入門』において、第四章「発達の経済学」を執筆したのが二宮であったのである。ところで、この論稿において二宮は、人格に関し、次のように述べていた。

もともと社会とは、単純に言って、その時代に生きる人々の諸関係の総体であって、逆に、人格は「社会的諸関係の総体」である。諸個人の精神的・肉体的諸能力は、この人格をにない手として、人格の形成と結びついて発達をとげるものであるから、社会的諸関係の総体としての人格とそれにになわれた人間的諸能力の統一としての人間の発達を取り扱うことは、そもそも経済学とは無縁なことであるはずはなかった(36)。

見られるように、この段階における二宮の人格論は、史的唯物論の基礎的見解にほぼ忠実であり、人格を「社会的諸関係の総体」として一義的に規定し、人間を人格と人間的諸能力の統一として規定しているという点では、本書の立場と基本的に一致していたと言ってよい。ところが、論稿「経済学からみた人格と能力の発達」[37]（以下、『教育』論文）において「教育学の人格論」に学んだ結果、その後、「社会的・法的カテゴリーの人格」[38]概念とは必ずしも一致しない「教育学的カテゴリーとしての人格」概念を肯定的に援用するようになった。ここで、二宮が理解するところの「教育学的カテゴリーとしての人格」概念とは、「第一に、個々の能力の全体的な構造、その集合から発揮される独自の力として、第二に、人間の内面的な目的・動機、意志・意欲等の体系として、両面の統一からとらえられなければならない[39]」とされる、それである。そして、かかる「教育学の人格論」理解に立って、それと経済学との架橋を試みているのである。しかし、ここには、さしあたって指摘されるべき二つの問題がある。第一に、二宮の「教育学の人格論」理解は、主として坂本忠芳や川合章の所説に依拠しているのであるが、坂本らの人格概念を「教育学の人格概念」と等置することは、二宮自身が識別している人格論の二つの系譜、すなわち「一方における人格を労働諸能力の総体と把握する見解、他方における社会的諸関係の総体（アンサンブル）を人格とみなす見解」も含めた人格概念をめぐる教育学内部の論争に対する過剰介入ではないか、という点である。[40]この点は、二宮の「人間発達の経済学」に関する所論が大筋において首肯し得るだけに、「社会的諸関係の総体論」の立場を取る筆者としては、はがゆい思いのするところである。第二に、上記の点と関わるのであるが、二宮が当時における坂本らの人格論を「教育学の人格論」のスタンダードとして半ばア・プリオリな前提に据えたために、それを経済学に架橋するにあたり、史的唯物論の基礎範疇に照らしての点検が、十分にはなされていないのではないか、という点である。二宮が「教育学の人格論」を積極的に「発達の経済学」に取り入れようとした点は高く評価できるものの、「社会的・法的カテゴリーの人格」概念とは必ずしも一致しない「教育学的カテゴリーとしての人格」概念に対しては、より厳密な検討こそが経済学に求められるのではなかろうか。そして、そうすることによってこそ、真の意味で教育学と経済学との交流が進むことを期待できる。もとより、二宮の問題提起に対する教育学の側からの遅きに失した返答において、かかる言辞が本来失当であることは十分承知した上で、昨今の理論状況を愁え、敢えて問題提起を行った。以下、具体的に検討を進めることとしたい。

2　一九七〇年代における教育学の人格論

二宮の『教育』論文が発表されたのは、教育学界（及び哲学界）において、人格論に対する関心が一つの高まりを見せていた時期であったと言うことができる。その理由については、川合章が、「日本の現実において、教育関係者の教育努力のなかで、人格概念に行きつかざるをえなかった」理由として概括している次の三点が参考になろう。すなわち、第一に、「子ども・青年とその発達を、人間にふさわしくとらえること、つまり、彼らを、外界に意識的に働きかけ、外界を変革することをつうじて、自分の能力を発達させることのできる意識的能動態とみること」、第二に、「子ども・青年の発達を、そのもっとも基底的な部分、〝生きているという事実〟からとらえなおし、しかも諸能力が相互に深く、複雑にからみあって発達するものととらえ、諸能力の着実で統一的な発達をめざすこと」、第三に、「子ども・青年に彼らがそこに位置している、歴史的、社会的諸関係をリアルにとらえさせ、それら諸関係の民主的で積極的なにない手にかれらをそだてようとしている」こと、である。(41) 以上を筆者なりに捉えなおせば、第一に、一九七〇年代において顕在化した「落ちこぼれ」問題に関わって、学力形成のための対症療法的対応の限界の自覚と学習意欲をその根源（人格）においてつかむ必要性、第二に、「受験学力」という限定づきの高学力を子ども・青年の能力の高度な発達（生きる力）に結びつけていくことの必要性、第三に、人類の普遍的遺産を素材として形成される学力（受験学力）が利己的・排他的・小児的等々の「人格のゆがみ」をもたらす問題に関わって、学力形成を民主的人格の形成に繋げていく必要性、これらの実践的課題に対して理論的に応えようとする教育学的営みが、人格論に集約されていったと言うことができるように思われる。

ところで、教育科学論の系譜から見れば、こうした理論的課題は、一九六〇年代に小川太郎によって達成された学力（能力）と人格との範疇的区別を前提として、人間形成（個性形成）の総過程を視野に入れた上で、学力（能力）形成と人格形成の相互関係ないし両過程の矛盾の構造を解明していくことに求められる。この場合、人格と能力の関連を問い、人格形成における能力形成の規定的意義を認めることと、人格概念に能力概念を含めることとが本来区別されなければならないことは言うまでもない。ところが、人格概念を中心に他の諸範疇との関連の考察が深められる過程において、人格概念の拡張が進行した。その端的な例として、川合章の人格概念を挙げることができよう。川合は、人格論の当面する理論的検討課題として、「能力と人格とのかかわり」の捉え方を挙げ、「これを単純化していえば、人格を諸能力の構造、逆にいえば能力を人格の内実ととらえるか、能力を人格と区別される特別の機能・性質ととらえるかの問題」であるとし、自身は前者の立場に立つと明言している。その上で、人格の内部において諸能力の発達と相対的に区別することができる「人格機能」を「狭義の人格」として識別することを提言する。ここで「人格機能（狭義の人格）」とは、人間の「諸能力を統一していく機能」であり、「道徳性とか、興味・関心・意欲・性向とかよばれるもの、さらにいえば、人間における目的と価値の体系といってよいもの」であるとされる。(42) このように、川合が「狭義の人格」としているものは、「社会的諸関係の総体論」の見地から規定された人格概念と重なるもので、したがって、川合の所説の特徴は、本書の観点から見れば、「狭義の人格」（能力を含まない）を識別することで、「広義の人格」（能力を含む）概念の認知を軌道づけた点にあったと言うことができる。(43) このような人格概念の拡張が進行した経緯を、人格論の展開に即して見れば、さしあたって二つの事情を指摘できるように思われる。その第一は、教育学にも関係の深い著名な哲学者である芝田進午や島田豊が、人格概念の内実として労働諸能力を措定する見解を積極的に展開していたことである。すなわち、芝田は史的唯物論を踏まえた体系的な人格論としては類書のない『人間性と人格の理論』（一九六一年）において、人格は「人間性の具体的現実存在」[44]であり、「肉体的労働能力と精神的労働能力の総体として、また『社会的諸関係の総体』として規定される」[45]という主張を展開した。また、島田は、芝田説を継承しつつ、これを一層純化し、「人間の人格とは生きている肉体のうちに存在する肉体的および精神的諸能力の総体としての労働能力である」[46]と端的に規定した。人格を労働能力と等値する見解に対しては、さすがに少なからぬ批判が加えられたが、[47]人格概念には諸能力が含まれるという「教育学の人格論」の大きな流れが形成されていく上で、多大な影響を及ぼしたものと言えよう。第二に、一九七〇年代の人格論の展開において、いわばその先駆をなした矢川徳光の所説の中で、人格がいわば教育ないし教育学の対象としての人間そのものを指す概念として用いられたことである。矢川は、戦後の早い時期から教育学における人格概念の重要性を指摘してきた。[48]例えば『国民教育学』（一九五七年）において、その第一章を「子どもから」と表題し、子どもを「あまたの矛盾のもとに立たされている一人格であり、一個性である」[49]と規定している。また、いわゆる「教育構造論争」においては、教育の労働力形成機能（生産力の再生産）を強調する海後勝雄に対し、「教育は、生産力の再生産でもあるが、その独自な特殊性は、人間性をそなえた人格の定位にある」と主張し、人格形成のあり方について、次のように述べていた。

人格の形成は、個々の要素によって、べつべつに、おこなわれるのではない。人格は部分的に形成されるのではない。諸要素の影響の総合によって（総合的に）形成されるのである。では、その総合の原理はなんであろうか？　わたしはそれを世界観であるとみるのである。さらに集約的にいえば、それは道徳である。[50]

見られるように、矢川は人格論の今日的課題を早くから的確に指摘していたのであるが、同時に「人間性をそなえた人格」という規定に窺えるように、人格を人間の全体性を表す概念として用いる傾向を示していた。このことは、生活綴方教育の評価に関わって、生きた子どもをまるごと把握する方法概念として人格を据えることで、一層固められていったものと思われる。[51] そして、一九七〇年代における本格的な人格論の口火を切ったと評価し得る著作『マルクス主義教育学試論』（一九七一年）において、次のような人格概念を仮説するに至ったのである。

人格とは、生きた自然的・社会的な意識的存在としての人間個人であり、身体的にも精神的にも各自に固有な活動・発達・創造・変革の測り知れない諸力をそなえた全一的な労働主体であって、その力動の主導力は当の個人の民族的・階級的矛盾によって条件づけられる思想的＝政治的志向性である。したがって、人格は、そのひとが意識しているかいなかにかかわりなく、その本質において、つねに一定の党派性をもっている。[52]

以上を要するに、二宮が俯瞰した「教育学の人格論」においては、人格と能力の相互関係を問うという正当な課題設定と、人格概念に能力概念を含ませるという方法論上の混乱とが併存していた、[53] と言うことができる。したがって、二宮が「教育学の人格論」における正当な課題設定のみならず、混乱した方法論をも経済学に架橋しようとすれば、理論的混乱に導かれることは、蓋し、必然的であったと言えよう。

3　人格論の社会的基礎としての協業論について

二宮が『教育』論文において「教育理論で提起された人格論の社会的基礎を経済学的に展開」することを試みるにあたっては、「当初の予定では、労働力の商品化から人格と能力の社会的分離、資本による労働の形態的包摂から実質的包摂への進行にともなう人格・能力双方のゆがみや貧困化、そしてそれらの過程のなかでうまれる民主主義的共同体の再建をつうじた諸個人の人格と能力の発展の法則的展望、という形で検討をすすめるつもりであった」(54)とされている。このような意図は、教えられるところの多い別稿「経済学における人格論」(55)において展開されているのであるが、『教育』論文において、二宮があえて「人格論の社会的基礎としての協業論」から筆を起こしたのは、「問題を鮮明にするため」、すなわち「教育理論がとりあげた人格論」を経済学へ架橋するためであった。そして、この論点にこそ、二宮の教育学に対する独自の問題提起――「人格論の二つの系譜の相互関連・統一」を模索する教育学に対する、その問題解決の展望を与えるものとしての「協業論」の提示――が含まれているのである。さて、教育学における人格論の論点整理を試みる労をとった二宮は、結論的にそこにおける理論的課題を次のように定式化する。

能力自体とは相対的に区別される人格は、一方における「諸能力の全体的な構造」(56)と、他方における人間の内面的な目的‐動機の体系との統一、ないし両者の相互関係においてとらえなければならない。

この定式化を、二宮は「教育理論の教えるところ」と述べているが、しかし、ここには既に氏独自の観点が盛り込まれていると見るべきである。すなわち、教育学が当面している理論的問題の一つであるところの人格概念に能力を含めるか否かという問題に関しては、人格と能力とは「相対的に区別される」としながらも、「諸能力の全体的な構造」が問題とされる限りでは、能力は人格概念に含まれ得るとする見地に立っていると見られるのである。このように、単純ではないとは言え、二宮が人格概念に能力の契機を含ませたことは、方法論的には、人格を「社会的諸関係の総体」として規定する見地――二宮自身この見地に立つことを言明しているにもかかわらず――からの逸脱として、人格論の社会的基礎を生産諸関係のみならず何らかの意味で生産力に求めるという理論展開に導かれざるを得ない。実際、二宮が問題解明の鍵として提示したのは、生産力に関わるところの協業論であった。氏は、先の定式化に続いて次のように述べる。

この課題が社会的諸個人の人格の発達、また「全一体」としての個体的諸力の発達にかかわることであるとすれば、社会の諸力の発達過程で、これと同様のこと、つまり社会的諸力の統一的構造とその統一的諸力の発揮の目的や方向・動機・意志等との相互関係が問題になるのは、協業と分業、とくに協業の特質把握においてである。(57)

周知のように、「協業はつねに資本主義的生産様式の基本形態(58)」であり、かかるものとしての協業は、歴史的には「個々別々な独立労働者たちや小親方たちの生産過程に対立する資本主義的生産過程の独特な形態として現れる(59)」が、協業それ自体は、あらゆる歴史的段階を異にする社会において多かれ少なかれ見られる労働形態である。前者の意味における協業は、生産様式範疇としての協業と言うことができ、歴史具体的には資本主義的協業とよばれよう。これに対して、後者の意味における協業は、特定の歴史的形態、別言すれば特定の生産関係を捨象して考察されるところの協業それ自体であり、いわば生産力範疇としての協業と言うことができる。ところで、二宮が、「人格論の社会的基礎」として措定したのは、生産力範疇としての協業であった。この点は二宮も自覚的であって、氏は、協業とは、「同じ生産過程で、または同じではないが関連あるいくつかの生産過程で、多くの人々が計画的にいっしょに協力して労働するという労働の形態」であるという周知の古典的規定を引いた後、協業の特質の要約においては、その歴史的形態をさしあたりここではいま「問う必要はない(60)」とする。このように、二宮が、「人格論の社会的基礎」として生産力範疇としての協業をそれに限って措定したことは、先の当面する人格論の理論的課題に対する二宮の理解とも関わって、止目されるべき点である。ここでは、少なくとも二つの問題が指摘されなければならない。第一に、人格概念は社会的諸関係の総体論の立場から一義的に規定されるべきであるとする筆者の見地からすれば、「人格論の社会的基礎」としては、生産関係関連諸範疇のみが措定され得るのであって、二宮のように生産力関連諸範疇を措定することは、方法論上の問題として疑問とするところである。そして、この方法論上の問題点が、人格を一応「能力自体とは相対的に区別される」ものとしながらも、「諸能力の全体的な構造」が問題とされる際には、能力を人格概念の内在的契機として承認する二宮の人格論理解に由来することは、先に述べた通りである。第二に、しかしながら、二宮は、「人格論の社会的基礎」として生産力一般を措定したのではない。すなわち、筆者の理解によれば、二宮は、「人格論の社会的基礎」としては、生産力関連諸範疇の中、労働様式論の論理段階に属する「協業と分業」、すなわち労働の社会的編成を、それに限って措定し、同じく労働様式論の論理段階に属する労働の技術的過程は、いわば捨象されていたのである。そして、ここに、筆者は、一方で、人格を労働能力自体とする規定に対する的確な批判的見解、すなわち労働力商品の売買に含意されているところの人格と労働（能）力の範疇的区別の確認という経済学者たる二宮の本来的見地と、他方で、能力を人格概念の内在的契機とする「教育理論」の見地と、この両立しがたい（と筆者には思われる）二つの見地の間に、架橋しようとした二宮の問題提起における核心的内容の一つを見出すものである。すなわち、協業において発現する社会的生産力は個々の労働能力の機械的総和ではないという点で、それに照応して発達させられる類的能力は、労働力商品の売買における個別的労働能力（自然力）とは一応区別することができ、その限りで、この類的能力が「能力自体とは相対的に区別される」ところの「諸能力の全体的な構造」としての人格に相当するとすることは、経済学がその理論と矛盾しない限度内で行ない得るところの、能力を人格概念の内在的契機とする「教育理論」に対する一つの問題提起であったと思われるのである。とは言え、この二宮のユニークな発想も、本書の方法論的見地からすれば、やはり、支持しがたいものであることに変わりはない。なぜなら、社会的生産力、したがって類的能力も、その根源は自然力であるからである。

4　人格論の二つの系譜と生産力範疇としての協業

ところで、二宮は、「人格論の社会的基礎」として協業を論ずるにあたっては、生産力範疇としての協業を、単に人格の能力的側面の社会的基礎としてのみ措定しているのではない。すなわち、二宮は、「人格を人間の内的諸力の総体・統一・構造からつかむ系譜」と「人間の『思想的 - 政治的志向性』から人格をつかむ立場を深めようとする系譜」と、これら人格論の二つの系譜の社会的基礎として、生産力範疇としての協業を措定しているのである。次に、この点を検討しておきたい。二宮は、協業の特質に照らしてみた「人間の社会的諸力の発達」の二面にわたる特質（「すなわち、その一つは、社会がその力〔Kraft〕を個別的諸力の協業・共同をとおして発達させる過程は、固有の集団的潜勢力の発達をよびおこすこと、さらにいま一つは、その集団的潜勢力と個別的能力の同時的、相互促進的発達過程では、個別的諸力を媒介し、調整し、統一する固有の精神的力能が要請されること」）が、「教育学における人格論の二系譜の社会的基礎としてとらえられるように思われる」とする。(62)

筆者の理解によれば、二宮が言うところの「教育学における人格論の二系譜」は、「マルクス主義の流れにたつ見解の文脈に照らしていうと、一方における人格を労働諸能力の総体と把握する見解、他方における人格を社会的諸関係の総体（アンサンブル）とみなす見解」、これらの二大見地に照応するものとして論ぜられていると言える。それ故、方法論的には、「人格を人間の内的諸力の総体・統一・構造からつかむ系譜」においては、「人格論の社会的基礎」は生産力関連諸範疇に求められ、「人間の『思想的 - 政治的志向性』から人格をつかむ立場を深めようとする系譜」においては、「人格論の社会的基礎」は生産関係関連諸範疇に求められることとなろう。したがって、仮に二宮のように、人格論の二つの系譜を統一するという課題を設定した上で、「人格論の社会的基礎」をさぐるとすれば、それは、生産力関連諸範疇と生産関係関連諸範疇とを統一的に含む生産様式関連諸範疇に求められるべきであろう。ところが二宮は、「人格論の二系譜の社会的基礎」を、したがって元来生産関係関連諸範疇にそれが求められるべき「人間の『思想的政治的志向性』から人格をつかむ立場を深めようとする系譜」の「社会的基礎」をも、生産力範疇としての協業に求めているのであって、これは、明らかに、理論的不整合に陥っていると言わざるを得ない。そして、結果的には、二宮は、氏の意図に反して「人格を労働諸能力の総体と把握する見解」の一つを開陳したに止まっているのである。というのは、協業によって生みだされる「独自の集団的潜勢力」に対応して発達するとする「種属能力」はもとより、「協業に固有の『一般的諸機能』」すなわち「指揮・監督・媒介機能、および計画・構想機能等」に相応して発達するとする「精神的力能」も、範疇的には、（労働諸）能力に含まれるからである。蓋し、協業に固有の「一般的諸機能」の発現は精神労働に他ならず、その個人における定在は、精神的労働能力以外の何ものでもないのである。

このように、「人格論の二系譜の社会的基礎」を生産力範疇としての協業に求めるという二宮の問題提起が理論的に支持しがたいことは、史的唯物論の基礎範疇に照らせば自明のことと言えるように思われるのであるが、この点に関わって、もう一つの疑問点を提示しておきたい。すなわち、二宮は、一方で「個人を社会的諸関係の総体」ととらえる見地の正当性を強調しながら、他方で「人格論の社会的基礎」として生産力範疇としての協業を措定するという、筆者の理解からすれば矛盾した理論展開を試みているのであるが、これは二宮が生産力範疇としての協業における人と人との関係、別言すれば労働の社会的編成もまた「社会的諸関係」であるとする見解をとっているからではないか、という点である。確かに、「協業や分業」という労働の社会的編成が「社会的諸関係」に含まれるとするならば、二宮の問題提起は、労働諸能力の総体論と社会的諸関係の総体論と、この「人格論の二つの系譜」の統一という課題に「個人を社会的諸関係の総体としてつかむ観点を保持しつつ」接近しようとしたユニークな試みといい得るであろう。しかしながら、筆者の理解においては、人格が「社会的諸関係の総体」と規定される場合の「社会的諸関係」は、物質的社会関係とイデオロギー的社会関係の総体を意味し、その際における物質的社会関係は生産諸関係と同義である。ところで、生産力範疇としての協業における人と人との関係それ自体は生産関係ではないしいわんやイデオロギー的関係でもないのであるから、筆者の見解においては、それは「社会的諸関係」には概念的に含まれ得ないのである。人格論が、それを「社会的諸関係の総体としてつかむ見地」から論ぜられる場合には、「人格論の社会的基礎」としては生産諸関係のみが措定され得るし、またされなければならないと筆者が考える所以である。

以上の検討において、「人格論の社会的基礎としての協業論」という二宮の問題提起は、二重の意味で、方法論上の問題を孕んでいることを指摘してきた。要約すれば、第一に、一般的な意味で、人格を社会的諸関係の総体として一義的に規定すべきであると考える筆者の見地から見ると、生産力範疇としての協業を「人格論の社会的基礎」として措定することは、方法論的に支持しがたいこと、第二に、仮に人格規定における労働諸能力の総体論と社会的諸関係の総体論の統一という理論的課題が設定され得るとしても、「人格論の二系譜の社会的基礎」を生産力範疇としての協業に求めることは、結果的には労働諸能力の総体論に帰着せざるを得ない点で、理論的に不整合であること、以上の二点である。第一の点について言えば、これは、二宮が整理を試みたところの「教育学の人格論」の一般的傾向、すなわちなんらかの意味で人格概念に能力を含める傾向の反映であって、その意味では、二宮の問題提起に含まれる方法論上の難点は、この類の教育理論に共通するものであると言えよう。第二の点については、二宮の人格論に固有の理論的混乱という他はない。しかし、その由来とするところは、おそらく、教育学の基礎範疇と史的唯物論の基礎範疇との連携に関する基礎的研究の欠如に求められるのであって、この課題が学際的研究を要するものであってみれば、それは教育学と経済学の対話が双方にとって有益であり得ることを示唆するものとも言えよう。

ところで、これまで、「人格論の社会的基礎としての協業論」という二宮の問題提起に対しては、専ら疑問点のみを指摘してきたのであるが、そのことは、筆者が二宮の所論から多くのことを学び得たということと矛盾するものではない。ただ、筆者の見解においては、二宮の所論は、その内容から言えば、能力論（または人間性論）の社会的基礎としての協業論であり、そのようなものとして読み込む場合にのみ有益であるということである。

5　人格と能力の貧困化過程について

既に述べたように、二宮は、「人格論の社会的基礎」としては「協業や分業」と共に「共同体」を措定しており、元来、「経済学が人格をとりあげて議論する場合」の出発点は、この共同体の問題であるとしている。そして、二宮は人格論の社会的基礎としての共同体論からさらに協業論へと展開されるべき理論的筋道を「人格と能力の貧困化過程」と題して素描している。筆者は、ここでも、今日の人格論の社会的基礎を共同体論と資本主義的生産様式論という「複眼」でもってフォローすべきという二宮の問題提起には、深い共鳴を覚えた。しかしながら、共同体的諸関係の解体を歴史的前提として成立するところの「二重の意味での自由」な労働者の労働力の商品化に伴う「人格と能力の社会的分離」の下で、協業の資本主義的展開にともなう人格と能力の両面にわたっての「ゆがみ、貧困化と衰退の社会的基礎がしかれる」という二宮の見解は、人格概念の混乱の故に、筆者のよく了解し得るところではなかった。すなわち、先に「人格論の社会的基礎としての協業論」において人格を専ら生産力視点から論じた二宮が、共同体論において生産関係視点から人格問題を論じ、両視点の統一として「人格と能力の貧困化過程」の展開を試みたことは、その限りで筆者も首肯し得るところであった。しかしながら、労働力の商品化に伴う「人格と能力の社会的分離」という二宮の問題提起は、氏が生産力範疇としての協業に「人格と能力の相互関係」の社会的基礎を見い出したことと対応しており、その「人格と能力の社会的分離」が資本主義的協業において顕在化するかの如き見解は、既に指摘した氏の人格概念の混乱に由来するものとして筆者の首肯しがたいところである。すなわち、筆者の見解においては、人格と能力の相互関係の社会的基礎は、物質的生産過程について言えば、生産様式関連諸範疇に求められ、したがって、当面の問題である「人格論の社会的基礎としての協業論」に関わって言えば、それは資本主義的協業に求められる。この資本の下への労働の実質的包摂の端初形態である資本主義的協業が、諸個人の発達に及ぼす影響は、簡潔には、協業において必然化されるところの生産過程における精神労働と肉体労働の機能的分離が、資本家（資本の人格化）と労働者の対抗関係（資本家による労働の監督）を媒介とする指揮労働（精神労働）の資本家による占有によって、敵対的対立に転化される点にある、と言えよう。これを、労働者の発達に引き付けて言えば、労働者は生産過程において、資本家の監督の下におかれ（労働における人格性の疎外）、且つ精神労働能力の発現の機会を奪われる（労働における人間性の疎外）ということである。

ところが、筆者の理解によれば、二宮は協業に固有の精神的力能（すなわち、精神労働能力）を人格機能と同義と考えたため、資本主義的協業において精神的力能を資本家が占有することにより生じる精神労働（能力）と肉体労働（能力）の分離・対立が、人格と能力の分離・対立と映じることとなり、労働力の商品化における人格と能力の分離（の可能性）が資本主義的協業において顕在化するという理論構成をとられるに至ったものと思われるのである。言うまでもなく、経済学で「諸人格が問題になるのは、ただかれらが経済的諸カテゴリーの人格化であり、特定の階級諸関係や利害の担い手である限りにおいて」である。[63] そして、二宮は、「人格と能力の相互関係の社会的基礎」としての共同体の問題を論じる際には、事実上、人格を「経済的諸カテゴリーの人格化」として、別言すれば社会的諸関係の総体論の立場から、取り扱っていると言える。しかし、あるいはそれ故、二宮の「人格と能力の貧困化過程」における所論は、人格論の社会的基礎としての協業論における理論的混乱を浮き彫りにするものとなっている、と言えるように筆者には思われる。以下、具体的に検討していきたい。

6　労働力の商品化と人格と能力の社会的分離

二宮によれば、「人格と能力の相互関係を追求していく出発点としてさしあたり検討しなければならない問題は、『『二重の意味で自由な』労働者の、労働力の商品化にともなう人格と能力の分離という問題である」とされる。筆者の見るところによれば、労働力の商品化を通して人格と能力の社会的分離が引き起こされるという見解は、経済学の一般的見解というよりは、二宮に独自の見解であるように思われるが、この点は、二宮の立論の枢軸であるので、十分な検討を要するであろう。

さて、二宮は、資本主義社会における「二重の意味で自由な」労働者の人格の特質を三点にわたって指摘する。その第一は、「労働者が、自由な人格としての独立性をもち、自己の労働能力の独立した処分主体としてあらわれること」であり、「過去の共同体社会にあっては労働能力と分離してあらわれることのなかった人格は、ここで社会的に（労働）能力と分離され、独立する」ことである。第二は、この労働者の人格的独立性は、「商品社会に固有の『物象的相互依存関係』の土台上での限定性をもつ」ことである。第三は、「労働者の人格の社会的独立性が労働能力の独立性に基礎づけられる関係にあること」である。(64) そこで、さしあたって検討されるべき点は、第一の、近代における労働者の人格的独立性の獲得は、同時に人格の（労働）能力からの分離、独立をもたらすという二宮の見解についてである。

確かに、労働力の売買においては、人格とは区別された労働力が商品として扱われるのであるから、その限りで、そのことを通して「人格と能力の社会的分離」が始まると言い得るであろう。しかしながら、それは、資本の流通過程における現象であって、「人格と能力の社会的分離」が生産過程にも貫徹するとする二宮の見解にはにわかに同意しがたい。この点で、二宮の「人格と能力の相互関係をとおして両者の発達を検討していくには、人格と能力の相互関係自体が、共同体的諸関係のもとにおかれているか、『二重の意味で自由』な関係のもとにおかれているか、そのいずれかによって社会的基礎が異なり、したがって、外的条件の内的条件にたいする屈折作用も異なる媒介をうける、ということに留意する必要がある」[65]という方法論上の問題提起は慎重な吟味が求められるであろう。筆者の理解によれば、二宮のこの方法論上の問題提起は、次のように要約し得る。すなわち、二宮は先に「人格論の社会的基礎としての協業論」において「諸個人の『人格と能力の相互関係』は社会における協業の発展とその特質に一つの社会的基礎が求められるように思われる」と述べていたのであるが、この協業（外的条件）が「人格と能力の相互関係」をとおしての両者の発達（内的条件）に作用するに際しては、例えば、資本主義社会にあっては労働者を「二重の意味での自由」にするような社会関係（社会的基礎の一つ）によって媒介される、と。ここには、区別されるべき二つの問題が混同されているように思われる。すなわち、生産力範疇としての協業が諸個人の発達を規定するに際しては、生産関係、例えば資本主義的生産関係によって媒介されるという問題と、資本主義的協業（一般的に言えば生産過程）が諸個人の発達を規定するに際しては、労働力の売買（一般的に言えば、流通過程）によって媒介されるという問題とが、である。前者は、方法論的には、生産力の発現の仕方は生産関係によって規定されるという史的唯物論の基礎的見解に、後者は、資本の再生産過程は生産過程と流通過程の統一であり生産過程は流通過程によって媒介されているという経済学の基礎的見解に、それぞれ還元され得るであろう。したがって、生産力範疇としての協業の諸個人の発達に対する規定的作用が「二重の意味での自由」な関係によって媒介されるとする二宮の見解は、方法論的には、生産力の発現が直接に交換関係によって媒介されるというのと同様な理論的混乱に陥っていることになるのではないかと思われるのである。ところで、二宮がこのような方法論上区別されるべき二つの問題の混同に陥ったのは、生産力範疇としての協業に「人格論の二系譜の社会的基礎」、したがってまた

「人格と能力の相互関係の社会的基礎」を見い出したことと無関係ではない。

7　労働能力の人格化

「人格と能力の貧困化過程」における二宮の所説において、検討を要すると思われるいま一つの点は、「人格と能力間のいわば『主客転倒』という問題」に関わるとする「労働能力の人格化」という二宮の問題提起についてである。すなわち、二宮は次のように述べる。

「二重の意味で自由な」労働者は、その人格的独立性を能力の社会的独立性とその自由な所有処分におき、それゆえ「労働能力の人格化」としてあらわれざるをえない関係におかれていたが、資本主義的生産様式は、能力の一面化・部分化・流動化等をとおして人格の独立性をその基礎から形骸化し、それを媒介にしながら、「全一体」としての人格とその人格機能の絶えざる疎外をよびおこすような社会的基礎を、資本主義的協業体における「人格的統一」の疎外の推進によってつくりだし、各人には人格的疎外と能力の一面化、および「一面的能力の人格化」という規定を与えていくわけである。(66)

筆者が疑問とする第一の点は、労働力の売買の人格論における意義の評価とも関わって、「二重の意味で自由な」労働者の人格的独立性が能力の独立性によって基礎づけられるとする二宮の見解についてである。筆者の見解においては、一般に物象的相互依存関係の下での人格的独立性は財産（生産手段並びに生活手段）の私的所有によって基礎づけられていると言えるように思われる。それ故、「二重の意味で自由な」労働者は、財産の非所有によって、ブルジョア的な意味ではそもそも人格的独立性の実体を欠いた存在なのである。にもかかわらず、労働力の売買において、労働者が自由な人格の所有者として現れるのは、ブルジョア的諸権利の形式性（法の下での平等）故である。労働力の売買においては、労働者は形式上貨幣所持者（資本家）と対等な労働力商品の所有者であり且つ法的人格の所有者（人格的自由）であって、この点では、労働者と資本家の関係は、一般の商品所持者と貨幣所持者の関係と変わりがないかに見える。しかし、肝要な点は、一般の商品の売買においては、商品と貨幣の持ち手が替わることによって商品所持者と貨幣所持者の社会的関係行為は終了するのに対し、労働力の売買においては、まさにその時点から労働者としての労働者と資本家としての資本家の関係が始まるという点で決定的な違いがあるということである。労働力の売買を通して、資本家は自己の目的（剰余価値の生産）のために労働力商品を消費する権利を得るが、労働力の消費は労働そのものであるから、実際には、資本家は労働者の労働を自己の監督の下におくことになるのである（資本の下への労働の形態的包摂）。これを、労働者の側からみれば、労働力の売買を通して、自己の人格性の発露たるべき労働とその成果（労働生産物）が、資本の運動とその成果に転化されることになるのであって、流通過程における人格的自由は、生産過程における人格性の疎外の条件にすぎないのである。その意味で、「二重の意味で自由な」労働者の人格的自由は、仮象にすぎないと言えるのであるが、それは、労働者に労働力の商品化を強制する「財産からの自由」のしからしめるところである。したがって、二宮のように、労働者の人格的独立性が労働力の独立性に基礎づけられているとすることは、労働能力を財産の範疇に含めることになるか（人的資本論）、あるいは資本主義的生産様式の展開に伴う技芸的労働の衰退によって労働者の人格的独立性の物質的基礎が消失するという理論的帰結に導かれかねない点で、筆者の同意し得ないところである。因みに言えば、筆者は資本主義社会における労働者の実質的な人格的自由の実現可能性を宿命論的に否定するものではなく、ただそれが実現されていくにあたっての社会的基礎は財産所有（物的依存関係）ではなく労働者の階級的団結であると言えるのではないかと考えるものである。[67]

筆者の疑問とする第二の点は、「労働能力の人格化」という二宮の規定についてである。筆者は、労働者の人格的独立性が労働能力の独立性によって基礎づけられているとする二宮の見解を疑問とするが故に、「『二重の意味で自由な』労働者は、その人格的独立性を能力の社会的独立性とその自由な所有処分におき、それゆえ『労働能力の人格化』としてあらわれざるをえない関係におかれて」いるという二宮の「労働能力の人格化」論は、筆者のよく了解し得ないところなのであるが、その点は別にしても、「人格化」概念の経済学における方法論的意義の理解に関わって、「労働能力の人格化」という規定それ自体にも問題があるように思われる。筆者の見るところでは、経済学においては「人格化」という概念は二つの意味で用いられている。第一は、先述の経済学で「諸人格が問題になるのは、ただかれらが経済的諸カテゴリーの人格化であり、特定の階級諸関係や利害の担い手である限りにおいて」であると言われる場合であって、これは史的唯物論に立脚する経済学の一般的な方法論のレベルにおける用法である。これに対して、第二は、「価値及び富一般の構成諸部分とその諸源泉との連関としてのこの経済学的三位一体においては、資本主義的生産様式の神秘化が完成されて」おり、その「魔法にかけられ、さかさまにされ、さか立ちさせられた世界」では「諸物件の人格化と生産諸関係の物件化」というような「偽りの外観と欺臟」が与えられると言われるような場合であって[68]、これは資本主義経済に固有な物象化現象を分析する物神性論のレベルにおける用法であると言えよう。そこで、先ず筆者が疑問に思うのは、二宮の場合、どちらの意味で「人格化」という概念が用いられているのか、という点である。二宮の「労働能力の人格化」論が「人格と能力のいわば『主客転倒』という問題」として論ぜられている点に照らせば、それは一応第二の物神性論のレベルにおける議論であると言えるように思われる。しかし、そうだとするとただちに問題となるのは、言うまでもなく商品としての労働力の発見は、史的唯物論に立脚する経済学研究の科学的成果なのであって、資本主義経済の下では、労働力の売買は労働の売買として現象し、労働者は「賃労働の人格化」として現れ、したがって「労働能力の人格化」としては現れないのではないかということである。そこで、仮に第一の経済的諸範疇の人格化という観点から労働力商品の所有者という意味で、労働者を「労働能力の人格化」と規定したとすると、それは、正確には「労働力商品の人格化」と言われるべきであるように思われる。しかし、その場合には、「労働能力の人格化」という規定それ自体は人格と能力の「主客転倒」の問題ではなくなる。いずれにしても、筆者には、二宮が人格と能力の相互関係という点に問題をひきつけようとする余り、労働力の商品化という経済学の科学的見地と賃労働の人格化という資本主義に固有の現象形態とを混同して論じているのではないか、との疑問を禁じ得ないのである。

以上、「人格論の社会的基礎としての協業」や「人格と能力の貧困化過程」などに関する二宮の諸説に関する筆者の率直な疑問を述べてきた。ここでの、二宮の議論が、経済学に立脚してのものであることから、必然的に筆者もまた、経済学における人格論に学びつつ論じることとなったが、理解の不十分な点は、継続されるべき対話の中で深められていくことを期待したい。

注

(1) 宮原誠一「教育の本質」『宮原誠一教育論集』第一巻、国土社、一九七六年、二三頁

(2) 宮原誠一「経済と教育」同　右　二九頁

(3) 「教育構造論争」について、詳しくは本書第三章を参照。

(4) 小川太郎「教育科学論をめぐって」小川太郎他編『戦後教育問題論争』誠信書房、一九五八年、三一頁

(5) 小川太郎『教育と陶冶の理論』明治図書、一九六三年（『小川太郎教育学著作集』第一巻、青木書店、一九七九年、一九頁）

(6) 那須野隆一「国民教育と生涯教育」『現代と思想』第一七号、一九七四年九月、参照。

(7) 那須野隆一「教育における労働の意義」『生活教育』第三五九号、一九七八年一一月、二〇頁

(8) なお、酒井博世『発達と教育の基礎理論』（教育史料出版会、一九八八年）においても、人間的発達の過程で獲得されるべき力が、能力・人格・個性の三つに範疇化されて論じられている点が注目される。

(9) 前掲・那須野隆一「教育における労働の意義」二八頁。
(10) なお、かかる方法論上の問題点との関連で、那須野隆一の人格概念も再検討されることが求められよう。
(11) 「物質的生活の生産様式が、社会的、政治的および精神的生活過程一般を制約する。」K・マルクス『経済学批判』一八五九年『マルクス＝エンゲルス全集』大月書店、第一三巻、六頁。なお、この節での引用注について、最初に一言しておきたい。本節の意義は主題の理論的展開の仕方にある。それ故、個々の命題は、そのほとんどがよく知られた古典に依拠している。引用注は、それを補う意味で掲げてある。
(12) 「ひとは人間を意識によって、宗教によって、そのほか好きなものによって動物から区別することができる。人間自身は彼らの生活手段を生産しはじめるやいなや動物とは別のものになりはじめる。」K・マルクス、F・エンゲルス『ドイツ・イデオロギー』『マルクス＝エンゲルス全集』第三巻、一七頁
(13) A・ポルトマン『人間はどこまで動物か——新しい人間像のために』高木正孝訳、岩波新書、一九四四年、八〇頁、参照。
(14) F・エンゲルス「猿が人間化するにあたっての労働の役割」『マルクス＝エンゲルス全集』第二〇巻、四八二頁
(15) 「労働は、使用価値の形成者としては有用労働として、人間の、すべての社会形態から独立した存在条件であり、人間と自然とのあいだの物質代謝を、したがって人間の生活を媒介するための、永遠の自然必然性である。」K・マルクス『資本論』『マルクス＝エンゲルス全集』第二三 a巻、五八頁
(16) 「人間は、自然素材にたいして彼自身一つの自然力として相対する。彼は、自然素材を、彼自身の生活のために使用され得る形態で獲得するために、彼の肉体にそなわる自然力、腕や脚、頭や手を動かす。人間は、この運動によって自分の外の自然に働きかけてそれを変化させ、そうすることによって同時に自分自身の自然〔天性〕を変化させる。」同　右　二三四頁
(17) 「われわれが労働力または労働能力というのは、人間の肉体すなわち生きている人格（persönligkeit）のうちに存在していて、彼がなんらかの種類の使用価値を生産するときにそのつど運動させるところの、肉体的および精神的諸能力の総体のことである。」同　右　二二九頁
(18) 「労働の技術的過程は、人間性を無限に発展させるといいうる。」芝田進午『人間性と人格の理論』青木書店、一九六一年、六六頁
(19) 矢川徳光「子どもの発達と素質・能力・活動・人格」『講座　日本の教育』第三巻、新日本出版社、一九七六年、参照。
(20) 「じっさい、自由の国は、窮乏や外的な合目的性に迫られて労働するということがなくなったときに、はじめて始まるのである。つまり、それは、当然のこととして、本来の物質的生産の領域のかなたにあるのである。（中略）この国のかなたで、自己目的として認められる人間の力の発展が、真の自由の国が、始まるのであるが、しかし、それはただかの必然性の国をそ

の基礎としてその上にのみ花を開くことができるのである。労働日の短縮こそは根本的条件である。」K・マルクス『資本論』『マルクス＝エンゲルス全集』第二五b巻、一〇五一頁

(21)「労働は、まず第一に人間と自然とのあいだの一過程である。この過程で人間は自分と自然との物質代謝を自分自身の行為によって媒介し、規制し、制御するのである。」前掲『資本論』『マルクス＝エンゲルス全集』第二三a巻、二三四頁

(22)「ここで人（Person）が問題にされるのは、ただ、彼らが経済的諸範疇の人格化であり、一定の階級関係や利害関係の担い手であるかぎりのことである。」同　右　一〇頁

(23)「人間的本質はなにも個々の個人に内在する抽象物ではない。その現実においてはそれは社会的諸関係の総和（ensemble）である。」K・マルクス「フォイエルバッハについてのマルクス」『ドイツ・イデオロギー』古在由重訳、岩波文庫、二四頁。『マルクス＝エンゲルス全集』第三巻（四頁）では人間的本質（Mennshen Wehsen）が「人間性」と訳出されているが、本書では、この点に関する訳語の問題は理論上決定的であるので、古在訳によった。

(24)「人格的依存関係（最初はまったく自然生的）は最初の社会形態である。」K・マルクス『経済学批判要綱』第一分冊、高木幸二郎監訳、一九五七年、大月書店、七五頁

(25)「物的依存性の上にきずかれた人格的独立性は、第二の大きな社会形態である。」同　右　七五頁

(26) 山本広太郎『差異とマルクス』青木書店、一九八五年、「序章」を参照。

(27)「自由というのは、二重の意味でそうなのであって、自由な人として自分の労働力を自分の商品として処分できるという意味と、他方では労働力のほかには商品として売るものをもっていなくて、自分の労働力の実現のために必要なすべての物から解き放たれており、すべての物から自由であるという意味で、自由なのである。」前掲『資本論』二二一頁

(28)「労働は労働者にとって外的なもの、つまり彼の本質に属さないものであり、（中略）それゆえに労働者はやっと労働の外で自分の許に居るように感じ、そして労働のなかでは自分の外に居るように感じる。（中略）それゆえに彼の労働は自由意志的なのではなくて、強いられたもの、強制労働である。」K・マルクス「一八四四年の経済学・哲学手稿」『マルクス＝エンゲルス全集』第四〇巻、四三四頁

(29)「労働の分割による人間的な力（関係）の物的なそれへの転化はこのことにかんする一般的観念を念頭から打ちはらうことによって元のようになくしうるものではなくて、ただ諸個人がこれらの物的な力を元どおり自分たちのもとに隷属させて労働の分割をやめにすることによってのみなくすことができる。これは人々の共同なしにはできない相談である。〔他人たちとの〕共同こそが〔各〕個人がその素質をあらゆる方向へ伸ばす方便なのである。したがって共同においてこそ人間的自由は可能となる。」前掲『ドイツ・イデオロギー』七〇頁

(30)「労働者のこの用具所有は、手仕事〔Handwerks-arbeit〕としての工業労働の一発展形態を想定する。(中略)このばあい労働自体は、まだなかば技芸的であり、なかば自己目的である。(中略)中世の都市制度、労働はなお彼自身の労働である。一面的能力の一定の自足的発展、等。」K・マルクス『直接的生産過程の諸結果』岡崎次郎訳、国民文庫、大月書店、一九七〇年、四七－四九頁

(31)「単純な協業はだいたいにおいて個々人の労働様式を変化させないが、マニュファクチュアはそれを根底から変革して、個人的労働力の根底をとらえる。それは労働者をゆがめて一つの奇形物にしてしまう。」前掲『資本論』四七二頁

(32)「大工業は、変転する資本の搾取欲求のために予備として保有され自由に利用されるみじめな労働者人口という奇怪事の代わりに、変転する労働要求のための人間の絶対的な利用可能性をもってくることを、すなわち、一つの社会的細部機能の担い手でしかない部分個人の代わりに、いろいろな社会的機能を自分のいろいろな活動様式としてかわるがわる行うような全体的に発達した個人をもってくることを、一つの生死の問題にする。」同　右　六三四頁

(33)前掲・那須野隆一「国民教育と生涯教育」一二三頁、参照。

(34)「われわれの人間発達の経済学が形成されはじめた直接のきっかけは、一九七〇年代初頭の『生涯教育』をめぐる論争であった。」重森暁「現代生活と人間発達の経済学」『人間発達の経済学』青木書店、一九八二年、五－六頁

(35)「研究テーマとしての『人間発達の経済学』の探求は、一九七五年に開設された夜間通信研究科の資本論・帝国主義論講義の中で始まりました。」森岡孝二「人間発達の経済学をめぐって」『経済科学通信』第五号、一九八六年九月、三三頁

(36)二宮厚美「発達の経済学」島恭彦監修『講座現代経済学』第一巻、青木書店、一九七八年、一一一頁

(37)二宮厚美「経済学からみた人格と能力の発達」『教育』第四一一号、一九八二年五月

(38)「教育学的カテゴリーとしての人格は社会的・法的カテゴリーの人格概念と必ずしも一致しない」二宮厚美「企業社会からの自立と主体形成の条件」基礎経済科学研究所編『日本型企業社会の構造』労働旬報社、一九九二年、三六三頁

(39)二宮厚美「経済学における人格論」『人間発達の経済学』青木書店、一九八二年、一一五頁

(40)人格論の系譜を二つに絞ることは、事態を単純化しすぎているように思われる。かつて、池谷壽夫は、一九七〇年代初頭の人格論をめぐる理論状況を踏まえて、五つの「主な人格規定」を例示したことがあるが、その中で芝田の見地を「人格を労働能力と社会的諸関係の総体との統一ととらえる立場」(「史的唯物論と人格理論」『唯物論』第三号、一九七四年、二八九頁)と特徴づけたことがあった。この見地も踏まえて、酒井博世は、人格規定に関し、「諸能力の総体」論、「社会的諸関係の総体」論、及び前二者の「統一規定」論の三つの系譜を識別し、理論的検討を行なっているが(『発達と教育の基礎理論』一九八八年、教育史科出版会、第四章)、筆者も酒井の見解を支持したい。

(41) 川合章『子どもの人格の発達』大月書店、一九七七年、三三 - 三七頁
(42) 同　右　四〇 - 四二頁
(43) なお、人格規定に広狭二義を使い分けることについて、酒井博世は、「日常用語としては別にして、科学的概念としては暖昧さをもたらすのではないか」と疑問を提示している（前掲『発達と教育の基礎理論』、一一七頁）。
(44) 前掲・芝田進午『人間性と人格の理論』一二九頁
(45) 同　右　一四七頁
(46) 島田豊「科学的世界観と人格の形成」五十嵐顕他編『講座　現代民主主義教育』第三巻、青木書店、一九六九年、一六頁
(47) 川上信夫は、「マルクス主義における人格の概念」（名寄女子短期大学『学術研究報告』第五巻、一九七二年）において、芝田説と島田説に対する詳細な批判を展開している。その中で、芝田・島田説を「人格 - 労働能力理論」として批判している箇所は、概ね首肯できる。一方、池谷壽夫は、「戦後日本におけるマルクス主義人格理論の到達点と課題」（『高知大学学術研究報　社会科学』第三巻、一九八一年）において、広範囲にわたって人格論の系統的な整理・検討を行なっている。この中で、芝田・島田の両説についても批判的な論究が行なわれているが、芝田説について「少なくとも人格の内実が労働能力にあることを指摘し、人格を社会的カテゴリーと個人的カテゴリーの統一としてとらえ、科学的人格理論の基礎を与えようとしたことは、高く評価されねばならない」（五七頁）としている点については同意できない。
(48) 矢川の人格理論の先駆的意義については、坂元忠芳『学力の発達と人格の形成』（青木書店、一九七九年、二二一頁）を参照。
(49) 矢川徳光『国民教育学』明治図書、一九五七年（『矢川徳光教育学著作集』第四巻、青木書店、一九七三年、所収、五二頁）
(50) 「海後勝雄氏の反批判を読んで」『教育史研究』第三号、一九五六年三月（『矢川徳光教育学著作集』第六巻、青木書店、一九七四年、所収、一八一頁）
(51) 生活綴方研究における矢川徳光の理論的寄与については、村山士郎「戦後生活綴方の理論的課題」（『講座　現代教育学の理論』第一巻、青木書店、一九八二年）を参照。
(52) 矢川徳光『マルクス主義教育学試論』明治図書、一九七一年、六二 - 六三頁
(53) 大橋精夫は、かつて能力主義教育推進論における能力概念が人格的要素（人格諸特性）をも包摂していることに関連して、「どのような活動にせよ、その活動を成功的に遂行するためには、能力のほかに意志や性格の一定の諸特性が必要であるし、その活動にたいする興味・性向・意欲、さらには情熱などの人格諸特性が必要であることはいうまでもない。しかしだからといって、これらすべての人格特性が能力の構成要素とみなされるならば、能力の概念は不可避的に混乱し、能力についての科

学的研究は、それに固有の対象を失う。というのは、その場合には、『能力』概念は不当に『人格』概念にまで拡大されるからである。」（『能力主義』の能力論批判」『講座　日本の教育』第三巻、新日本出版社、一九七六年、一四四頁）と批判したことがある。大橋は、人格概念に能力概念を包摂する人格論に対する評価に関しては慎重な留保を行なっているが、批判の論理は「教育学の人格論」にまで及ぶと見るべきである。

(54) 前掲・二宮厚美「経済学からみた人格と能力の発達」一〇〇頁

(55) 前掲・二宮厚美「経済学における人格論」

(56) 前掲・二宮厚美「経済学からみた人格と能力の発達」九二頁

(57) 同　右　九二－九三頁

(58) 前掲『資本論』四四〇頁

(59) 同　右　四三九頁

(60) 前掲・二宮厚美「経済学からみた人格と能力の発達」九四頁

(61) 「労働の社会的編成」の概念については、前掲・那須野隆一「国民教育と生涯教育」参照。

(62) 前掲・二宮厚美「経済学からみた人格と能力の発達」九四頁

(63) 前掲『資本論』一〇頁

(64) 前掲・二宮厚美「経済学からみた人格と能力の発達」九六頁

(65) 同　右　九八頁

(66) 同　右　一〇〇頁

(67) 筆者は、ここで、労働能力の独立性が、人格的独立性と全く無関係であると言いたい訳ではない。ただ、筆者の理解するところでは、労働能力の独立性なるものは、歴史的には分散した生産手段の私有によって特徴づけられるところの小商品生産者の属性であって、それが、マニュファクチュア段階において熟練労働者に再現するにすぎない。したがって、労働能力の独立性は、本質的には、近代労働者（プロレタリアート）の人格的独立性の物質的基礎とは考えない。なお、この点は、現代資本主義における労働者の問題に限って言えば、二宮の見解（前掲「企業社会からの自立と主体形成の条件」）と筆者のそれとは極めて近いものと思われる。

(68) 前掲『資本論』一〇六三頁

第五章　阿部重孝の学校制度論

はじめに

本章では、阿部重孝の学校制度論の方法論的検討を行う。

阿部重孝は、戦前における数少ない教育行政・制度研究者であり、また実証的・数量的研究方法として特徴づけられる教育科学の開拓者として著名であるが、阿部の業績は、欧米学校教育発達史研究を除けば、(1)戦後において十分には継承発展されて来なかったように思われる。その理由として、次の三点が挙げられよう。第一に、戦前において阿部に師事し、戦後において教育行政学の方法論的基礎を築いた宗像誠也は、戦前の教育行政学研究が国家を対象化し得なかったことに対する厳しい批判とその克服を課題としたため、(2)阿部の教育制度研究の成果を批判的に継承する課題がとり残されたことである。(3)第二に、阿部の研究方法論に対する検討は、戦前の留岡清男による「阿部重孝論」(4)以来、教育科学論のアスペクトからなされてはきたが、それは一般論に止まり、教育制度論に具体化された所の研究方法論は十分な吟味がなされずに今日に至っていることである。第三に阿部の「六・三・三制」論として知られる「学校系統改革の私案」は、戦後教育改革において創出された「六・三・三制」と著しく近似している点で早くから注目されてきたが、(5)そこでは、戦後教育改革理念の戦前的遺産に対する着目に止まり、「学校系統改革の私案」(6)を基礎づけたところの基礎的研究並びにその方法論に対する検討は依然として残されたままだということである。

しかしながら、阿部の教育学研究の核心を「教育改革のための教育学」に求める見地からすると、戦後民主的変革の再開を展望する今日、その教育制度研究の成果を継承発展させる課題は急務であると言わねばならない。本研究を意図する所以である。なお、本研究で対象を学校制度論としたのは、阿部の教育制度研究においてそれが質量ともに中心をなすからである。

第一節　制度化せる教育

1　制度としての学校

阿部が教育制度を研究の対象として据えたのは、「学校教育を如何にして現代の社会に適応させるか」(7)という問題意識に基づいてのことであった。そこで、かかる問題意識から、学校教育の制度的側面の研究を課題とするに至る阿部の学校教育の構造認識を検討することが、ここでの課題である。

阿部は、学校教育を次のように定義する見地に立っていた。先ず、教育が広狭二つの意義を持つことを認め、「教育者によって有意的に又具案的になされる」教育と、「時勢や思潮や環境の影響によって無意的に又偶然的に行わるる」教育とをもって広義における教育とし、前者をもって狭義における教育とする。そして、教育学の固有の対象となるのは前者であるが、この狭義の教育はさらに、学校教育と社会教育とに区別されるとする。(8)このような教育の概念的把握は、たとえば同時代の春山作樹が「普通に教育と呼ばれるものは（中略）主として学校と家庭で行われるものと解釈されている」とし、「学校と家庭の教育は今日までに最もよく組織化された教育[9]」であると認めていたことと対比させると、既に制度としての教育への着意を読み取ることができる。すなわち、阿部は、学校教育と社会教育の共通性を「教育者若くは一定の機関によって[10]」教育が行なわれることに求めていたのである。

さて、阿部が学校教育の全体構造を論じたのは、一九二三年から一九二四年にかけてのアメリカ留学を通して、アメリカで発達した教育科学を本格的に摂取し、とりわけ、ジャッド（C. H. Judd）とカバリー（E. F. Cubberley）の著作に触発されて書いた『小さい教育学』（一九二七年）においてであった。阿部は、師範学校等における教育学の「副教科書」として口語体で書いたこの著作の目的を、教育学の体系ではなく、「教育学の主たる問題」を知らせることに置いたのである。それは、言い換えるならば、概念の展開によってではなく、対象に即して、問題を提示しようとしたと見ることができる。さて、阿部が、ここで強調したのは、教育における外的条件もまた教育学の固有の対象である、という点であった。すなわち、学校教育が、教育の主体と客体及び教育作用の三要素からなるとする従来の教育学の見解に対し、これを教育の「主観的側面に著眼《ママ》」した定義とし、一応認めながらも、「教育が行わるる場合の条件」を考えずにいる点で誤っているとし、この条件は、「具体的の教育の一つの要件」であるとしたのである[11]。ところで、「教育が行わるる場合の条件」は、阿部の場合、三つの側面から考えられていたと言える。第一は、教室などの直接に教育活動の効果に影響を及ぼす条件、第二に、学校衛生など、学校教育の義務化によって学校活動の範囲が拡がり、学校が負うことになった「社会的施設」としての、いわば間接的に教育活動に影響を及ぼす条件、第三に、学科課程、教育財政など、教育と社会との関係を規制する条件としての制度の側面、である。阿部は、これらの諸条件が整備されることは、「生徒の実際の成績を生徒の最高可能の成績に近づけるため[12]」に必要であると同時に、教育が実際生活の準備になるという意味で、教育に対する社会的要求に応え得るためにも必要であると考えていた。そして、「学校教育を如何にして現代の社会に適応させるか」を自己の問題とする阿部が、制度としての学校にその研究を焦点づけたことは言うまでもない。阿部は、『小さい教育学』を終えるにあたって、学校教育に注意を向けるよう読者に訴え、次のように述べた。

吾々の論ずる教育は、学校という機関を通じて行われるものであることと、その学校はもはや社会からかけ離れた存在ではなくて、社会と密接な関係を結んでいる、それ自体頗る複雑な制度であることを記憶したいと思います。(13)

以上、阿部における学校教育の構造認識について概観し、阿部が教育制度としての学校に研究を焦点づけるにあたっての着意を明らかにしてきた。最後に、阿部の学校教育の構造認識に対する問題点を、小論に関わる範囲で指摘しておく。それは、阿部が教育活動を教授・学習に限って論述し、訓育についてはほとんど論及していない点である。ここでは「教育の理想」を論じた際に、「人格の統一や自発性」を強調する自由教育論を批判して、人格の社会的内容規定を強調した次のような人格把握のあったことが注目される。すなわち、人格を内容と形式の統一体として捉え、「人格の統一や自発性」を「人格の形式的方面」とし、「人格の内容は、社会的精神的財産を材料として、之に主観の統一の原理と自発の原理とが働いて形成されるもの」としたのである。(14)ここには、自由教育の形式主義的傾向に対する正当な批判が包蔵されている反面、「人格の統一や自発性」それ自体の社会的性質を見落とし、訓育を陶冶に還元する傾向のあったことが指摘されよう。これは、絶対主義的天皇制に対する科学的批判を内包していたプロレタリア教育運動への参加の経験をもつ山下徳治が、阿部と同じく「個人的教育学」を批判し、教育の歴史的・社会的規定性を強調した際に、訓育と陶冶の区別を論じ、教育の歴史的・社会的規定性が、「生活態度の形成、性格の養成、人生観世界観の構成」としての訓育にこそ示されるとし、その区別が「陶冶の範疇に還元されて来た」[15]と批判的に指摘していたこととは著しい対照をなしている。そして、訓育こそが、教育勅語体制の下における「国家による国民教育」の矛盾の集中的表現の一つであったとするならば、この事実は、阿部が社会と教育との関係において教育制度を対象化する点で一定の成功を収めたにもかかわらず、国家と教育との関係においては科学的分析をなし得なかったことの教育学的根拠を照明するものと言えよう。[16]

2　制度化せる教育

教育制度を対象化した阿部の方法論を検討する上で、手がかりとなるのは、「制度化せる教育」なる概念である。ところでこの概念は従来、研究の対象を表わす概念として取り扱われ、研究の方法を表わす概念としては必ずしも十分な検討が加えられて来なかった。[17]「制度化せる教育」のこのような理解は、留岡清男の「阿部重孝論」が踏襲されてきた結果であると思われるので、ここでは、留岡の所論の検討という形で検討していくことにする。

周知のように、「制度化せる教育」なる概念は、阿部が比較教育制度論の基礎的研究の一つとして、ドイツ、フランス、イギリス、アメリカの四ヶ国の学校教育の制度的側面の発達史をまとめた『欧米学校教育発達史』（一九三〇年）の序の一文で論ぜられたものである。さて、「制度化せる教育」を実体概念として、すなわち、研究の対象を指示する概念として最初に論じたのが、留岡清男である。留岡は、阿部の教育科学論から説き起こして、阿部の実証的研究方法を確認し、教育研究の出発点たる事実が、阿部にとっては、「制度化された」教育としての学校を中心とするものである、とした。[18]そして、「教育は制度化される、学校と教育行政がそれである」[19]と、「制度化せる教育」を学校と教育行政に置き換えてみせたのである。以後　教育科学論から説き起こして、阿部重孝が論じられる場合には、多少のニュアンスの差はあれ、留岡の見地が踏襲されている。しかしながら、元来、方法は対象に規定されるとすれば、ここには、方法が対象を規定するという倒錯した思考に導かれた誤りがあると言わねばならない。

そこで、「制度化せる教育」なる概念は、『欧米学校教育発達史』の分析方法を示す概念として用いられたものであることに改めて注目する必要がある。阿部によれば、「制度化せる教育」の発達は、近世教育の一つの特色である[20]。ここで、「制度化」とは、国家による教育の公的組織化の意であると言ってよい[21]。かつて、阿部が、「十九世紀に於て、教育は地方的若しくは個人的の仕事から国家の仕事に変って[22]」きたと述べたことは、これを裏付けるものである。したがって、「制度化せる教育」とは、第一に、国家的事業として制度化された学校を意味すると理解されよう[23]。学校教育は、国家的事業になることによって、「国民の教育を左右[24]」するという、その歴史的地位が与えられる。ところで、「制度化せる教育」の発達を押し進める根本的要因は、社会の変化に起因する社会的必要と国家的必要であるが、「制度化せる教育」に形態変化を与えるものは、教育思想と教育政策である。すなわち、「制度化された教育は一方教育思想家の所説に依って動かされて来たと同時に、他方絶えず時の教育当局の見解に依って有力に左右されて来たのである[25]」と。ここで「制度化せる教育」を規定する二つの要因としての「教育思想家の所説」と「教育当局の見解」とが如何なる関係にあるかは明示されていない。しかし、国家的事業としての学校教育の制度化は、国家意志を媒介として成立するという認識を前提とすれば、「教育思想家の所説」は、それが教育当局者を捉えるか、あるいは教育運動に担われ、教育当局を突き動かしてその見解に取り入れられるか、いずれにしても、「教育当局の見解」となることによって、「制度化せる教育」を動かすことができる、と理解される。言い換えるならば、「教育当局の見解」もまた、「教育思想家の所説」と離れて全く別に存在する訳ではない。阿部が、「如何なる教育思想であっても、之が制度化されなければ国民の教育を左右することが出来ない[26]」としたことは、以上の理解を裏付けるものである。そして、この教育思想の制度化ということが、「制度化せる教育」の第二の意味と理解せられる。

以上を総括すれば、『欧米学校教育発達史』の分析方法は、学校の制度化と教育思想の制度化との、二つに求めることができる。すなわち、一国の実際の教育の理解を、任意の学校や任意の教育思想によってではなくて[27]、制度化された学校、制度化された教育思想によることで、一国の教育の実態を量的に把握することが可能になり、したがってまた、各国の教育の比較の強固な基礎を得ることが可能になったのである。阿部の研究方法の特徴である数量的実証的研究方法と比較教育制度論的研究方法の結合の根拠は、ここに求められる。

第二節　教育と社会

1　学校と社会

阿部が教育制度研究を自己の教育学研究の中軸に据えたのは、学校を現代社会の変化に適応させる上での規定的条件を教育制度の改革に求めたからであると言える。すなわち学校の制度的側面は、学校と社会の相互作用を媒介規制するところの「教育の一つの要件」であるというのが、阿部の教育制度把握であったと考えられるのである[28]。そこで、阿部による学校と社会の関係把握の仕方を検討するのが、ここでの課題となる。

阿部が、教育制度の数量的把握と各国比較を通して立証しようとしたことは、一般的に言えば、産業革命がもたらした社会の変化によって、教育に対する社会的必要が変化したにもかかわらず、学校が、十分にその変化に適応し切れていないことであった。その際、阿部の問題把握の中核は中等教育問題にあった。すなわち、産業革命によって、産業と生活の様式が大きく変化し、職業教育を中心とする民衆の子どもの教育的必要の増大が、民衆をして、従来階級的性格を持っていた中等教育の大衆化を要求せしめるに至ったにもかかわらず、中等学校はその伝統的性格から脱し切れずにおり、ここに中等教育改革を核心とする学制改革問題が惹起される、というのが、最大限図式化した、阿部の問題把握であったと言える。(29)

そこで、阿部がこの問題を一般民衆の立場から論じるとしている点が先ず注目される。これは、「制度化せる教育」を論じた時に、「国民の教育を左右する」ことを問題とした立場に通じるものである。さて、阿部によれば、公教育制度の基礎が定められたのは、「少数の商工業の中心地を除くと、社会は農業を基礎とする小村落から成立していた」時代であり、「教育的必要は著しく制限」されていて、民衆の学校は小学校に限られ、「中等学校や専門学校は一般民衆とは全くかけ離れたものであって、此等の学校が等しく公教育制度の一部をなすものとは認められ」ていなかった。(30)これに対して、産業革命後の社会は著しく複雑化し、「父をして社会に於て成功せしめた知識や態度や習慣や技能は、その子の時代にはもはや役立たなく」(31)なり、また、以前におけるように、「学校は大体基本的な知識を授け、社会生活の実務に対する訓練は家庭で」(32)行なわれるという関係はもはや成り立たなくなると共に、中等学校における就学者の数が驚くほど増加し、中等学校は「一種の特権」から「青年期にある多数の者に対する一つの教育的機会」となり、次第に「あらゆる社会階級の児童と種々異れる能力の所有者」とを就学せしめることになったのである。(33)かくの如き、社会の教育的必要の変化は、「制度化せる教育」としての学校にどのような変化をもたらしてきたか。

先ず、学科課程の精緻な検討から次の点が結論される。すなわち、小学校は、社会的変化に対し多少順応してきたが、なお多くは「産業革命前のプログラムを忠実に守っている」のに対して、中等学校は、「たとい根本的ではないにしても、頻繁にプログラムを変化」させてきた。第二に、その成立においては別々の系統であり、したがって小学校と中等以上の学校との関係は重要な問題でなかったのに対し、「産業文明の勃興に伴って初めて密接な連絡関係をもつ教育的構造の必要」が感ぜられるようになってきた。第三に、中等学校における就学者の急増は、

「中等学校を社会の特権階級と貴族的理想とに結びつけていた古い紐をたち切り、中等教育に関する新しい概念を発展させる」ようになった。(34)

阿部は、概略以上の如く、社会と学校の変化の世界史的傾向を論じた。そして、その限りでは、極めて適確な問題把握がなされていたと評価できよう。しかし、少なくとも次の二点については、歴史的限界があったと言わねばならないであろう。第一に、学校の変化の分析の精緻さに比較すると、社会の変化の分析は余りに概念的である、という点である。このことは、各国の教育制度の同一性と差異を比較によって明らかにし得たにもかかわらず、その歴史的・社会的根拠を明示し得なかった点に示される。すなわち、阿部が比較検討の対象としたドイツ、フランス、イギリス、アメリカの四ヶ国の学校制度は、日本の学校制度の発達に大きな影響を与えたという共通性に止まらず、共に先進資本主義国の学校制度であったのであるが、この点は産業革命を経た「産業社会」であるという理解に止まっていた。またデモクラティックな学校制度を持つアメリカに対し階級的教育思想を色濃く残した学校制度を持つ西欧三国という対比も、その根拠は伝統の強弱と「デモクラシー」の強弱に求められるに止まり、各国における資本主義発達の特殊性にまでは及ばなかった。日本の学校制度について言えば、「我国の学校制度は、その外形からすれば、アメリカの学校制度と共に、世界に比類のないデモクラティックのものであるが、その教育の内容にはヨーロッパの階級的教育思想の痕跡を多分に存している」(35)という特質把握は、問題の所在を鋭く衝くものではあったが、かかる特質を日本の学校制度が有する根拠を、一八七二年の学制以来の政策担当者の知見に求めるに止まり、その歴史的・社会的根拠にまでは掘り下げられなかった限りで、歴史的限界を有していたとしなければならない。第二に、制度としての学校の発達の規定的要因を、社会の教育的必要と国家の教育的必要の二つに求めながらも国家の教育的必要は社会の教育的必要に還元され、国家独自の教育的必要はほとんど析出されない、という点である。戦前における国民教育制度の形式である「国家による国民教育」の主柱の一つが天皇制イデオロギーによる国民教化であった点からすると、この国家の教育的必要の社会の教育的必要への還元は、既に指摘した訓育の陶冶への還元とパラレルな意義を有すると言える。すなわち、「国家の事務＝公共の事務」とする国家観が阿部の公教育理解の背後にはあるのである。だが、国家の階級性の認識を欠いていたにもかかわらず、社会の教育的必要を民衆の立場から分析し、「デモクラティック」な学校制度改革を論じた阿部が、教育の階級性に対する一定の批判的認識を持っていたことは注目に価する。次に、この点を、項を改めて検討することにしたい。

2　教育の階級性

従来、阿部には「教育の階級性」に対する認識が欠けていたとされてきた(36)。しかしこれは、いま少しの説明を要する点である。というのは、阿部には、「教育の階級性」一般に対する認識が欠けていた訳ではないからである。すなわち、二〇世紀になって、「教育に於ける階級思想が愈々打破される運命になり、(中略)教育界にデモクラティックの考の盛になって来たことは、争われぬ事(37)」というのが、阿部の歴史認識であった。したがって、問題は、阿部の「教育の階級性」に対する認識の質を問うことでなくてはならない。

さて、阿部が資本主義社会を「産業社会」と表現したことに象徴されるように、社会の階級関係を社会科学的に理解していたとは言えない。しかし、「産業社会」における階級の存在について、一定の理解を持っていたことは、イギリスの産業革命と教育に関する次のような論述から明らかであろう。すなわち、イギリスにおいて、一七八〇年代に始まった産業革命は、第一に、「十七・八世紀に於ける地主や大商人とは全く異った新しい資本家階級を生じ」、彼らは、「イングランドを支配する者の仲間に入ることを要求」する一方、「彼等の子弟を中等学校や大学に送り、そこで旧来の貴族と同様に教育されることを要求」するに至らせた。第二に、産業革命は、「雇主と労働者との間の懸隔を益々甚しく」し、「雇傭の条件に於て雇主が大なる利益を受ける」ことになったのに対し、「労働者はその利益を保護する唯一の方法として労働組合」を作り、また、「彼等の特殊の階級的利益に役立つ法律」を作ろうとして「政治の権力を要求するようになった結果は、同時に労働者自身とその子弟に対して教育を要求する」に至らせたのである。第三に、産業革命による機械の使用が、「多数の婦人や子供の労働を可能」にした結果、児童労働を一つの社会問題たらしめ、工場法を成立させるが、ここで注目されるべき点は、イギリスにおける最初の工場法が、教育に関する規定を含んでいたことである。(38)

以上に要約した阿部の見解は、独自の研究に基づく見解とは言えないであろうけれども、(39)「産業社会」における階級の存在について、一定の理解を持っていたことは示している。そして、この一定の理解の内実は、大正デモクラシーの思想的表現たる「民本主義」と同質のものであった。このことは、阿部が、鈴木文治らの友愛会を母体とする労働者教育協会の日本労働学校の開設にあたって、その開校日（一九二一年六月一六日）を「我が国の労働運動に於て記念すべき日であると同時に、我が教育史上に於ても特筆すべき日となるであろう(40)」と評価した論稿「大学と労働者の教育」において述べられた労働運動に対する見解から看取される。すなわち、阿部は、「労働者は或は強大になるかも知れぬし、労働運動は或は勝利を博することがあるかも知れないが、労働者が十分教育されざる限りは、何時かは知識の足下に蹂躙されるであろう。（中略）それ故に、労働運動が健全なる発達を遂げ、それが社会全体の進運に貢献する為めには、労働者は教育によって先ず自分自身の向上をはからねばならない(41)」と述べると同時に、イギリスの労働者教育協会の態度から学ぶべきところとして、「社会の凡ての階級、凡ての区分を自己の教育運動によって融合させようと努力(42)」している点を挙げていたのであった。労働者に対する同情と労働運動に対する一定の理解を示しながらも、「階級闘争ないしは社会変革なしに資本家と労働者双方の意識・精神の真正なるものへの変容によって目前の社会矛盾が解決できると信じ(43)」た大正デモクラシー期の知識人と軌を一にするものであることが認められよう。

以上に検討してきたように、阿部は、産業革命による社会の変化を、単に各種産業の発展のみならず、「社会的関係の変化」としても捉えようとしており、また、新しい社会秩序の原理を「デモクラシー」に求めようとしていたことが察知されるのである。

ところで、資本主義社会における基本的階級の対抗関係を科学的に認識し得ていないという限界にもかかわらず、そこで主張されるデモクラシーは、封建的な階級差別に対する批判としては、一定の有効性を持ち得た。阿部の教育の階級性に対する分析の意義と限度もここに求められる。そこで、この点を、中等教育に対する阿部の理解を素材として検討しておきたい。

阿部の中等教育研究は、教育の機会均等の実現という教育改革への志向を内包するものであった。その際の中等教育における機会均等の内実は、①「青年期の教育的必要」に応じること、したがって理念的には全ての青年に対する中等教育の開放、②中等学校を小学校に接続せしめること、すなわち、学校系統の民主化、③青年の多様な個性と進路に応じて、職業科目を大幅に取り入れた学科課程を編成すること、の三点に要約し得る。教育機会均等のこのような把握には、阿部の学校の歴史と現状に対する次のような認識があった。すなわち、阿部は、学校系統には、歴史上注目すべき二つの型――ヨーロッパ型とアメリカ型――があったとして、これを次のように論じた。

ヨーロッパに於ては、先ず貴族・僧侶等の階級の必要から学校が発達し、次いで市民階級の為に、最後に一般庶民の為に学校が組織された。中等学校及び大学の系統は、貴族・僧侶・市民階級等の教育機関を代表するもので、一般庶民の為の小学校が制度化される以前（十八世紀以前）に、一定の組織と伝統とをもっていた。その結果、小学校が発達するようになっても、中等学校は之とは別個の系統として存在することになったのである。この関係はアメリカの初期の教育に於ても見られる。（中略）併しデモクラティックなアメリカに於ては、ヨーロッパ型の学校系統では、その国民の教育的必要を充分に満すことが出来なかった。そこで、十八世紀半頃から、小学校卒業者を入学させるアカデミーが起り、更に一八二一年以後、小学校に直接接続するハイ・スクールが発達するようになって、初めて一系統の学校系統をもつに至ったのである。(44)

したがって、「ヨーロッパの伝統では、初等教育は下層階級の子弟の教育であり、中等教育は上層階級の子弟の教育であって、程度の差ではなくて社会階級的に異る系統を為している」(45)のである。ヨーロッパにおける統一学校運動は、かかる中等教育の階級性――したがってまた初等教育の階級性――の改革要求に他ならない。

以上のような欧米の学校系統の理解を前提にして把握される戦前日本の学校系統の特質は、国民に共通の小学校に中学校が直接に接続している点、大体においてアメリカ型学校系統であるが、「高等小学校という袋小路」(46)が存する点、並びに小学校及び中学校の学科課程に伝統的な「ヨーロッパ型の学科課程」を採用していると解される点、よりすれば、「アメリカ型というよりもむしろ両者の混合型」(47)と言うべきところに求められる。(48)

以上に概観してきた教育の階級性に対する阿部の理解は、単に学校系統が単線型であるか複線型であるかに止まらず、学科課程にまで及んでいる点で鋭い観点を提出していると言える。だが、阿部の教育の階級性に対する認識には、先ずなによりも、身分制からの解放は、階級性の消滅を意味しないというレーニンの古典的批判が妥当する。(49)すなわち、アメリカ型の学校系統を持って非階級的とすることは、資本主義社会における階級性の現れに対する認識の欠如を意味している。同時に、中等学校への進学の機会が「能力に応じて」全ての子どもに与えられるという に止まらず、中等教育を全ての者に「能力に応じて」与えるという、さらに進んだ主張が、国家社会の必要の主張と結びつく時、能力主義教育の原形が現われてくる点に注目する必要がある。

また、阿部は戦前日本の学校制度の先述した特徴の把握から導きだされるべき結論としての日本の学校の階級性については、これを直接には論じていない。例えば、阿部が戦前日本の中学校の教育内容を伝統的なヨーロッパ型のアカデミックなものに決定づけたとする一八九九年の中学校令及び一九〇一年の中学校令施行規則の評価は、「ヨーロッパの中等学校の学科課程を模倣[50]」した結果とされ、日本の中学校の法則的展開の表示としてではなく、無用の伝統に煩わされたものとしたのであった。この点は、問題の所在の鋭い指摘である一方、日本資本主義との関連で問題を掘り下げ得ない絶対主義的天皇制の下でのアカデミズム教育学における思考の限界を示すものである、と言えよう。

総じて、阿部は教育の階級性を教育の身分制的編成として把握し、その公教育制度への影響を「階級的教育思想」の痕跡として批判する立場に立っていた。その際、近代公教育制度を成立せしめた国家の階級性に対する認識の欠落から、公教育制度の発達における国家の役割に対する一面的理解のあったことが指摘され得る。すなわち、「国家の事務＝公共の事務」とする立場から、国家の公教育制度に対する関与の性格を「階級的教育思想」に対しては基本的に対立的で、進歩的なものとしていたのである。戦前日本における中学校の階級性を基本的に認めなかったのも、それが単に一八七二年の学制以来アメリカ型の学校系統の中に位置づいていたというに止まらず、その創出の初発が公教育としてであったからであると言えよう。[51]そこで次に、阿部の国家と教育の関係認識の検討に進むことにしたい。

3　国家と教育

学校の制度化並びに教育思想の制度化を媒介するものは国家である。阿部は、教育を「近代国家の最も重要なる構成事業[52]」と規定し、「教育は国家の事務であって、凡てが之に対して共通の利害を有するという考え」を正当としていた。そして、教育に対する国家の関与の目的を、「国民の安寧福祉」と「国家の安寧福祉」とに求めたが、両者は、内容上区別はないのであって、「国民の繁栄」がすなわち「国家の進歩発展」なのである。ただ、国家の立場より見れば、教育は「国力と密接なる関係を有」し、「国防といふが如きやゝ消極的のこと」に対比して、「積極的に国力の根本を培養」する事業であるとされるのである。(53)

以上のような、国家と教育の関係把握においては、国家と共同体との区別を措定し得ないで、「国家の事務＝公共の事務」としている点が特徴的である。ここから、公教育に対する国家的統制は、積極的に支持する見地、すなわち「国家による国民教育」の見地が導き出される。この点で、留岡清男の次の如き批判は、核心を衝いていたと言える。

> 学校と教育政策との考察は、万人の安寧幸福を使命とする国家的統制ということを原理として、カント流にいうならば、それを統制原理としてなされるけれども、学校と教育政策との歴史は、社会の階級的分裂の因果関係を構成原理として、分析され説明されていないのである。(54)

さて、「国家による国民教育」の枠内で、国民のための国民教育を論じる阿部の立場は、その教育権認識において、理論的表現を与えられる。阿部は、「教育とは被教育者として与えられた人間をよりよき又一層望ましき人間に育てあげること」(55)である、とするデモクラティックな教育観に立ち、ここから、教育を上流階級の独占物ではなく、「生得の権利とみる考方」(56)を支持する。そして、この見地から、義務教育における権利義務関係の再構成を試みるのである。阿部は、義務教育を「将来の国民として欠くことの出来ない知識技能を授ける為めの教育であって、その意味に於て国家が凡ての国民に要求する最低限度の教育」(57)であるとする。ここには、義務教育における子どもと国家との権利義務関係を、相対化し、さらに、子どもの教育を受ける権利から再構成していこうとする着意が窺われよう。すなわち、義務教育は、これを「国家が一方的に国民に負わせる義務[58]」とばかりは考えず、「将来の国民として欠くことの出来ない知識技能を授ける為めの教育」は、「国民の凡てが之を受ける権利」があるとし、「国家がこの児童の教育権を尊重し、之に対して国家自ら一定の義務を負うことに依って、いわゆる義務教育の効果は初めて全きを得る[59]」とするのである。ここからして、義務教育の最低基準を高めていくことは、「国家の権利であると同時に、国家の義務である[60]」という見解が支持されることになる。

しかしながら、阿部の教育権に関する発言は、義務教育に対する国家の義務を引き出すという範囲での主張に限定されており、その意味では、論理的に不徹底であったと言える。例えば、「児童の教育権」を承認し、国家に、この教育権を保障する一定の義務を負わせる、という論理構造においては、「其子弟を教育する父兄の義務」は、「児童の教育権」に対応するものとならねばならないにもかかわらず、国家に対する義務規定に止まっていた[61]。これは、直接的には、阿部の目的が、義務教育に対する負担を「父兄」にのみ負わせずに、国家もこれを負うべきであると主張することにあったためであるが、その背景には、大正新教育が、新教育の核心とも言うべき「子どもの権利」に対し、その本質的理解を欠いていたという事情が伏在していたと言えよう[62]。

以上の検討から明らかなように、阿部は国家そのものを対象化し得ないという戦前アカデミズム教育学の歴史的限界の下で、国家と教育の関係を科学的に明らかにすることは果たし得ず、絶対主義的天皇制下で構築された「国家による国民教育」の体制を福祉国家論的に解釈するに止まった。阿部が教育改革の主体を既存の国家以外に求めることはできなかった理由も、ここにあったと言うべきであろう。

しかし、同時に、「国家の事務＝公共の事務」とすることは、国家のための国民教育を否定するものではあり得なかったとしても、国民のための国民教育という視点を準備した点で歴史的意義を有すると言える。すなわち、「階級的教育思想」を否定し、教育におけるデモクラシーが実現されていく過程は、国家によって教育が制度化されていく過程である、というのが阿部の公教育史観であったと言えよう。

阿部の教育政策批判も、この見地から初めて可能になるのであって、国家に対する科学的批判をなし得ない歴史的条件の下でなされる教育政策批判は、教育における「デモクラシー」の立場から見ての不合理性の批判を基調とするものであったのである。教育における「無用の伝統」[63]を排せという主張も、この政策批判の見地の表明として理解されよう。

第三節　阿部重孝の学校制度論の歴史的性格
―阿部重孝の学制改革案について―

阿部の「学校系統改革の私案」[64]は、阿部の教育制度研究の結晶と言うことができる。したがって、阿部の学制改革案は、阿部の学校制度論との関係において評価することが必要である。この点で、戦後教育改革において創出されたいわゆる「六・三・三制」の学校制度の原像を阿部の学制改革案に求める見解[65]は、慎重な吟味を必要とするように思われる。確かに、阿部の学制改革案は、戦後教育改革において創出された「六・三・三制」と、その形態において著しく相似しているのであるが、これをもって直ちに、戦後の「六・三・三制」を戦前の「六・三・三制」改革案の制度化と即断することはできない。阿部について言えば、学制改革案の基本理念である教育の機会均等の理解は、大多数の国民の教育機会の量的拡大と質的充実を求める民主的側面を基調としながらも、他方で国家主義と能力主義の契機を内包していた。先ず、この点を確認しておきたい。

阿部は、教育の機会均等を、「父兄の職業・社会的地位及び経済事情の如何に拘らず、凡ての児童及び青年に、その個人差と生活の必要とに応ずる教育の機会を平等に与えることを意味する」[66]と定義していた。さて、戦前における教育の機会均等は、義務教育段階における教育財政の地域的不均等の問題を別とすれば、学校系統における中等教育の位置づけの問題として論じられたと言ってよいであろう。その際、阿部には、「近々三四十年以前に於ては、中等学校に通うことは一種の特権であったが、その後就学者は急速の増加を示し、今日では青年期にある多数の者に対する一つの教育的機会となって来ている」[67]という現状認識のあったことが先ず注目される。すなわち、阿部は、教育の機会均等は初等教育に直接接続する中等教育（それはすでに戦前の日本においては実現していた）をもって満足されるものではなく、中等教育の大衆化もが求められているとしたのである。したがって、中等学校を高等教育の予備教育機関とする伝統的・ヨーロッパ的中等教育概念を改め、「中等学校は小学校とは一つの教育系統に属する」[68]という新しい中等教育概念を確立することが阿部の研究の中心テーマに据えられることになる。

ところで、青年期の教育的必要に応じる大衆的な中等学校は、「上級学校に進む者と社会の実務に就く者」とが入学する事実に即して目的を規定し、「生徒の異れる教育的必要に応ずるやうに、その課程を分化すること」が必要となる。このような中等教育観は、確かに青年期教育の身分制的差別を撤廃するという民主的側面を主要な側面とするが、「上級学校に進む者」に含意されているところの、国家社会の指導者を養成するという伝統的な中等教育の機能までもが否定されるわけではない。そして、教育の機会均等原則によって保障される教育は個人差に応ずるものでなければならないとした阿部が、さらに進んで、能力差に応ずる教育の必要を主張する時、この指導者養成の契機は能力主義的教育の主張に転化する。すなわち、阿部によれば、「優等児」の教育は、「劣等児」の教育と同じ原理に基づき、「優等児を他の児童から分離して、彼等の能力を最もよく発達させるような教育を与えること」[69]が必要である。なぜならば、「平均児童はそれが将来国民の大部分を形成するだろうという理由からして、十分なる注意が払わるべきであり、劣等児童は彼等自身の安寧幸福の為めに、又社会の彼等から受ける害毒を未然に防ぐ為めに、特別学級に於て特別の教育を受くべきである。併し乍ら、吾々の学校に於て真に貴重なる児童――国家の将来に対して最も価値ある児童は平均以上の優秀なる児童」[70]であるからであった。ここからして、阿部は、飛び級や能力別学級編成を支持したのである。以上のような、今日の能力主義教育の原形とも言うべき阿部の主張は、後に、教育改革同志会を主宰した後藤文夫が、阿部の教育改革論を「人的資源の育成に関する国家計画とでもいうべき非常な卓見」[71]と評価したことに、一定の根拠を与えるものであったと言えよう。

このような教育の機会均等論に基づく阿部の学制改革案が、そのまま戦後教育改革に受け継がれたとは言えない。そこで次に、今後の研究課題を提示する意味でこの問題に対する方法論的仮説を述べてみたい。

阿部の学制改革案は、戦前日本の学校制度における矛盾の民主主義的解決の方向を明示したものであった。阿部が学制改革案を公表した一九三〇年代は、重化学工業の構築を国策として推進させた独占資本自体が、産業資本確立期に定置された学校制度の根本的な再編成の必要を自覚するほどに、中等教育の民主的再編の物質的条件は成熟しつつあったと見られる。[72]しかし、戦前の学校制度の前近代的性格、すなわち初等義務教育後の複線型学校系統が、深く戦前日本資本主義の特殊な性格――「軍事的・半農奴制的日本資本主義」[73]――にその根拠を有していたとするならば、中等教育の民主的再編（一元化・大衆化）は、日本資本主義が半封建的構成から脱け出すことを必要条件としたと考えられる。しかし、日本資本主義の戦前において確立された分析は、それを日本資本主義自体が遂行することは不可能であることを立証した。[74]ここに、中等教育の再編が、その物質的条件の成熟をみながらも、戦前においては矮小化された形でしか実現され得なかった根拠を見い出すことができよう。阿部の学制改革案が戦前日本資本主義の崩壊をまって、はじめて制度化される可能性を得たことは、別の意味でこのことを裏付けるものである。同時に、ここで留意されるべき点は、戦前日本資本主義の崩壊が敗戦と占領を契機とし、戦後教育改革は占領下において遂行されたという歴史的条件が、戦後の「六・三・三制」の創出に及ぼした影響についてである。例えば、新制中学が「中等普通教育」を施す単一の義務制学校とされたことは、パートタイムの青年学校をフルタイムの前期中等学校に相当するものとして並存させていた阿部の学制改革案よりも徹底していたと言えるが、新しい中等学校としての性格づけにおいては、不徹底な面があったと思われる。(75) また、新制中学が「平和と民主主義」の教育理念を体現するものとして期待され、支持された点も注目すべき点である。(76)

他面では、阿部の学制改革案の基本原理である教育の機会均等論が内包していた国家主義と能力主義の契機は、国民の教育権の見地から否定されたと言ってよい。(77) 占領政策の転換によって、対米従属下における独占資本の復活と共に進行した一連の教育の反動化の過程（一九五六年「地方教育行政の組織及び運営に関する法律」の成立、画期）を経て、はじめて国家主義と能力主義の教育政策が全面的に展開され得たことは、このことを反証するものである。「六・三・三制」成立史研究における阿部の学制改革への注目は、これらの点に自覚的であることが求められよう。

まとめ

阿部重孝の教育制度研究の方法論の本格的検討は、阿部が依拠した一九二〇年代のアメリカの教育科学論との比較、同時代の教育制度研究との比較、及び宗像誠也の教育行政学との比較を不可欠のものとする。その意味で、本研究は、その端緒を示し得たに止まる。

しかし、ここでの検討の限りでも確実に言えることは、近代公教育制度の発達を前提とすれば、一国の国民教育実践は、教育制度において総括されるということ、したがって、教育の物質的基礎によって規定されるところの国民教育の発展法則は、教育制度の歴史的展開の中に開示されるということである。

この見地からすれば、阿部の方法論の核心は、教育制度を、「制度化せる教育」として対象化した点に求められる。したがって、教育制度をそれ自体として考察する実証的・数量的研究方法と比較制度論的研究方法は、阿部の方法論の本質的属性であったと言えよう。ところで、教育制度を存立させる二つの契機としての国民の教育要求と教育政策とは、阿部にあっては、矛盾するものではなかった。すなわち、国民が求める教育要求は、教育政策を媒介として実現されるのであるが、この媒介の性格の解明は、国家に対する科学的認識を必要とするのであって、この点は阿部のよくなし得るところではなかったのである。にもかかわらず、阿部が一定の成功を納め得たのは、国民教育実践の総括として現れる教育制度において、国民が求める教育要求は、それが深く「社会の教育的必要」(＝教育の物質的基礎)に根ざすものである限り、勤労人民に敵対的な支配階級の教育理念によって基本的に規定される教育政策を通して実現されていくという弁証法が貫かれているからに他ならない。したがって、阿部の方法論の批判的継承の方向は、教育制度をそれ自体として把握する方法を前提として、一方教育の物質的基礎を解明することであり、他方では、教育政策に含まれる支配階級の教育理念とそこに反映されざるを得ない国民教育の発展法則とを区別する方法論を確立することにあると言えよう。

注

(1) 兼子仁は、『教育法・衛生法』(有斐閣、一九六三年)及び『教育法(新版)』(有斐閣、一九七八年)における「各国公教育法の歴史と原理」の叙述に、阿部重孝の『欧米学校教育発達史』の成果を多く取り入れ、阿部の法制史研究を高く評価している。

(2) 宗像誠也は、戦前において教育行政・制度研究が不振であったことの根拠を、教育学研究者の態度に求めるだけでなく、公教育を支配していた権力の性格に求めていた(宗像誠也「教育行政をいかに把握するか」『教育学研究入門』福村書店、一九五一年、所収、参照)。

(3) 宗像誠也は、阿部重孝の『欧米学校教育発達史』を比較教育制度研究の一成果としながらも「比較研究の次元には達していない」と評価し、比較教育制度研究の方法を教育政策類型論に求めた(宗像誠也『教育行政学序説』(増補版)一九六九年、有斐閣、七四－七五頁)。

（4）留岡清男「阿部重孝論」『教育』第四巻一号、一九三六年一月、岩波書店
なお、戦後において教育科学論の系譜から阿部重孝を論じたものは、次の如くである。
海老原治善「日本における教育科学の発展」海後勝雄編『教育科学――その課題と方法』東洋館出版社、一九五六年
柳久雄「教育科学運動の科学性」柳久雄・川合章編『現代日本の教育思想　戦前編』黎明書房、一九六二年
山田昇『『教育科学』の学問系譜』『和歌山大学紀要』第一四号、一九六四年
三輪定宣「阿部重孝の人と業績」（世界教育学選集・阿部重孝『教育改革論』明治図書、一九七一年の編者解説）
伊藤彰男「阿部重孝論」名古屋大学大学院教育学研究科教育学専攻『教育論叢』第一九号、一九七六年
共同研究「阿部重孝における教育制度論の形成過程――明治以降日本教育学説史研究（その2）」『教育科学研究』第二号、一九八三年三月
平田勝政「第一章『科学的教育学』の建設と芸術教育――一九一〇年代（前半）の阿部重孝」
三石初雄「第二章『科学的』教育学研究の成立と実験教育学――阿部重孝の『科学としての独立』の提唱を中心に」
佐藤広美「第三章　阿部重孝と『時局に関する教育資料』調査――教育制度研究への転機」
佐藤広美「第四章　阿部重孝の教育制度研究の特質と問題点」
佐藤広美「阿部重孝における教育制度改革論――教育改革と『教育の機会均等』」『教育科学研究』第三号、一九八四年七月
佐藤広美「第三章　総合国策機関と学校制度改革論――阿部重孝の学制改革私案（六・三制）と『制度化せる教育』」『総力戦体制と教育科学――戦前教育科学研究会における「教育改革」論の研究』大月書店、一九九七年
（5）例えば、次の著書・論文がある。
海後宗臣『日本教育の進展』東京大学出版会、一九五一年
小川利夫「戦後日本における中学校教育の展開」『現代中学校教育体系』第一巻、明治図書、一九六五年
小川利夫「高校全入運動の思想」小川利夫他編『戦後民主主義教育の思想と運動』青木書店、一九七一年
赤塚康雄『新制中学校成立史研究』明治図書、一九七八年
（6）ただし、近年、高校教育問題を中心とする中等教育研究において、阿部重孝の諸業績並びに研究方法論に対する関心の高まっている点が注目される（佐々木享『高校教育の展開』大月書店、一九七九年、「あとがき」）参照。
（7）阿部重孝『学校教育論』教育研究会、一九三〇年、一頁
（8）阿部重孝『芸術教育』教育研究会、一九二二年、一二一－一二三頁
（9）春山作樹「社会教育学概論」『岩波講座　教育科学』第一五冊、岩波書店、一九三二年、五頁

(10) 阿部重孝『小さい教育学』広文堂、一九二七年、二頁。なお、「小さい教育学」は、「思弁的な大教育学への批判を含意していたとみてよいであろう」とする見解（稲垣忠彦『教育学説の系譜』解説（国土社、一九七二年、三三頁）があるが、「小さい」は、広文堂の副教科書シリーズ二〇数冊の全てにつけられた形容詞であって、特に阿部の発意は認められない。
(11) 同　右　一八－二〇頁
(12) 同　右　一四八頁
(13) 同　右　二五〇－二五一頁
(14) 同　右　四六頁
(15) 山下徳治「科学としての教育学」『講座　教育科学』附録『教育』第七号、岩波書店、一九三二年、四－五頁
(16) 岡本洋三は、阿部重孝を含む教育研究会の教育政策論を批判して、次のように述べている。
「この政策論の基底にある実証的統計的研究方法は、これまでの教育哲学的抽象的思弁を排することによって、量的に把握しえないもの、教育理念・教育目的における人間形成における価値意識などを軽視あるいは視野の外にほおりだす結果となった。それは神懸り的観念的教育政策観を批判し、それに合理的科学的教育政策観を対置したのであるが、その反教育的本質そのものに合理的科学的教育観を対置するのではなく、むしろそれを批判の対象とすることを怠ったのである。」岡本洋三「一九三〇年代における『教育政策』についての認識と運動（その一）」『鹿児島大学紀要』第二六巻、一九七四年、一二四頁
(17) この点で、伊藤彰男「阿部重孝論」（前掲）は「制度化せる教育」＝学校認識とする重要な視点を提示しているが、問題の提起に止まっている。
(18) 「教育的事実は、教育思想もその一つではあるが、然し『制度化された』教育としての学校は、最も具体的な教育的事実である。」前掲・留岡清男「阿部重孝論」一七七頁
(19) 同　右　一八〇頁
(20) 阿部重孝『欧米学校教育発達史』目黒書店、一九三〇年、一頁
(21) 阿部重孝は、「制度化」と「組織化」との区別を公権力の介在の有無に置いていた。すなわち、単に「組織化」と言う場合、例えば、「最初に教育を組織化し、学校を発展させたのは、余裕をもった社会階級であった」（阿部重孝「学校系統」『教育学辞典』第一巻、岩波書店、一九三六年、二八三頁）という場合には公権力の介在を必要としない。これに対して、「制度化」は公権力の介在を不可欠の契機とする。なお、地方権力による教育の組織化も「制度化」とされるが、阿部の関心は国家による教育の制度化にあった。
(22) 前掲・阿部重孝『小さい教育学』二四九頁

(23) 論理的には、国家的事業として制度化された社会教育も「制度化せる教育」の範疇に含まれるであろうが、学校制度に対象を限定した阿部重孝の研究では論及されない。
(24) 前掲・阿部重孝『欧米学校教育発達史』一頁
(25) 同　右　一－二頁
(26) 同　右
(27) 留岡清男は、『欧米学校教育発達史』をアカデミズムの主流であった哲学的教育学に対する「プロテスト」の書（前掲・留岡清男「阿部重孝論」一七五頁）としたが、同時にそれは、日本における新教育の紹介並びにその実践の「ユートピア」的性格に対する批判をも蔵していたと見るべきであろう。
(28) 阿部は、社会の変化に如何に教育を適応させていくか、という視点と共に、「移り行く社会を教育に依って如何に指導すべきか」という視点をも持っていた（阿部重孝『教育改革論』岩波書店、一九三七年（阿部重孝『教育改革論』明治図書、一九七一年、五頁）。
(29) 阿部重孝「産業文明と教育」（前掲・阿部重孝『学校教育論』所収）、及び「学科課程論」（『岩波講座　教育科学』第一一冊、一九三二年、所収）を参照されたい。
(30) 前掲・阿部重孝「産業文明と教育」一二－一四頁
(31) 前掲・阿部重孝「学科課程論」一七頁
(32) 阿部重孝「『教育制度』より観たる職業指導」『職業指導講演集』青年教育普及会、一九三二年、二八一－二八二頁
(33) 前掲・阿部重孝「産業文明と教育」一四－一五頁
(34) 同　右
(35) 前掲・阿部重孝『欧米学校教育発達史』三頁
(36) 例えば、柳久雄は、『欧米学校教育発達史』において「教育の社会階級的性格が無視されていること」を留岡清男が指摘しているとし、留岡のこの批判を「全く正しい」としている。しかし、柳が正しく引用しているように、留岡は「教育の階級性を取り出すことが薄」いと言っているのであって、無視しているとは言っていない（前掲・柳久雄「教育科学運動の科学性」一八四－一八五頁）。なお、阿部重孝について言えば、春山作樹が「教育の組織化の問題、すなわち社会階級に依る教育の型の問題」を論じたことを、「私にとって興味のある点」としていた（阿部重孝「春山先生のこと」『教育』第四巻二号、一九三六年二月、一〇〇頁）。
(37) 前掲・阿部重孝『小さい教育学』四〇－四一頁

(38)前掲・阿部重孝『欧米学校教育発達史』三〇三－三〇六頁
(39)『欧米学校教育発達史』は、出典が一切示されていない。これは、初稿及び原典の一部が、関東大震災において焼失されたためであるとされている。『欧米学校教育発達史』が「原資料による直接的かつオリジナルな研究にまでは至っていない」とする梅根悟の評価は、これを否定することはできない（梅根悟「日本における西洋教育史研究の歴史」（『日本の教育史学』第二集、一九五九年、講談社、三二二頁、参照）。
(40)阿部重孝「大学と労働者の教育」前掲・阿部重孝『学校教育論』三二三－三二四頁
(41)同　右
(42)同　右　三三六頁
(43)小山仁宗「大正デモクラシーの統合と分極」古田光ほか編『近代日本社会思想史　Ⅱ』有斐閣、一九七一年、二〇頁
(44)前掲・阿部重孝「学校系統」二八四－二八五頁
(45)阿部重孝・宗像誠也「中等教育」前掲『教育学辞典』第三巻、一五九三頁
(46)同　右　二八六頁
(47)同　右
(48)戦前日本の学校系統に対する阿部重孝の評価は、『欧米学校教育発達史』（一九三〇年）と『教育学辞典』第一巻（岩波書店、一九三六年）とでは異なっている。前者においては、「アメリカの学校制度と共に、世界に比類のないデモクラティックのもの」としたが、後者では、アメリカ型とヨーロッパ型の「混合型」としている。この日本の学校系統に対する評価の変更は、高等小学校を前期中等教育段階の学校に再編するという阿部の「六・三・三制」改革論の展望に照らして、初等義務教育後の複線型学校系統が中等学校と小学校とを別の系統とする「階級的教育思想に源をもつヨーロッパ流の教育的伝統」に煩わされているという批判的認識に基づいていたと言える（阿部重孝「小学校教育」（『岩波講座　教育科学』第一二冊、一九三二年、九八頁）。
(49)「階級的学校は、――もしそれが首尾一貫して実施されるなら、すなわち、もし学校が身分制のありとあらゆる残存物からきよめられているならば――必然的に単一の共通の型を前提とするのである。」大橋精夫・矢川徳光監訳『レーニン教育論大系』明治図書、一九六六年、二八頁
(50)阿部重孝「中学校の学科課程」前掲・阿部重孝『学校教育論』、一〇六頁
(51)阿部重孝は、「明治維新の初に当って我が国民の胸中に漲った思想は、旧套打破の思潮」であったとし、「五箇条の御誓文」にその言明を見い出して、「我国の教育制度は頗る開放的で又民衆的であるが、其の精神は既に比処に明に示されて居る」と

述べていた（阿部重孝『新興日本の教育』日本青年館、一九三七年、三－四頁）。これは、天皇制ファシズム下の著作である点を考慮する必要があるが、阿部の絶対主義的天皇制国家に対する認識の一端を示すものと言えよう。
(52) 前掲・阿部重孝『小さい教育学』二四九－二五〇頁
(53) 阿部重孝「教育制度と教育均等」前掲『学校教育論』二五四頁
(54) 前掲・留岡清男「阿部重孝論」一八〇頁
(55) 前掲・阿部重孝『小さい教育学』一七頁
(56) 同　右　四九頁
(57) 阿部重孝「画一か画一打破か」前掲『学校教育論』二九七頁
(58) 阿部重孝「義務教育年限延長の問題」前掲・阿部重孝『教育改革論』二七頁
(59) 同　右
(60) 前掲・阿部重孝「画一か画一打破か」二九七頁
(61) 阿部重孝の義務教育観における国家と「父兄」との関係を示す一文を次に引用しておく。
「凡ての者の教育は国家の安寧幸福の為めに必要欠くべからざるものである。茲に於て其子弟を教育することは各父兄の義務であって、国家は適当なる立法に依って此義務を強制することが出来るという考えは、凡ての公教育制度の根底に横はっている考えである。」「教育基金と教育税」前掲『学校教育論』二七九頁
(62) 堀尾輝久によれば、大正「新学校」運動として展開された新教育は、児童中心主義のエッセンスたる「子どもの諸権利」の発見を欠くところの「似而非児童中心主義」であった（堀尾輝久「社会＝教育構造の変化」『現代教育学　5　日本近代教育史』岩波書店、一九六二年）。
(63) 前掲・阿部重孝『教育改革論』五頁
(64) 阿部重孝の学制改革案は、最もまとまった形では、「学制改革――新内閣の政綱政策いかに具顕すべきか」（前掲・阿部重孝『教育改革論』所収）の中で、「学校系統改革の私案」として論じられた。これが、「阿部重孝案」として広く知られている。しかし、学制改革に対する阿部の発言は、「学制改革を評す」（一九三一年）以降主なものだけでも十数回に及んでおり、その間の改革案における変化にも注意する必要があろう。たとえば、一九三二年の「中学校教育の問題シンポジウム」（『岩波講座・教育科学』第一五冊　所収）での提起では、三年制中学校と六年制中学校の二本立て案であった。なお、阿部の「学制改革案」については、拙稿「阿部重孝の学校制度論に関する研究――『学校系統改革の私案』の成立過程について」（『日本の教育史学』第二三集、一九八〇年）参照。

(65) たとえば、赤塚康雄は、第二次大戦前の代表的教育改革案として「阿部重孝案」を、戦後における代表的改革案として「米国教育使節団に協力すべき日本側教育家委員会の報告書」を、各々措定し、この両案が「ともに六・三制学校体系をとり、大正期に人格形成を行なったリベラリストの手によって構想されたという共通点を持つ」ことから、「戦前日本の教育改革案が、戦後に継承されたのではないか」とし、戦前と戦後を媒介した担い手を戸田貞三に求めることで、この継承関係の立証を試みている（前掲・赤塚康夫『新制中学校成立史』六九頁）。

(66) 前掲・阿部重孝「教育の機会均等」四六四頁

(67) 前掲・阿部重孝「産業文明と教育」一五頁

(68) 阿部重孝は、イギリス労働党の「十六歳までの凡ての正常児童に完全なる中等教育を施す」という教育政策に注目した論文において、「中等学校の教育系統中に於ける地位に関しては、大体三つの主なる見解」があるとして、次のようにまとめている。

「その一つは中等学校を以て小学校とは異る教育の系統に属するものであるとする見解であり、その二は中等学校は選抜されたる少数の者を教育する学校であるとする見解であり、その三は中等学校と小学校とは一つの教育系統に属するものであるとする見解である。」「英国労働党の教育政策」前掲・阿部重孝『学校教育論』三一七頁

(69) 前掲・阿部重孝「画一か画一打破か」二九〇頁

(70) 同　右

(71) 後藤文夫「教育改革同志会と阿部教授」『教育』第七巻七号、一九三九年七月、五五頁

(72) 佐々木享『高校教育論』大月書店、一九七六年、三四頁、参照。

(73) 山田盛太郎『日本資本主義分析』岩波書店、一九三四年、参照。

(74) 大島雄一「戦後改革の基礎視点」『歴史評論』第三二二号、一九七七年二月、参照。

(75) この事情は、教育刷新委員会における新制中学校についての論議に反映している（山内太郎編『学校制度』東京大学出版会、一九七二年、参照）。

(76) 例えば、戦後初期における教員組合運動に関与した大西正道は、「六・三制」の実施が「日本の民主化に重大なかゝわり」を持つとしていた（大西正道『教育復興』週刊教育新聞社、一九四八年、四頁）。

(77) 「学校制度改革は、戦前から阿部重孝などを中心に検討されていた。その研究蓄積が、日本側教育家委員会報告書にも反映しているということは、改革の国内的必然性の成熟を意味してはいた。しかし、それは国民総力戦体制にそなえての『皇国民の錬成』を目的とする義務教育年限の延長であったり、あるいは『国民的一体性』の虚偽意識を醸成するためのものでもあり

えた。これに対して戦後の制度改革は、教育を『国民の権利』としてとらえ、その権利の実現を保障するためのものとして構想されたのであり、この点に関する限り、両者には決定的な差があるといわねばならない。」堀尾輝久『教育理念』東京大学出版会、一九七六年、三九八頁

第六章　教育改革と教育科学

はじめに

日本教職員組合の教育制度検討委員会報告（第一次一九七四年・第二次一九八三年）以降、教育改革をめぐる政策動向は急展開を見せ、民間の教育改革論も複雑な様相を呈している。こうした状況を念頭におき、ここでは同報告書の歴史的・今日的意義を、「教育改革と教育科学」という視点から問い直してみたい。

第一節　戦後教育改革理念と戦前日本の教育科学

教育制度検討委員会報告書の一つの特徴は、戦後教育改革理念を自覚的に継承している点にある。そこで、同報告書の歴史的意義を教育科学との関係で論じるためには、簡単にしろ、戦後教育改革理念と戦前日本の教育科学との関係を明らかにしておくことが必要であろう。

1　戦前における二つの教育科学運動

戦後教育改革は占領下の教育改革であったため、占領教育政策として遂行された。それ故、第一次対日米国教育使節団報告書が象徴するように、連合国軍の中軸を担ったアメリカ（軍）の意向が大きな影響力を持った。しかし、戦後教育改革研究によって明らかにされてきたことは、アメリカ側が周到な日本教育制度研究を行なっていたこと、及び使節団報告書それ自体も含め、教育改革の実施計画については、一定程度日本側の意見が尊重され、アメリカの進歩主義的教育理念の機械的押しつけではなかったということである。

さて、戦後教育改革理念の生成を日本側の主体的な努力という観点から見た場合、戦前・戦中における教育科学運動の成果との関連が注目される。しかし、そのことの意味を論じるためには、戦前日本における二つの教育科学運動に言及しておかねばならないであろう。一つは新興教育研究所、そしていま一つは教育科学研究会、である。

新興教育研究所は、一九三〇年八月一九日、非合法組織として結成準備の進められていた教育労働組合(1)といわば車の両輪として、一般教員に対し啓蒙的な宣伝を担う合法的組織との位置づけの下に、「国際的プロレタリア科学の鎖の一環としての新興教育の科学的建設を翹望《ぎょうぼう》(2)」して創立された(3)。

この新興教育研究所創立の中心に位置していたのが初代の所長ともなった山下徳治で、若き宮原誠一も創立メンバーの一人であった。新興教育研究所の活動は、一九三二年八月二五日の新興教育同盟準備会への移行が確認されるまでの実質二年間、または『新興教育』の停刊に至る一九三三年六月までの三年間と短命に終わった。その理由は種々論じ得るところであるが、教育科学という角度から見た場合の核心的問題は次の点にあろう。この教育科学運動の最良の成果の一つは、『日本資本主義発達史講座』の一部として著された山下徳治の「教化史」で、山下はそこで教育学の著作としては恐らく始めて「教育勅語」を批判的検討の対象に据えた(4)。正にそれ故に、天皇制国家はこの教育科学運動に対して野蛮な弾圧を加えたのであって、その短命の理由も基本的にはこの点に求められるべきである。なお、一九三〇年一一月に結成された日本教育労働者組合も、一九三三年六月には権力の弾圧によって組織的な活動を終焉せしめられた。

この新興教育研究所の教育科学運動の灯火を一部受け継ぐかのように、一九三三年四月に岩波講座『教育科学』の月報から独立した雑誌『教育』が発刊され、一九三七年五月に教育科学研究会が発足する。無論、新興教育研究所と教育科学研究会との間に組織的な連関は何もない。しかし、この教育科学研究会の教育科学運動に新興教育研究所の少なからぬ関係者が参加していたことは、注目されてよい。ただしそれは、二重の意味においてでなくてはならない。第一は、天皇制国家に対する直接的対峙の挫折体験に規定されて、教育科学研究会の教育科学は、天皇制国家を対象化し得ないという歴史的限界を刻印されていたということである。第二に、それ故、教育科学研究会の教育科学は、教育と社会の関係を解き明かすことに収斂されていくことになる。ところで、教育と国家の関係が捨象された教育と社会の関係認識は、抽象的な社会認識である。そして、この現実政治の力学、換言すれば教育改革の主体を問いつめることのできない教育科学は、その実践的成果としての教育改革を、教育科学への理論信仰か、現実政治へのプラグマチックな適応によって展望する以外にはない。教育科学研究会の教育科学運動が、一方で生活教育論争など華々しい論争を伴いつつ、結果的には総力戦体制に囲いこまれていく必然性は、理論的にはその国家・社会認識の抽象性に、歴史現実的にはファシズム化した天皇制国家の野蛮性に求められよう(5)。

教育科学研究会の教育科学におけるこうした限界にもかかわらず、その理論的成果は一定の普遍的意義を持ち得た。それは二つの点において示され得る。第一は、教育科学研究会が国策協力を謳うに至ったにもかかわらず結局存続ができなかったこと、及び同研究会の中心メンバーであった城戸幡太郎や留岡清男が新体制運動へ積極的に参加したにもかかわらず最終局面では逮捕されるに至ったこと、である。ここには、教育科学の合理性が、究極的には戦時国家独占資本主義政策の「合理性」とは相容れなかったこと、その意味で戦後に継承されるべき遺産を内包していたことが予示されている。第二は、それ故、教育科学研究会の理論的成果が、その担い手も含めて、戦後教育改革に一定の影響力を及ぼすことになったことである。

2　「六・三・三制」改革論に見る戦前と戦後の断絶と連続

戦後日本における「六・三・三制」がアメリカ占領軍による押しつけであるという俗論がまだ払拭されていなかった頃、小川利夫は「六・三・三制」改革論が戦前日本において既に成熟した理論的見解として阿部重孝により提起されていたこと、「六・三・三制」の要となった新制中学が全国の地域住民によって熱烈に支持されていたことを解き明かした。(6) この小川の見解は、その後の「六・三・三制」研究の中で歴史実証的に深められてきた。その一つは、赤塚康雄の研究によって、阿部の見解がその遺志を継ぐことを自覚した戸田貞三を介して、日本側教育家委員会や教育刷新委員会における教育改革理念の形成に強い影響を与えていたことが明らかにされたことである。(7) いま一つは、鈴木英一らの占領教育政策研究において、米国教育使節団報告書における「六・三・三制」改革案が、日本側の強い要請を受け入れて、使節団側の当初方針であったところの「六・五制」改革案と最終段階で差し替えられることで実現したことが明らかにされたことである。(8) こうして、戦後教育改革理念と戦前日本の教育科学との具体的関連が実証された訳である（戦前と戦後の連続性）。

しかし、同時に見落としてはならないことは、三羽光彦が明らかにしているように、戦後教育改革理念としての「六・三・三制」は、中等教育の普遍化と教育の分権化を不可欠の契機とするシステムとして構想されていたが、(9) この教育の分権化という観点は、阿部の「六・三・三制」改革論では全く欠落していることである。というよりも、阿部にあっては、学校制度の合理的再編成は、中央集権的な教育行政組織の整備と不可分のものとして構想されていた。[10]それ故、この面では、戦後教育改革理念としての「六・三・三制」と阿部のそれとは断絶している。

第二節　戦後日本資本主義と現代公教育体制

1　いわゆる「逆コース」について

戦後日本における「六・三・三制」の展開過程が象徴しているように、[11]戦後教育改革理念は、そのままでは実現しなかった。この場合、戦後教育改革理念の歴史的正統性を前提にするならば、その原因を見定めることは教育科学研究における基本的課題の一つである。そこで、仮説的な問題提起にすぎないが、若干の論点を提示しておきたい。

第一は、教育改革の主体の問題である。教育改革は何よりも国家意思の問題であるから、教育改革の主体は国家権力である。それ故、戦後教育改革の主体は、占領軍権力である。この占領軍権力は、国際法の枠組みでは正統性を持つであろうけれども、国民主権との関係では正統性を持ち得ない。換言すれば、戦後教育改革は「上（外）からの教育改革」であった。この「上（外）からの教育改革」が、日本近代教育史上最良の教育政策であり得たのは、第一に、占領軍権力の教育政策は、その正統性に関わる平和と民主主義を希求する国際世論と人類普遍の理念に基づくことが求められ、第二に、この国際世論と人類普遍の原理に対する国内の理解者であるところの、自由主義的知識人の知見を積極的に活用したためである。[12]こうして、戦後教育改革は啓蒙的且つ法制改革先行という特徴を持つことになる。この「上（外）からの教育改革」が日本国民の間に定着するためには、「下からの教育改革」を必要とする。ところが、占領軍は教育改革の実施にあたって旧体制を利用し、「下からの教育改革」運動、例えば戦後初期教育運動に対してはむしろ対立的であった。他方、初期教育運動の側から見れば、旧体制を温存しつつ進められる教育改革は、不徹底な教育改革として批判の対象であった。この場合、当初の批判は国際世論を足場として、日本政府・文部省に向けられた。しかし、真に批判されるべきはアメリカの国益を優先する占領軍権力それ自体であった。(13) そして、初期教育運動が占領軍権力を批判の対象とするや否や、レッドパージ等の強圧に見舞われることになる。その意味で占領終結後における戦後教育改革の見直しの条件は、戦後教育改革の過程それ自体に胚胎していたものと言うことができる。

第二に、そこで次に、サンフランシスコ講和（一九五二年発効）と前後して始まる戦後改革の見直しの評価が問題となる。占領の終結は、国内的に見れば、国家主権の回復による自国政府の正統性の全面的な回復である。しかし、国際的に見れば、連合国軍による日本統治から米軍駐留を与件としたアメリカ帝国主義への従属体制への移行である。こうして、戦後の米ソ冷戦構造の下で、アメリカの世界戦略の一環として日本資本主義の再構成が進む。この戦後における日本資本主義の再構成は、「軍事的・半農奴制的日本資本主義」(14) の解体を歴史的前提にするものであったから、これに照応する戦後改革の見直しも、単なる反動とか「逆コース」ではあり得ない。結論的に言えば、戦後改革期に提起された二つの歴史的課題(15)——自由権の確立と社会権の創造——の中、自由権の確立という近代的課題を凍結し、戦後日本資本主義を重化学工業の一挙確立へと軌道づける限りで、社会権の整備を進めるものであったと言えるように思われる。教育について言えば、戦後教育改革期にその解放が宣言された教育権（教育をする権利）が、教育二法（「義務教育諸学校における教育の政治的中立の確保に関する臨時措置法」・「教育公務員特例法一部改正」一九五四年六月三日公布）や教育委員会法の廃止と「地方教育行政の組織及び運営に関する法律」の成立（一九五六年六月三〇日公布）などを通して国家に再吸収されていった。その限りで「逆コース」という規定は言い得て妙であろう。だが、この国家の教育権は、天皇制公教育体制下におけるように無前提にはその正統性を主張し得なかった。後に教科書裁判の中で国側から主張されるように、戦後における国家の教育権は、国民の教育権を前提にした上で、社会権としての教育を受ける権利の保障に伴う私事性捨象論と議会制民主主義論として展開されることになる。それは、高度経済成長の過程で浸透してきた福祉国家論と整合的な論理であった。

第三に、このような戦後改革の見直しを推進した政治体制としての「五五年体制」と、その経済的基礎が問われねばならないであろう。「五五年体制」の成立に至る政治過程において特徴的と思われることは、先述の占領下における教育改革の特徴とも関連して、天皇制国家の非軍事化・民主化が「上（外）からの改革」として行なわれ、ついに国民自ら行なう段階が得られなかったことである。そして、米ソ冷戦構造の形成が進むに従い、アメリカの占領政策は、戦犯解除に示されるように旧支配層の利用の度を深めていく。このような占領政策の実施過程における旧体制の行政的利用と政治的利用は、主権者としての国民の自覚の覚醒を押し止めるものであった。そして、非軍事化・民主化政策の段階において占領軍の前にひれ伏した旧支配者が、次の段階ではアメリカの外交的支持を威光として新支配者へと転身することを許すことになる。こうした政治的過程は、経済的過程と相互規定的に進行したものと言える。農地改革・労働改革・財閥解体として行なわれた経済民主化は、寄生地主制を解体して大量の自作農を創出し、労働基本権を認めて労働組合運動の発展を促し、財閥の家族的支配を解体して経済的独占を規制した。こうして、自由な経済活動の持つ潜勢力が「軍事的・半農奴制的日本資本主義」の桎梏から解放された。この解放された経済的潜勢力は、しかし、アメリカの世界戦略に従属した極東における反共の砦としての日本資本主義の復活に軌道づけられる。この場合、再軍備を内包した重化学工業の構築が、日本資本主義再構成の唯一の道という意味で「内発的必至」であったと同時に、アメリカの世界戦略に合致するという意味で「一つの至上命令」であった。(16) 換言すれば、戦後改革を日本国民自らの手により完遂し得なかった限りで、高度経済成長と安定的保守党支配としての「五五年体制」は、一つの歴史的必然であった。

2　戦後における公教育の確立と教育科学

戦後における公教育の基本構造は、戦後教育改革とその見直しという二段階を経て、いわゆる高度経済成長期に確立したものと思われる。その特徴を一言で言えば、戦後教育改革によって与えられた制度的枠組みを外皮としつつも、内容的には教育の自由と住民自治原理による国民教育を排除するところの、国家の教育権論に基づく国家主義と能力主義の教育体制であった。

このような戦後公教育の確立過程において教育科学が果たした役割の一端を、宗像誠也の教育行政論に見ておきたい。なお、ここで宗像に注目する理由は、ほかでもない、宗像が戦前における教育科学運動の戦後における継承者の一人であったからである。

さて、宗像の教育行政論において注目すべき第一の点は、その著名な教育政策の定義において示されたように、国家権力の問題を対象化し、教育改革の主体の問題を明示したことである[17]。宗像が、教育政策を権力によって支持された教育理念と規定する場合、そこでは戦後教育改革において鮮やかに示された教育理念の転換という現実過程の反映と共に、戦時下において新体制運動にからめ取られていった自己の体験に対する痛恨の反省が込められていたものと見ることができよう[18]。

第二に、宗像は、戦後教育改革期には教育改革の現実に追いつけない教育学の低水準をしばしば憂いたが[19]、サンフランシスコ講話後の教育改革の見直しと「五五年体制」下における教育政策・教育行政に対しては、戦後教育改革理念に対する無理解をしばしば怒りを込めて告発し続けた[20]。そして、「五五年体制」下の教育政策・教育行政が戦後教育改革理念に反することを解明し得た限りで、戦後教育行政学の到達水準を高く評価した[21]。「アンチ教育行政学」という自覚は、「五五年体制」下で大きく進んだ戦後教育改革理念の科学的解明と無縁ではあるまい。

第三に、宗像は、「五五年体制」下における教育政策・教育行政が戦後教育改革理念とは異なる教育理念を国家権力が支持するに至った結果であることをリアルに認識していたが、これを容認・妥協することに対しては最後まで抵抗し続けた。しかし、「五五年体制」を支持する「遅れた」国民意識の現実は、戦後教育改革理念を再び支持する国家権力の出現を安易に展望することを許さなかった。そこで、宗像が選択した道は、憲法・教育基本法制の活用、すなわち「官僚のための法規の学」に替わる国民のための法規の学としての国民の教育権論と、それを有効たらしめる社会的力の組織化としての教育運動論の構築であった。[22]

第四に、およそ以上の如く、宗像教育行政論においては、問題の焦点が国家と教育の関係認識に据えられていたと言える。しかし、宗像の教育権論に特徴的な「遅れた」国民と進んだ教員（教師の教育権論）という対比に示されているように、高度経済成長と「五五年体制」の下で確立された戦後公教育に対する批判は、戦後教育改革理念を基準とした道徳的批判に止まり、その必然性の認識を媒介としての批判、すなわち「現存するものの肯定的理解のうちに、同時にまた、その否定、その必然的没落の理解を含[23]」む歴史科学的批判では必ずしもなかった。その限りで、黒崎勲等の宗像教育行政論批判は一定の根拠を有している。[24]しかし、戦後教育改革理念の歴史的正統性の自覚に立って、「国民のための教育改革」がその継承発展以外にあり得ないことを示し続けた点で、宗像教育行政論は今日的意義を持ち続けているものと言えよう。

第三節　中央教育審議会一九七一年答申と教育制度検討委員会報告書

1　中央教育審議会一九七一年答申

「第三の教育改革」を標榜して打ち出された中央教育審議会一九七一年答申は、今日から見れば、二つの政策課題を担っていたものと言える。第一は、高度経済成長期に確立された戦後公教育それ自体の改革という課題である。第二は、そのために戦後公教育の制度的枠組みを規定している戦後教育改革理念を清算するという課題である。この前者の課題は、七一年答申が、高度経済成長の持続を前提とするという近未来予測の読み違えから、総合的な拡充整備計画として打ち出されたため、ドル・ショック（一九七一年）とオイル・ショック（一九七三年）を画期とする高度経済成長の終焉によって、財政計画上から半ば挫折する。他方、「第三の教育改革」論の由来でもある後者の課題もまた、教科書裁判杉本判決（一九七〇年七月一七日）に結晶した戦後教育改革理念研究の深まりとその理解の拡がりとを糧とした国民的反撃によって、容易には実現し得なかった。

2　教育制度検討委員会報告書の歴史的意義

この中教審七一年答申に対する国民的オルタナティブとして示されたのが、教育制度検討委員会報告書である。一九七〇年一二月に、日教組中央委員会の依嘱を受けて発足した同委員会は、一九七四年五月に最終報告「日本の教育改革を求めて」(25)を公表した。この報告書は、近現代日本において国民が持ち得た体系的教育改革プランとしては、驚くほど豊かな内容と高い水準を備えている。その理由を一言で言えば、同報告書が当時における教育科学運動の結晶であったことによるものと言えよう。これを別言すれば、教育制度検討委員会自体が、戦後における教育科学運動の一形態であった、ということである。それは、運動であることによって、報告書が直ちに国家教育政策へ転化されることを約束するものではなかった。しかし、高度経済成長終焉後の「五五年体制」の一定のゆらぎは、当時野党の連合政権論に一定の実現可能性を付与しており、民主連合政府の教育綱領という梅根悟会長の自覚(26)は、当時の委員の心意気でもあったと思われる。

内容的に見れば、同報告書は二つの顕著な特徴を備えていたと言える。第一は、中教審七一年答申に典型的な「五五年体制」下の教育政策に対する厳しい批判である。第二は、この国家教育政策に対置すべき改革プランを戦後教育改革理念の発展として構想していたことである。この後者の特徴に関わって、教育における正義の原則が提示されたことは教育思想史上の事件としても特筆に値しよう。

しかし、今日から見て、同報告書が戦後日本の公教育の現実をどこまで正確に把握し得ていたかについては、検討の余地があろう。というのは、なるほどそこでは「五五年体制」下の教育問題が鋭く分析されているが、それは主として誤った教育政策の結果として、換言すれば国家と教育の問題として分析され、戦後日本資本主義に照応的な教育制度として、換言すれば教育と社会の問題として、その成立の必然性の分析が欠けているように思われるからである。それ故、進学熱に象徴される国民の歪んだ教育要求も、基本的には健康なものと把握されている。(27)しかし、同報告書成立後数年を待たずして、日本の教育は「教育荒廃期(28)」に突入し、「教育の病理」が社会問題となってくる。こうして、一九八一年一二月に発足する第二次教育制度検討委員会では、子育て・教育をめぐる困難が情勢分析の中心に据えられ、大人の責任が強調されることとなる。(29)それは、一つの前進ではあったが、第二次制度委は設置期間も短く、一九八三年七月の報告（第二次教育制度検討委員会ほか編『現代日本の教育改革』勁草書房）において、六年制の地域総合中等学校制度構想など新たな注目すべき展開も見られたものの、保守回帰と社公合意に見られた革新連合政権論の後退という政治状況の下で、第一次報告書以上の社会的インパクトは持ち得なかったように思われる。

第四節　教育制度検討委員会報告書と今日の教育改革論

1　臨調「行革」と新自由主義教育政策

第二次教育制度検討委員会が発足した一九八〇年代初頭は、臨時行政調査会（第二臨調）が設置され、「増税なき財政再建」をキャッチフレーズとした「行政改革」が開始された時期である。この一九八〇年代の臨調「行革」は、これを主導した中曽根康弘首相（当時）によって戦後政治の総決算と言われたことからも窺われるように、単なる財政再建策ではない。それは、ＩＭＦ体制崩壊後の世界同時不況において顕在化した世界経済の諸矛盾を、アメリカ帝国主義を盟主とする階統的帝国主義同盟の強化と多国籍企業の展開によって打開しようとする国際政治（レーガニズム・サッチャリズム・ナカソネニズム）とリンクし、軍事大国化と福祉国家政策の新自由主義政策への切り替えを図るもので、その最終目標は憲法改正に据えられていた。

この臨調「行革」の一環として一九八四年に臨時教育審議会が設置された。そこでは、荒削りではあったが新自由主義に基づく教育政策論が、国家教育政策としては初めて展開されることになる。

この新自由主義教育政策論は、二つの特徴を持つものであった。第一の特徴は、新自由主義が福祉国家政策の廃棄を求めることに照応するもので、「五五年体制」下においてまがりなりにも維持されてきた「教育を受ける権利」を保障するための種々の教育行財政的措置の縮小・廃止と、教育における市場原理の導入が主張された点である。第二の特徴は、このような新自由主義教育政策の特徴に由来するものであるが、教育における平等批判という角度から、戦後教育改革理念も「五五年体制」下における教育政策も共に批判の対象にされるという意味で、見かけ上極めてラジカルな装いを持ったことである。教育の自由化論における日教組批判と文部省批判[30]、これが、新自由主義教育政策が姿を現した時点でのいま一つの特徴であった。

2 文部省の転向と日教組との和解

臨教審の新自由主義教育政策に対しては、日教組はこれに批判的な立場を採り、文部省もまた消極的な対応であったと言われている。こうした事情もあって、一九八〇年代臨教審教育改革もまた半ば挫折することになる。

ところが、一九九〇年代に入ってバブル経済が崩壊し、これを多国籍企業の展開によって打開しようとする財界主導の大国主義的・新自由主義的諸改革が急がれるようになる中で、こうした諸改革を一挙に実現し得る権威主義的政治体制を確立するために「政治改革」が強行されたが[31]、これと並行して、教育改革の政治的条件に重大な変化が生まれた。第一は、財界の猛烈な意向を汲んで、文部省が新自由主義教育政策の方向へ転向したことである[32]。第二は、この文部省の転向に呼応して、日教組が文部省と和解し、文部省・財界とのパートナーシップ路線が採られるに至ったことである[33]。なお、この日教組の路線転換に先立ち、一九八〇年代末に、労使協調路線で統一した「連合」の発足とそれへの日教組の参加（一九八九年九月六日　第六八回定期大会決定）をめぐるいわゆる「三〇〇日抗争」を経て日教組は「分裂」し、「連合」路線に批判的な単組を中心として、新しい教職員組合の産別組織「全日本教職員組合」（全教）が結成された（一九八九年一一月一七日）。

3　日教組のパートナーシップ路線と教育制度検討委員会報告書

一九九〇年代半ばからの教育改革における日教組のパートナーシップ路線の下で、教育制度検討委員会報告書の再評価が行なわれている。ここでは、その一端を日教組のシンクタンクとされる国民教育文化総合研究所の理論活動の中に窺い、若干の考察を加えておきたい。

ここで検討の対象とするのは、同研究所内に設けられた戦後教育思潮研究委員会（以下、思潮研）の中間報告「戦後教育思潮の展開を追う」（一九九六年）と本報告「戦後日本の教育思潮について――特質と問題」（一九九七年）である。同委員会は、一九九五年八月二四日、すなわち日教組が教育問題に関する従来の路線を大幅に転換する一九九五年度の運動方針案を発表し、文部省との和解が成立した一九九五年七月二五日の一ヶ月後に、第一回会合を開いている。この委員会は、熊谷一乗（委員長）、末藤美津子、田中節雄、久田邦明、山本冬彦の五名の研究委員に、研究協力委員の鈴木朋実を加えた六名で組織された。

この研究委員会の基本的な課題意識を知る上で、熊谷委員長の論文『「五五年体制」と教育政策の展開』（『日本教育政策学会年報』第一号、一九九四年六月）に予め触れておきたい。熊谷はそこで、いわゆる「一九九三年政変」（細川護熙非自民政権成立）によって「五五年体制」が崩壊したという歴史認識に立ち、「五五年体制」下において「自民党‐文部省によって蓄積された教育政策の遺産を公平に分析、評価し、どのように継承するか」[34]という問題関心から戦後の教育政策の総括を試み、「（その遺産を―引用者）憲法の理念を基準に整理し、もはや『保革対立』のパラダイムが通用しない新しい政治システムのなかでの教育政策の構想に生かさなければならないであろう」[35]という理論的課題の提示をもって論文の結びとしている。自民党‐文部省の教育政策に憲法理念を基準として継承すべき内容があるとするならば、この自民党‐文部省の教育政策を憲法・教育基本法擁護の立場から厳しく批判してきた日教組の教育改革構想もまた、「保革対立」のパラダイムに立つものとして批判されることになるであろうことは、想像に難くない。

さて、思潮研では、戦後五〇年の教育思潮の展開を次の五つの時期に区分している。(36)

第一期：占領下における教育改革の思潮　一九四五年〜四九年
第二期：五五年体制成立前史における教育思潮　一九五〇年〜五五年
第三期：高度経済成長期の教育思潮　一九五六年〜七〇年
第四期：五五年体制動揺期における教育改革の思潮　一九七一年〜八八年
第五期：転換期における教育思潮の構図　一九八九年〜九五年　―対立を超えて―

見られるように、この時期区分は「五五年体制」論を機軸に試みられていると言えるが、第五期の始期を日教組の組織的分裂に見ている点、必ずしも一貫した指標による時期区分とは言えないであろう。さて、この五つの時期の全てについて検討する余裕はないので、当面の問題である教育制度検討委員会報告書の評価に関わる若干の論点のみを抽出しておきたい。

第一は、第三期の論述の中で、政府・文部省と日教組の厳しい教育路線対立を前提としつつも、「教育への経済的視点の導入」という点での両者の共通点が指摘され、この角度から、日教組の見解が批判的に論及されていることである。すなわち、政府の人的能力開発政策と日教組「民主主義教育の原則について」(一九六二年)とは、「国家が経済的に発展すること」を政治の目標とし教育の目標とするという点では共通点があったとされ、「高度技術者養成」や「進路の多様化」の問題が検討された後、この時期が次のように総括されている。

一九六〇年代、経済界と自民党を中心とする保守勢力は、国家の経済的発展の観点から教育の改革を意図した。すなわち、教育を投資と考え、高度技術者の育成を計画し、社会の分業構造（職業構造）により効率的に対応するような学校システムを構想した。それに対して日教組を中心とする革新勢力は、一方では「平等」「民主化」を基本とする戦後教育改革の理念に依拠して保守勢力の政策に対抗したが、他方では、「国民生活の向上」「現代の急速に発展しつつある科学技術の摂取」などといういい回しに見られるように、結局は「国家社会の経済的発展」という目標を保守勢力と共有してもいた。その限りでは、保守勢力の単純ですっきりした思想的立場に対し革新勢力のそれは矛盾的要素を孕んだものであった。(37)

論点をはっきりさせるために問題を単純化して整理すれば、「五五年体制」下における保守と革新の教育思想上の対立点は、保守の側が自由なき平等（私事性捨象論）を政策化したのに対し、革新側は自由と平等を同時に求めたところにある。言うまでもなく、自由と平等の同時実現は、資本主義社会の下では理論的にも実践的にも決して容易な課題ではない。その困難は、一方で自由の実現のためには国家の権力的介入の排除を必要とし（自由権・自然権）、他方で平等の実現のためには国家の積極的介入を必要とする（生存権・社会権）、という点にある。これは一つの矛盾である。しかし、それは生きた矛盾であって、市民社会における公共性の合意水準を高めていく原動力でもある。それ故、革新勢力の矛盾なるものは、現実の矛盾の反映であって、思想的立場の矛盾ではない。

第二は、第四期の論述の中で、臨教審答申の中に、教育制度検討委員会報告書の影響を見ている点である。すなわち、中教審一九七一年答申（四六答申）と教育制度検討委員会報告書とは、前者が「効率性を重んずる合理主義・能力主義」であったのに対し、後者は「民主主義の理念」をベースにしており、内容的にも思想的距離は遠く、思想的対立も激しかったとされるが、個性・自由・自主などのキーワードを含む臨教審答申は、「思想的に『中教審四六答申』の考え方を継承するとともに、教育制度検討委『報告書』の考え方を相当取り込み、多様さ、豊富さを増している。[38]」と評価されている。そして、臨教審答申が公表された当時、これを厳しく批判した日教組見解を批評して、次のように述べている。

「臨教審答申」は、教育の活性化、効率化を促すことに主眼をおく自由化（合理化）路線と教育を受ける権利（学習権）を均等に保障することを重視する平等化（民主化）路線との対立を表面化させた。しかし、この対立は、決定的なものではなかった。なぜなら、「臨教審」は、その答申のなかに日教組の教育運動が追求した個性、自主性尊重、分権化を取り込んでおり、日教組は、かねてから自由化（市場的自由）と根底において通じている市民的政治的自由を主張しており、両者の間には教育上の近代化という点で接点が存在しているのである。[39]

ここでも問題を単純化して整理すれば、臨教審の教育思想は平等なき自由である。すなわちそれは、「五五年体制」の保守的再編の過程で生み出されたラジカルな保守主義としての新自由主義である。それ故、「五五年体制」下における自由なき平等政策を容赦なく批判すると同時に、自由と平等の同時実現を求めてきた日教組をも批判する。この臨教審答申に、思潮研は、教育制度検討委員会報告書の影響を見た。なるほど、「五五年体制」下における教育思想上の直接の対決点は、教育の自由を認めるか否かにあったから、「教育の自由化」を求める臨教審答申と教育制度検討委員会報告書に接点を見出すことは不可能ではない。しかし、臨教審答申は、いわば裏返された中教審七一年答申であって、改革構想の核になっているものは国家主義と能力主義である。ただ、思想的対立点は、かつての教育の自由から教育における平等に移行した。ところが、思潮研は、問題を教育における自由と平等の関連構造にではなく、自由か平等かの要素的対立に見るため、「自由」を認める臨教審答申に思想的幅の広さを見出し、文部省と日教組の対立が解消し得る環境の醸成を見ることになる。

第三は、以上のように教育制度検討委員会報告書の政策文書への影響が論じられる一方で、同報告書の思想的核心部分が批判されていることである。その一つは、勝田守一・堀尾輝久の教育の私事性論批判である。教育制度検討委員会報告書は、恐らく誤解を恐れて私事という言葉は用いていないが、そこで採用された公教育思想としての親義務の共同化論は、内容的には「私事の組織化論」と見てよかろう。思潮研は、この私事の組織化論に対し一九六〇年代以降様々な異論が噴出していたとし、「さらに一九八〇年代になると、保守の側からの『教育の自由化論』が登場するにおよんで、その『進歩性』『革新性』の再検討を余儀なくされることになった[40]」と述べている。いま一つは、教育における正義の原則批判で、「この考え方は、ある意味で能力主義を前提にしながら、それを超えようとする自己矛盾を内包していたと言える。そのため、個々人の能力差を是正しようとすればするほど、能力主義が前提とする人間を画一的な尺度に還元していくという方向性が強まっていたのではないだろうか。こうした見方の背景には、経済的レベルでの平等を単純に教育における平等に置き換えて考えようとする経済主義的な決定論があったのではないか[41]。」と述べている。

ここで、これらの批判を詳細に検討する余裕はないが、最後の「経済主義的な決定論」という批評に関わって、思潮研では、文部省と厳しく対決していた時期の日教組の教育思想に「マルクス主義」の強い影響を見、一九七〇年代から一九八〇年代にかけての「マルクス主義」の後退と「ソフトなリベラリズム」の台頭に両者の和解の思想的条件の一つを見ていることのみを指摘しておきたい[42]。

4　日本の教育改革をともに考える会「二一世紀への教育改革案」

以上に見てきたように、今日の日教組のパートナーシップ路線の下では、教育制度検討委員会報告書は事実上清算されるべき過去の文書となりつつある。したがって、日教組が委嘱した委員会の報告書という性格上、教育運動上は当面日陰の文書とならざるを得ない。

この点に関わって、小川利夫は、同委員会の委員の中心メンバーの一人であった堀尾輝久に対し、同氏の退官直前の最終講義を中心に編まれた著作の中で同報告書について全く触れられていないことを「会得できないのみでなく、残念である」(43)と詰問している。しかし、堀尾は近書『現代社会と教育』(44)の中の、一九七〇年代以降の「学校再生への模索」を論じた箇所の冒頭で、第一次・第二次報告書に触れているから、同報告書に対する同氏の高い評価は現在も基本的には変わっていないものと考えてよかろう。

この堀尾を起草委員長とする「日本の教育改革をともに考える会」が『二一世紀への教育改革案　人間らしさあふれる教育をめざして』(45)をまとめて、二〇〇〇年二月に公刊している。この教育改革案は、第一に、臨教審以降の国家教育政策に対する原則的な批判的評価に立脚している点、第二に、戦後教育改革理念の充実・発展を謳っている点、で注目される。

まとめ―現代教育改革論と教育科学の課題―

小川利夫によれば、教育制度検討委員会報告書は二重の意味で「教育における『統一戦線』の歴史的所産」(46)であった。すなわちそれは、第一に、基本的に統一を維持していた教員組合運動の力と、第二に団体の垣根を超えた民間教育運動と教育研究者の連帯の力の所産であった。そして小川は、中等教育学校の新設によって「六・三・三制」(47)の枠組みさえもが解体されつつある今日の状況の下で、教育関係者が大同団結して対抗すべき必要性を説いている。そこで最後に、教育科学が当面していると思われる今日的課題を述べて、まとめに代えたい。

①　教育改革の主体と教育科学

わが国の教育科学が、教育改革に対する強い関心と共に生まれ、展開されてきたものとすれば、「教育改革のための教育科学」は普遍命題と受け止められてよいであろう。この場合、戦前期並びに戦後改革期の教育科学の反省に立てば、それは何よりも「教育改革の主体」としての国家権力に対する科学的認識を、理論内在的に含んでいる必要がある。「国民のための教育改革」とは国家権力抜きの国民による教育改革では決してありえず、「国民のための教育改革」を支持する国家権力を必要とする。かかる教育科学の創造的な展開にとって、学問の自由は空気の如き必要条件である。そして、この学問の自由は、対国家のみならず、政党・組合その他の社会団体からの自律性をも含み込んで理解される必要があろう。

②　規範分析と歴史分析の統一

教育改革は、現存する教育制度を一定の価値判断に基づいて改革することであるから、「教育改革のための教育科学」は没価値論に立脚するものではあり得ない。そして、それが科学と称し得るのは、実現されるべき価値それ自体を対象化し、その実現の可能性と必然性を現実の諸条件の分析によって実証することが目指される限りにおいてである。この意味で、「教育改革のための教育科学」は、規範分析と歴史分析の統一が自覚的に探求されるものでなければならない。

③　社会的存在としての教育科学

教育科学が以上の如きものであれば、それは単なる思想ではなく、一つの社会的存在として把握される必要がある。すなわち、教育科学は教育科学運動として実存し、一定の組織形態を持つ。この教育科学の運動論と組織論をもまた、「教育改革のための教育科学」にとって自覚的に探求されるべき課題であろう。

注

(1) 戦前の教育労働運動については、土屋基規『近代日本教育労働運動史研究』労働旬報社、一九九五年、参照。
(2) 「新興教育研究所創立宣言」『新興教育』創刊号、一九三〇年九月
(3) 新興教育研究所及び後述の教育科学研究会については、柿沼肇『新興教育運動の研究』ミネルヴァ書房、一九八一年、参照。
(4) 山下徳治「教化史」『日本資本主義発達史講座』第四回配本、岩波書店、一九三二年、二五頁
(5) 教育科学研究会の教育科学に対する理論内在的批判については、佐藤広美『総力戦と教育科学——戦前教育科学研究会における「教育改革」論の研究』大月書店、一九九七年、参照。ただし、教育科学研究会が「おのれの生と学問の良心に忠実に従」うことが何故できなかったのか、という佐藤の問題意識は、いわば教育科学の思想史的批判であって、真実と虚偽を分析し、その理論遺産の継承を図る理論史的批判ではない。この点、本書とは分析の角度を異にする。
(6) 小川利夫「新制中学校の発足とその意義」『現代中学校体系』第一巻、明治図書、一九六五年
(7) 赤塚康雄『新制中学校成立史研究』明治図書、一九七八年
(8) 鈴木英一・佐藤秀夫・土持ゲーリー法一・大橋基博・三羽光彦・伊藤良高・中嶋哲彦「米国対日米国教育使節団報告書の成立事情に関する総合的研究」『名古屋大学教育学部紀要——教育学科』第三二巻、一九八五年三月、参照。
(9) 三羽光彦『六・三・三制の成立』法律文化社、一九九九年、特に第三章参照。
(10) 阿部の教育行政改革論については、例えば「学制改革の着眼点」『新教育研究』五巻一号、一九三四年一二月（『阿部重孝著作集 第六巻』日本図書センター、一九八三年、三〇三－三〇四頁）参照。
(11) 「六・三・三制」の展開過程については、梅根悟「戦後学校改革の今日的評価——六三制を守り育てるとはどういうことか」（『教育改革問題の視点』第一号、教育制度検討委員会事務局、一九七一年九月六日）、及び『小川利夫社会教育論集』第四巻（亜紀書房一九五五年）所収論文などを参照。
(12) 鈴木英一『日本占領と教育改革』勁草書房、一九八三年、参照。
(13) 久保義三『対日占領政策と戦後教育改革』三省堂、一九八四年、参照。なお、占領下における検閲は、アメリカ軍を主力と

する占領下の民主化政策の限界を示すもので、例えば山田盛太郎『日本資本主義分析』の戦後における復刊（一九四九年）の際、占領軍の指示により、「米国資本主義の搾取条件」という語句が削除改変せしめられたことはその一例である（『山田盛太郎著作集』第二巻「後記」岩波書店、一九八四年、二一二頁、参照）。

(14) 山田盛太郎『日本資本主義分析』岩波書店、一九三四年、参照。

(15) 一般に戦後法制改革が「近代法的諸課題と現代法的諸課題」との二重の課題を合わせ含んでいたことは、渡辺洋三『現代法の構造』（岩波書店、一九七五年、一八三－一八九頁）において指摘されている。

(16) 山田盛太郎「戦後再生産構造の基礎過程」龍谷大学社会科学研究所『社会科学研究年報』第三号、一九七二年三月（『山田盛太郎著作集』第五巻、岩波書店、一九八四年、三九頁）

(17) 宗像誠也「教育政策」『新教育辞典』平凡社、一九四九年、及び同『教育行政学序説』有斐閣、一九五四年、参照。

(18) 宗像誠也・宮原誠一「教育科学研究運動の反省」『教育』第五号、一九五二年三月号、及び五十嵐顕「戦後日本の教育科学」城戸幡太郎先生八〇歳祝賀記念論集刊行委員会『日本の教育科学』日本文化社、一九七六年、七－一一頁 参照。

(19) 宗像誠也『教育の再建』河出書房、一九四八年（『宗像誠也教育学著作集』第二巻、青木書店、一九七四年、所収）参照。

(20) 宗像誠也『教育の再建――教育学者の証言』朝日新聞社、一九六六年（前掲『宗像誠也教育学著作集』第二巻、所収）参照。

(21) 宗像誠也『教育行政学序説（増補版）』有斐閣、一九六九年、二三六頁、参照。

(22) 同　右　二三一－二三五頁、参照。

(23) K・マルクス「『資本論』第二版後記」『マルクス＝エンゲルス全集』第二三a巻、二三頁

(24) 黒崎勲「アンチ教育行政学の神話と教育行政理論の課題」『教育学研究』第六三巻三号、一九九六年九月、参照。なお、黒崎による宗像批判の評価については、次章を参照されたい。

(25) 教育制度検討委員会・梅根悟編『日本の教育改革を求めて』勁草書房、一九七四年

(26) 小川利夫「梅根悟先生と教育制度検討委員会」『教育』第三八四号、一九八〇年五月、九二頁、参照。

(27) 前掲・教育制度検討委員会・梅根悟編『日本の教育改革を求めて』二頁

(28) 久冨善之『競争の教育――なぜ受験戦争はかくも激化するのか』労働旬報社、一九九三年、二二頁、参照。

(29) 第二次教育制度検討委員会・大田堯編『第二次教育制度検討委員会報告書――現代日本の教育改革』勁草書房、一九八三年、一頁

(30) 香山健一『自由のための教育改革――画一主義から多様性への選択』PHP研究所、一九八七年、六一頁、参照。

(31) 一九九〇年代「教育改革」の政治的・経済的背景については、拙書『現代日本の教育改革――教育の私事化と公共性の再

建』自治体研究社、二〇〇〇年、参照。
(32) 拙稿「わが国における一九九〇年代『教育改革』の背景」『名古屋工業大学紀要』第五〇巻、一九九九年三月　参照。
(33) 同　右　参照。
(34) 熊谷一乗「『五五年体制』と教育政策の展開」『日本教育政策学会年報』第一号、一九九四年、五一頁
(35) 同　右　五二頁
(36) 戦後教育思潮研究委員会中間報告「戦後教育思潮の展開を追う」国民教育文化総合研究所『教育総研年報一九九六』一九九六年、一五二頁
(37) 同　右　一六五－一六六頁
(38) 同　右　一六九頁
(39) 同　右　一六九－一七〇頁
(40) 戦後教育思潮研究委員会報告「戦後日本の教育思潮について——特質と問題」国民教育文化総合研究所『教育総研年報一九九七』一九九七年、一七頁
(41) 同　右　一八頁
(42) 前掲・戦後教育思潮研究委員会中間報告「戦後教育思潮の展開を追う」一七一－一七二頁
(43) 小川利夫「戦後教育政策と教育制度検討委員会報告」『日本教育政策学会年報』第二号、一九九五年、四一頁
(44) 堀尾輝久『現代社会と教育』岩波新書、一九九七年、一九四－一九五頁
(45) 日本の教育改革をともに考える会編著『二一世紀への教育改革案　人間らしさあふれる教育をめざして』フォーラムA、二〇〇〇年
(46) 前掲・小川利夫「戦後教育政策と教育制度検討委員会報告」二七頁
(47) 小川利夫「高校の現在を問う視点」東海高等教育研究所『大学と自治』第二五号、一九九八年一〇月、三頁、参照。

第七章　現代日本における教育政策分析の課題と方法

はじめに

本章では、現代日本の教育政策の特徴の一つを新自由主義と規定する見地から、この新自由主義的教育改革に対する教育基本法体制視座からの批判（＝規範分析）の有効性について論じる。なお、本章で教育基本法体制と言う場合の教育基本法とは、二〇〇六年教育基本法改正以前の旧教育基本法を指す。

現代日本を差しあたって、高度経済成長終焉以降に確立された日本型企業社会と開発主義国家[(1)]が解体・再編されつつある時代と把握するならば、そこにおける国家教育政策は日本型企業社会と開発主義国家の解体・再編に照応的な教育制度、すなわち大国主義と新自由主義[(2)]に立脚するところの、国家主義と能力主義とを基本原理とする教育制度の再構築に照準が当てられているものと言うことができよう。ところで、この現代日本の教育政策の特徴は、第一に、「第三の教育改革」として戦後教育改革理念（＝教育基本法体制）の批判と、第二に戦後教育の総決算として「五五年体制」下の教育理念の批判と、この二重の批判の上に構成されていることである[(3)]。それ故、戦後教育改革理念の直接的否定である「五五年体制」下の教育政策批判の基準として有効であった教育基本法体制視座（＝国

図6　「教育改革」の位相

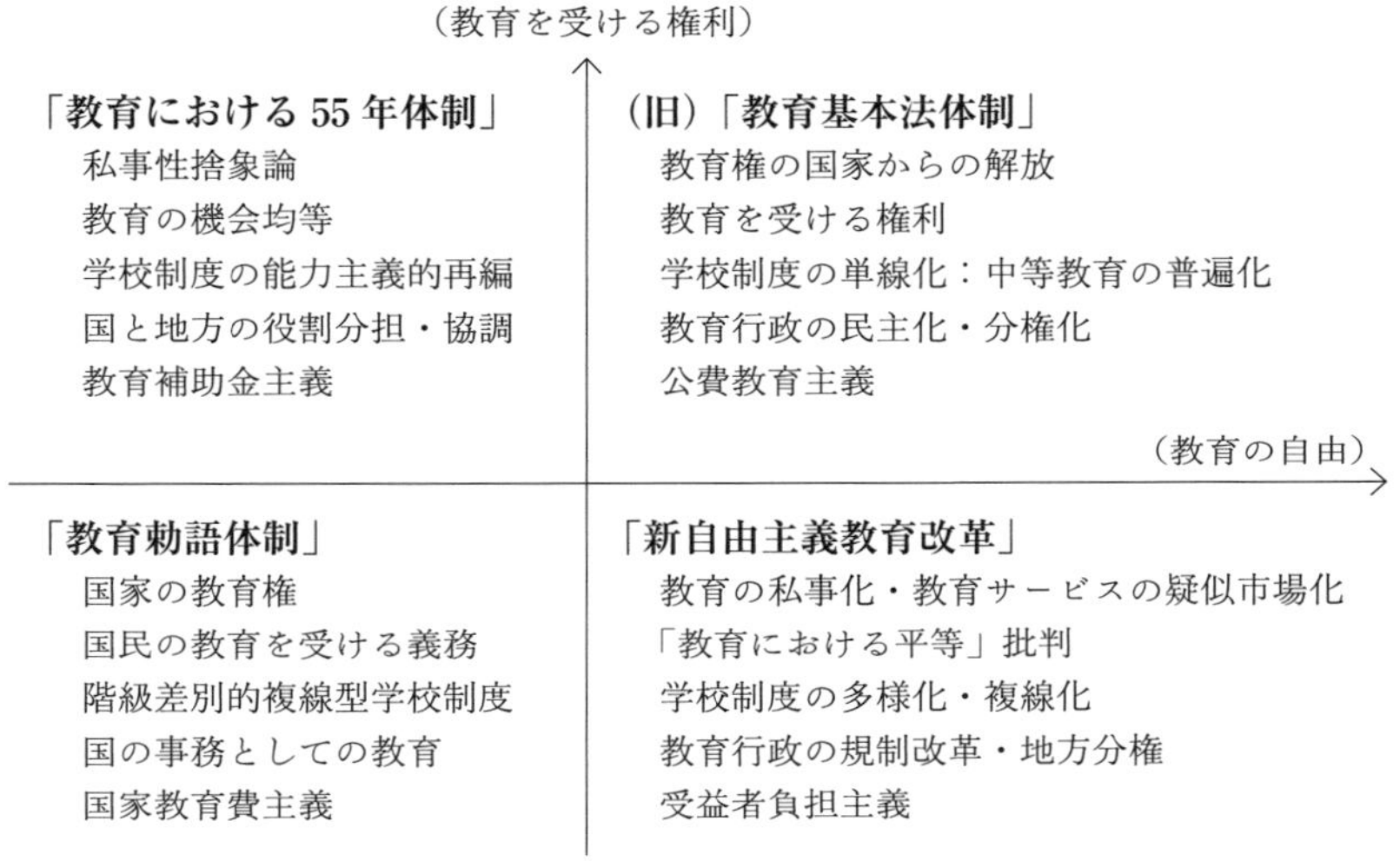

民の教育権論）に対して、現代日本の教育政策批判の視座としての有効性が問われることとなる（**図6**参照）。

一九八〇年代以降に活発化する、「教育基本法体制」[4]の概念を先駆的に提示した宗像誠也の諸説に対する善意の批判と、「五五年体制」下における公教育体制と共に教育基本法体制をトータルに批判していた持田栄一の所論の再評価は、こうした現代日本の教育政策の特質と宗像理論（国民の教育権論）の生成過程に規定された歴史的特質（＝限界）の二つの理由から、その必然性を理解することができる。

ところで、現代日本の教育政策批判（＝規範分析）にとって、教育基本法体制視座（国民の教育権論）は既に有効性を失っているのであろうか[5]。これを言い換えれば、現代日本の教育政策に対置される「あるべき教育政策」は、教育基本法体制を過去のものとして清算した場合、その継承発展させるべき歴史的素材をどこに求め得るであろうか。結論から言うならば、本書では、教育基本法体制視座は現代日本の教育政策批判にとって依然として有効であり、「あるべき教育政策」は教育基本法体制の現代的再生としてのみ強固な歴史的根拠を持ち得ると考える。その理由は、「五五年体制」下の教育政策も現代日本の教育政策も共にその立場が歴史的限定的な資本主義を基底とする権威主義的国家であるのに対し、教育基本法体制の立場は人類普遍の原理による市民社会＝国民主権国家であり、さらに日本国憲法で採用された「民主制」は、未来に開かれた体制だからである(6)。

しかし、このことは、現代日本の教育政策批判にとって従来の分析装置で必要且つ十分であることを意味するものではない。逆に、分析対象である現代日本の教育政策の構造に即して、教育基本法体制の諸原理をより根源的なレベルで捉え直し、国民の教育権論を鍛え直さなくてはならない。検討すべき問題は多岐に亘るが、ここでは若干の論点を整理してみたい。

第一節　国民の教育権論の生成と展開

1　宗像教育行政学と国民の教育権論

戦後日本における国民の教育権論の生成過程において、宗像誠也が先駆的な役割を果たしたことは周知のところである。この国民の教育権論に関する宗像の理論的営為の歴史的特徴は、それが「教育における五五年体制」の生成過程において、「五五年体制」の反省的認識として開始されたということである(7)。換言すれば、教育基本法体制を「五五年体制」へと転換させていく国家教育政策の批判として、その角度から「教育基本法法制」が理念化され、この教育政策批判を支える社会的力の主力として立ち現れた教員組合運動を支える理論的武器として、国民の教育権論が構築されていったと言うことができる(8)。

教育行政学の見地から見た場合、宗像理論の核心は、教育政策の科学的な概念規定にある。教育政策を「権力によって支持された教育理念[9]」と規定することによって、教育行政学は教育法制の解釈学から解放され、教育政策それ自体を学の対象とすることが可能となった。教育勅語体制から教育基本法体制への歴史的転換がこの概念規定を支える根拠であった。ここでは、宗像は徹底したリアリストである。[10]このことは、戦後初期における宗像の理論的営為が、「絶対主義－自由主義－社会主義」という歴史の三段跳び論に見られるように、「教育基本法法制」自体の批判（相対化）にまで及んでいたことからも窺い知ることができる。[11]

しかしながら戦後教育の現実は、宗像によって自由主義的教育政策の体化と把握された「教育基本法法制」でさえも容易に制度として定着し得なかった。のみならず、サンフランシスコ講和前後に始まる戦後教育改革の見直しは、自由主義的教育政策によって一旦は解放された教育権を国家へ再吸収する「五五年体制[12]」へと収斂していった。この教育権の国家への再吸収の過程は、戦前への回帰（逆コース）として、その社会的基礎が封建遺制に求められたことは当時の社会科学の水準に照応的であった。[13]かくして、宗像の「五五年体制」下における教育行政研究の枠組みは、「教育基本法法制」＝「自由主義教育政策」視座からの「五五年体制」批判（＝アンチ教育行政学）と、遅れた国民（父母・住民）と啓蒙的教師の関係を基礎とした国民の教育権論（＝教師の教育権論）によって特徴づけられることとなる。[14]この宗像理論の枠組みが、「五五年体制」下における教育の三悪（勤務評定・学力テスト・教科書検定）に対抗する教員組合運動にとって、一定の有効性を持ち得たことは、爾来の教育裁判においても検証し得る。

しかし、「教育における五五年体制」は、単純な「逆コース」ではなかった。それは、戦後の高度経済成長に連動するところの、対米従属下における戦後国家独占資本主義的教育政策の制度化であって、国民の教育を受ける権利（教育の機会均等）を理念的には承認し、その具体化を推進した。言い換えれば、その限りで国民の教育要求に応えるものであった。それ故、国家の教育権論も理論的には国民の教育権を前提にして、議会制民主主義の手続き論によりその正統性が主張される。それは、ある意味で、理念化された自由主義（教育の国家からの自由）と教師の専門性を根拠にした国民の教育権論（＝教師の教育権論）よりも、リアリティ（国政としての教育）があったとさえ言える。

一方、高度経済成長と、これに規定された教育機会の拡大は、高校の多様化政策と高校全入運動とに象徴されるところの、教育を受ける権利の実現のあり方をめぐっての国家教育政策・行政と国民教育運動との対抗関係を露わにした。ここでは、教育をする権利と教育を受ける権利との統一的把握が要請される。「憲法二六条から出発する教育行政学」、これが宗像理論の最後の言葉であった。(15)

およそ以上のような、宗像の国民の教育権論を教育の信託論の見地から見た場合、父母・住民の学校参加の位置づけが決定的に弱い点に、歴史的限界が現れる。教師が、その信念と教育的専門性に基づく判断によって肯定し得ない教育内容・方法（内的事項）を強制されることはない、という意味で教師の教育権（限）の独立を確立することは、今日なお実践的な課題である。しかし、積極的にどのような内容と方法で教育をするか、ということの決定権は、本源的には国民（父母・住民）にある。この国民の教育権が、どのような制度と手続きによって教師に信託されるのか、という点の解明は、宗像の国民の教育権論では死角になっている。この死角は、「五五年体制」下における国家の教育権論並びにこれを支持する遅れた国民という現状認識と、教育基本法体制の理念の継承者として立ち現れた教員組合運動への過剰な期待とによって生じたものと思われる。

2　国民の教育権論の展開―私事の組織化としての公教育論―

宗像によって先鞭の付けられた国民の教育権論は、その後、兼子仁、堀尾輝久らによって理論的な精緻化と発展が図られてきたと言われる。ここでは、堀尾理論について、それも学習権論と公教育論に限って検討しておきたい。(16)

堀尾の学習権論は、教育をする権利と教育を受ける権利の統一的把握を媒介する理論であると見ることができる。

教育を受ける権利も教育をする権利も子ども（国民）の学習権によって根拠づけられることで、内在的な連関が与えられ、法制的には憲法第二六条第一項によって一元的な保障を主張することができる。と同時に、第二項については、親の教育を受けさせる義務を国家に対する義務ではなく、子どもに対する義務として、すなわち子どもの学習権を保障する親義務の共同化としての義務教育論（公教育論）が対応する。この親義務の共同化としての公教育論は、私事の組織化論とも言われるが、国家的公共性とは異なるいわば市民的公共性の論理を示したものと言うことができよう。[17] この市民的公教育の理念は、ブルジョア社会のユートピアとして生まれ、国家による国民教育を批判する労働者階級によって継承されたとされる。かかる公教育理念の歴史的発展の線上に教育基本法体制が位置づけられた場合、それは未来に開かれた体制の意義を得ることになる。

堀尾理論においては、宗像の国民の教育権論の歴史的限界を乗り越える方向性が示されている。それが教育を受ける権利と教育をする権利の一元論的把握と、教育の信託論の基礎理論たる親義務の共同化論である。しかし、堀尾理論にあってもなお、子どもの学習権を保障する親・住民の教育意思の組織化の制度と手続きは不明確である。すなわち、私事の組織化論は教育基本法体制の理念の一つの理解の仕方としては首是され得ても、日本の近代教育史によって媒介されるべき歴史的内実を欠いている。換言すれば、堀尾理論にあっても、私事の組織化論は教師の教育権を導き出す仮定的論理以上の具体性が与えられていないのである。これは、国民の教育権論が「五五年体制」下の国家教育政策に対する抵抗の理論であったことからくる限界と見ることができよう。[18]

3　「五五年体制」視座からの宗像理論の批判

国民の教育権論は、何よりも国家教育政策・行政の立場から批判を受けた。[19] しかし、この批判は多くの場合、学的な批判であるよりは、剝き出しのイデオロギー的批判であった。ここで取り上げておきたいのは、「五五年体制」視座からの学的な形態をとった国民の教育権論（＝宗像理論）批判であるところの市川昭午の見解である。

教育における「五五年体制」は、一旦は国民に解放された教育権を国家が再吸収し、市民的公共性に基づく民主的公教育の創造を可能とする諸制度（学校自治と住民自治）の解体の上に、国家的公共性に基づく権威主義的公教育として成立したものである。この「五五年体制」視座からの国民の教育権論批判は、何よりも私事の組織化としての公教育論（市民的公共性論）に向けられることになる。

市川によれば、国民の教育権は「教育をする権利」、「教育を受ける権利」、及び「教育主権」の三つからなる。ここで、「教育主権」とは、「主権者たる国民全体が総体として有する権能であって、個人として国民が有する権利ではない」とされる。[20] さて、市川によれば、自由権としての「教育をする権利」は私教育体制の下でこそ保障されるが、社会権としての「教育を受ける権利」が保障される公教育体制の下では、国家によって保障されるところではない。むしろ、「受教育権を保障するためには、多少の差こそあれ国家は教育内容にわたって関与する権能をもたざるをえない。」[21] そして、「この教育内容の大綱的統一をはかる権能は憲法第二六条を持ち出すまでもなく、国家主権に属する。国民教育の基本方針すら決定できないようでは主権国家とはいい難いからである」[22]とされる。こうして、教育を受ける権利の国家による保障によって教育の自由（私事性）は捨象され、文部省も躊躇する「教育主権」なる概念をもって、国家的公共性は公共性一般に還元され、権威主義的公教育が正当化されることになる。

また、親義務の共同化としての公教育論に対しては、「親以外の国民あるいは住民の教育意思をも反映する必要があるからこそ、公教育体制が必要とされ」るのであるから、これらの教育意思を集約できるのは「国あるいは地方自治体とその機関以外にない」とし、これを教育事業体たる学校設置者の教育権とした上で、「主権としての国家の教育権を否定する人々も、私学の教育権を国民の教育の自由の一種として認めている以上、学校法人と同じ意味での教育権を国及び自治体が有することを認めないわけにはいかない」と批判する。[23] すなわち、国民の教育権論における国家的公共性批判を公共性一般に対する否定にすり替えた上で、市民的公共性の主張を自己矛盾として批判するのである。

このように市川は、国家による国民教育を肯定し、公教育における教育の自由を否定する。しかし、この教育の自由の否定がともかくも「教育を受ける権利」の保障によって媒介されている点に、「五五年体制」下における体制的な国民の教育権論批判の特徴を見い出すことができよう。(24)

第二節　能力主義教育と管理主義教育

1　能力主義教育と教育の私事化

「五五年体制」は、一九七〇年代後半に日本型企業社会の確立をもたらし、学校においては能力主義教育が制度化される。

「五五年体制」下における能力主義教育政策は、人的能力開発政策＝教育投資論として展開された。すなわち、画一的な九年間の義務教育を前提として、経済計画に見合う労働力養成を効率的に行なうために、後期中等教育の拡大・多様化（職業高校重視、高等専門学校新設）と理工系重点の高等教育の拡大が計られた。乾彰夫が明らかにしているところによれば、一九六〇年代初頭の経済計画＝教育計画においては多元的能力主義が目指されたにもかかわらず、現実に出現したのは一元的能力主義であった。(25)この区別は、一九八〇年代以降の「教育改革」が多元的能力主義を目指していることを見定める上では重要である。しかしながら、このことは今日の教育の荒廃に対して、能力主義教育政策が負うべき責任をいささかも軽減するものではない。

ところで、一九七〇年代後半以降の教育の荒廃は、一九六〇年代に宗像が描いた教育の荒廃とは様相を異にしていた。一九六〇年代の「勤評・学テ体制」(「五五年体制」)における教育の荒廃は、国家の教育権の下で国家的公共性が強制されることによって引き起こされたものである。宗像誠也は言う。

教育の荒廃はなぜ起こったか。われわれは、その原因は少なからぬ教師の自主性の喪失にあると見る。自主性を失えば教師は退廃する。本気でやる気がなくなるのだ。

自主性のないところに退廃はひろがる。そして教師が退廃すれば教育は必然的に荒廃する。ではなぜ少なからぬ教師が自主性を喪失したのか。自然にそうなったのか、教師の心がけが悪くてそうなったのか。そうではない、とわれわれは思う。それは政府の自主性剥奪のための諸政策の結果である。(26)

これに対して一九七〇年代後半以来の教育の荒廃は、私見によれば、教育の私事化によってもたらされた。この教育の私事化は二重の仕方で進行した。第一に公教育が国家の経済計画によって媒介されているとは言え、私経済に従属し、私的な経済的利益を獲得する手段となることで、憲法の理想(平和理念を組み入れた市民社会)の実現を内実とすべき公共性が溶解していった。第二に、私立学校を含む教育サービス産業の空前の拡大がもたらされた。一般論として言えば、私立学校が公共性と相反する訳ではない。しかし、私事化した国・公立学校を補完する形で拡大した私立学校は、国・公立以上に私事性に貫かれやすいことは容易に了解されよう。

国家の教育権の下で教育が私事化するというのは一つの逆説である。この逆説によって、従来の国民の教育権論は深刻な理論的反省を迫られることになる。

2　管理主義教育と「二つの教育法関係論」（国民の教育権論の内部批判）

この能力主義教育は、二重の意味で管理主義教育をもたらした。第一は、受験体制（社会的選抜機構としての学校）に対応した子どもの能力主義管理、第二に能力主義管理から脱落した子どもに対する権威主義的管理である。教育の私事化は、それが教育の公共性の対立物として現れる限りでは、「子どもの荒れ」として、学校の規律・秩序一般を掘り崩していく。したがって、管理主義教育は、「民主的」な教師をも巻き込んで行くことになる。それは、必ずしも日の丸・君が代教育のように剝き出しの権力的な統制ばかりではなく、一方で一五の春（一八の春）を泣かせない教科指導として、他方で学校の規律・秩序を維持しようとする生活指導として、父母の期待に応えようとする教師の善意（自発性）の発露でもあった。それ故、管理主義教育に対する父母の批判は、従来の国民の教育権論（＝教師の教育権論）ではよく対応できなかった。それは見かけ上、父母と学校（教師）との対抗関係として現れ、したがって親の教育権は教師の教育権（限）に対立するものとして現れる。今橋盛勝の「二つの教育法関係」の問題提起は、かかる事態に対応するものであった。

今橋は一九八〇年代の初頭に、「日本の教育問題、とりわけ、学校教育と子どもの成長・発達の現況は、しだいに病理的様相を呈し始めている」として、受験テスト・偏差値教育、落ちこぼし、学習塾・受験産業、管理主義教育、少年非行・校内暴力・体罰、教科書問題などを例示し、「一九八〇年代は、『高度経済成長政策』が本格的に始まる一九六〇年代とも、教科書検定訴訟の『杉本判決』のあった一九七〇年代とも、明らかに様相を異にしている」として、「国民の教育権」の「法理の有効性と適用限界を見極め、再検討され、再構成されなければならなくなってきている」と問題を提起する。(27)この問題提起の前提になっているのが、「二つの教育法関係」論である。すなわち、「一つは、国・自治体、教育行政機関・学校・教員・社会教育職員という教育関係諸機関内部の機能・権限と責任・義務をめぐる法関係」(第一の教育法関係)であり、いま一つは「国・自治体、教育行政機関と子ども・生徒・学生・父母・住民・研究者・出版社等との法関係」(第二の教育法関係)である。[28] そして、従来の国民の教育権論は、第一の教育法関係に関する法理と特徴づけられ、この国民の教育権論が第二の教育法関係の中で有効であるか否か、換言すればその適用限界が問われるとされるのである。

今橋が提起している論点は多岐に亘るが、ここでは今橋が、能力主義教育と管理主義教育との関連について、『管理主義』教育の本質は、『能力主義』教育によって序列化された位置にいる生徒の学習時及びそれ以外の言動を管理統制し、管理者への従順さを生徒の内面に行為規範としてつくり出すところにある[29]」と的確に把握していたこと、及び従来の国民の教育権論就中教育の信託論の弱点が「父母の教育権・教育の自由の名目性・擬制的概念性の上に構成され、主張されてきたこと、教育の直接責任制を担保する独自の教育制度が学校と教師・父母との間に存在せず、また構想・追求されないままに、『国家の教育権』と対峙し、『議会制民主制』『間接的教育責任制』を批判してきたことの問題性・観念性[30]」にあることを指摘していたことのみ確認しておく。

能力主義教育は、国家独占資本主義の教育政策としては、先進諸国に共通する性質のものである。しかし、差別と選別の能力主義教育の論理は資本の剝き出しの論理であるが故に、市民社会における自由と平等の論理は能力主義教育に対しては抑制的に作用する。それ故、西欧先進諸国にあっては、初等・中等教育段階における能力主義的競争を抑制することが国家教育政策に内在化されているように思われる。これに対して、日本においては、能力主義教育政策が資本の論理(競争原理は人間原理)とストレートに結びつくことで、「下からの能力主義[31]」を呼び起こし、制御不能になっている。教育の病理もここに根因があるものと考えられる。そうであってみれば、能力主義教育・管理主義教育を克服していく道筋は、市民社会の論理を媒介とする公教育の再構成でしかあり得ない。学校参加論が、父母・住民の要求としてのみならず、国家教育政策にも反映されてくる一つの根拠はここにあるものと言えよう。

しかし、その際の問題は、能力主義教育・管理主義教育が「下からの能力主義」に支えられている場合、父母の教育権を実効あらしめ、父母・住民の学校参加が実現してその比較多数意思が学校教育に反映されたとしても、能力主義教育・管理主義教育の是正されることが約束されている訳ではない、ということである。言い換えれば、今橋理論が当面していた問題状況は、能力主義教育・管理主義教育によって教育人権あるいは一般的人権が侵害されていることに自覚的な比較少数の父母・子どもの人権をいかに救済するかということであった。それ故、今橋の父母・住民の学校参加論は、実証レベルにおいては、自覚的に、教育創造的な参加論ではなく、人権侵害救済的参加論に止められていたものと思われる(32)。

第三節　新自由主義と宗像理論批判

1　新自由主義の教育改革論

一九七〇年代後半に出現した教育の荒廃（＝教育の病理）は、支配層（日本独占資本）にとっても放置し得ない事態であった。第一に、教育の病理に対する国民の不満は、放置すれば能力主義教育批判、さらに体制批判にまで行き着くであろうからである。第二に、「下からの能力主義」は、経済的に見た場合、教育投資の莫大な空費を生み出すからである。以上の支配層の観点から打ち出される第一の対応は、「下からの能力主義」（＝横並び意識と過度な受験競争）批判である。一九八〇年代以降に繰り出される偏差値教育批判、業者テストの規制、塾通いの自粛要請、新しい学力観、そして猫の目代わりの入試改革は、こうした系列の教育政策であると見ることができる。対応の第二は、受益者負担主義による行政サービスの抑制、公財政支出教育費の節減・合理化による公教育のリストラ、及び学校体系の複線化である。

かかる教育政策は、国家の教育権に基づく画一的な義務教育並びに「福祉国家論」に基づく公教育の拡大を推し進めた「五五年体制」下の教育政策とは位相を異にする。すなわち、それは「福祉国家論」の否定の上に立つところの新自由主義教育政策である。この新自由主義教育政策は、教育の私事化を極限にまで推し進めるものの如きである。しかし、ここで注意しておくべきことは、国民の側に押しつけられる教育の私事化は、必ずしも国家的公共性とは矛盾しないことである。行政サービスであれ民間サービスであれ、どのようなサービスを選択するかは国民の私事（受益者負担）であるとされる。しかし、提供される教育サービスの内容については国家の規制を受ける。この規制は、教育サービスの疑似市場化にとって、不可欠の装置である。したがって、ここでの学校参加は、選択の自由に矮小化され、しかも自由には自己責任が伴うものとされる一方、教育サービス内容の最終的な決定権限は学校（設置者）側に留保されているのである。

こうした新自由主義の見地から、一方では「五五年体制」下の「過度な」国家的規制に基づく画一的教育批判と教育基本法体制における個性尊重の理念の再評価が行われ、他方で義務教育の縮小論に典型的に現れてくるように、「教育を受ける権利」が「結果における平等」を求める誤った教育の機会均等論として事実上否定されることになる。教育の自由化と教育における平等批判を軸とする新自由主義の教育政策は、見かけ上教育基本法体制視座よりもラジカルな「五五年体制」批判である。しかし歴史的に見れば、教育における平等批判は、反生産力的・反動的な主張であることは明らかである。

2　「実践科学としての教育行政学」論（宗像理論批判その一）
――近藤正春『科学としての教育行政学』（一九八八年）――

教育の私事化と教育を受ける権利の否定は、宗像理論が知らない問題である。宗像誠也が国民の教育権論で批判の対象にしたのは国家の教育権であり、国家的公共性であったと言うことができる。親の教育権、さらに堀尾輝久によって定式化された教育の私事性論は、教育を受ける権利を所与のものとした上で、安んじて「五五年体制」下の教育政策批判の武器とすることができた。しかし、日本の近代公教育は古典的な自由主義段階を経ることなくいわば初発から国家的公教育として展開されてきた。それ故、「五五年体制」下における能力主義教育政策の一つの帰結として出現した教育の私事化によって、教育の私事性論の仮定的性質が浮き彫りにされる一方、私事の組織化（再組織化）が公教育再生の現実的な課題として国民と教職員に日々迫ってくることになる。

現代公教育としての私事の組織化は、教育行政による媒介を必須とする。この場合、現代日本の公教育における教育の私事化が国家の教育権の下で進行している以上、私事の組織化を媒介し得る教育行政は権威主義的教育行政ではあり得ない。それは民主主義的教育行政として、国民と教職員の参加を不可欠とするところの分権的な構造であることが求められる。かかる民主主義的教育行政は、「五五年体制」下にあっても革新自治体下の地方教育行政や民主的な私学経営において、一定の現実的可能性が存在したが、新自由主義教育改革の下では、一層切実な実践的課題となる。しかし、アンチ教育行政学はかかる実践の指針たり得ない。近藤正春『科学としての教育行政学』（一九八八年）における宗像理論の再検討と、新たな分析装置の創造的提起は、このような課題に応えようとするものであったと言える。

すなわち、近藤によれば、一九八〇年代は一九五〇年代に次ぐ戦後教育の「大きな転換期」[33]であり、臨教審答申に示された改革構想は、二重の意味で教育行政のあり方を問い直す必要性を提起しているとされる。第一に、国家の諸機能の構造的再編成が目指される中で、教育行政は「イデオロギー機能を担保するという側面においては、国家を教育的価値として肯定し、そのことのために必要な規制や統制は維持・継続しつつも、他方、教育の実際の経営においては、国家による権力的規制行政を緩和し、分権化するという矛盾を内包」することになるが、「様々に矛盾を含みつつ分権化された教育行政システム」においては「それぞれの機関の政策的力量」が問われることである(34)。第二に、分権化された教育行政の下では教育経営における教育行政の機能は相対化されることになるが、企業社会の現実にあっては、「父母、住民、教師の受動性を克服しえず、『企業の権力』による教育支配の再編成の過程が進行」するため、「あらためて教育の『公共性』が問題とされ、教育行政のあり方、その責任が問い直される」ことである(35)。このように、近藤は一九八〇年代の教育行政と教育行政学が当面する問題を極めて的確に把握する。その上で、宗像教育行政学の批判的検討を通して、次のような分析装置を提示している。やや長くなるが、独創的な見解として紹介しておきたい。

教育行政は、教育意思の社会的矛盾、対立を調整し、解決し、統合することによって、教育の組織を統一的に編成（再編成）し、運営しようとする権力の機関による教育意思の形成とその実現のための実践の総体である。

教育運動は、教育意思を社会的に統合し、その実現をめざす実践の総体である。

教育運動という形態をとって教育意思の社会的矛盾、対立が顕在化するといえるが、社会的教育意思は支配的には、権力の機関の教育意思の中に自覚的であれ、無自覚的であれ（明示的であれ、非明示的であれ）統合されているといえるので、権力の機関の意思として反映されず、否定され捨象された教育意思の表現形態として教育運動が一般的には存在しているといえる。その意味で、教育行政と教育運動は、矛盾、対立、相互規定、相互浸透という弁証法的関係にあることが理解される必要がある。

教育政策は、社会的合意をめざして具体化された教育意思の体系として概念規定しておきたい。教育行政と教育運動は、教育政策の二つの異なる実現形態ともいえるのである。逆にいえばすでに述べたように、教育政策は、教育行政と教育運動の内容規定ともいえるのである。教育行政と教育運動も、自らの教育意思に基づく社会的合意を実現しようとする場合、法的規範を媒介としてその正統性、普遍性、公共性、を主張しうるといえる。したがって、教育政策は法的規範との整合性を求められることになる。(36)

この近藤の教育政策に関する概念規定は、三輪定宣によれば、①公権力、国家の教育政策に限定する説、②諸階級・諸階層の教育要求実現の方策とする説、③国家の他の団体等の多様な教育政策を認める説の中、③に属するものと評価されている。(37) 近藤が提示した諸概念を細部に亘って検討することは本章の課題ではないが、総体として、自治体・学校法人レベルでの実践的課題をよく理論化し得ていたように思われる。

しかしながら、このような近藤の概念規定は、国家の次元での教育政策・教育行政を主たる対象としている宗像理論とは射程を異にしている。眼前に展開されている教育政策が種々の社会的諸力によって規定されていることは近藤の指摘する通りであるが、宗像理論の核心は、かかる錯綜した教育政策の現実の中にあって、支配的な教育政策をその純粋な理念において把握する点にある。翻って、教育政策を(国家)権力によって支持された教育理念に限定する概念規定が実践的でないとする近藤の理論的射程においては、民主的政府によって実現されることが期待される「あるべき教育政策」の構想もまた十分に捉えることができないのではなかろうか。

3　「教育行政＝制度」論（宗像理論批判その二）
―黒崎勲『教育行政学』（一九九九年）―

宗像誠也及びその後継者による国民の教育権論は、国家権力による教育支配の限度を画する理論である。それ故、その理想状態においては、国家権力による教育の内的事項に関する規制は零であることが望まれる。しかし、企業社会において国家教育政策に求められたのは、資本の論理が公教育に持ち込まれることを規制することである。

この点で、国家主義教育政策批判と能力主義教育批判とは、政策批判の論理を異にする。前者では権力的規制の過剰（強い国家）が、後者では民主的規制の過少（弱い国家）が問題である。ここでもアンチ教育行政学は、実践的な壁に突きあたることとなる。国家教育政策を諸悪の根源とする思惟においては、能力主義教育によってもたらされる教育の荒廃は、能力主義教育政策の結果である。しかし、「五五年体制」下の能力主義教育政策は公教育を資本の論理に適合させるものでしかなかった。これに対して新自由主義教育改革は、市民社会の論理による公教育の規制をはずすのみならず（教育の自由化、規制緩和）、資本の論理と公教育をストレートに結びつけていくこと（規制改革と疑似市場の創出による私事の強制）がその本質的な一側面となる。したがって、能力主義教育による教育の荒廃を克服していく展望は、資本の論理が公教育に侵入する経路を規制すること、換言すれば市民的公共性に基づく国家教育政策を要請する。ここでは、国家権力の介入を排することでもたらされるべき市民社会と公教育との予定調和ではなく、国家の介入による公共的規制（制度的整備）を通して、資本の論理と公教育の間の矛盾（能力原理と平等原理の矛盾）に一定の運動形態を与えることが求められる。黒崎勲による「教育行政＝制度」論の問題提起は、ここに根拠を得る。

近藤正春による宗像理論の批判は、基本的には宗像教育行政学を中軸とした戦後教育行政学の創造的発展を目指すものであったと言うことができる。これに対して、黒崎は「アンチ教育行政学」を「神話」[38]としてその現代的有効性を全面的に批判し、全く新しい研究の枠組みの必要性を主張する。それが「教育行政＝制度」論である。黒崎によれば、内的事項・外的事項区分論に集約されるアンチ教育行政学は、教育問題の主要な原因を教育行政活動に求める一方、「教師の自由な教育活動に対する絶対的ともいえる信頼を前提」としているものとして特徴づけられる。[39]そして、今日のほとんどの教育問題は「教育政策によって、あるいは国家による教育の自由の抑制によって、直接に引き起こされているのではな」く、例えば、「いじめ・体罰・不登校などの諸問題、さらに学歴社会・受験競争の問題さえも、これを教育の権力統制の結果とすることは、相当に無理」があるとされる。[40]すなわちこれらの教育問題に示されているのは、教育が「市民社会のメカニズム、その力学に支配」されていることであり、現実の「文部行政にも教育委員会の行政にも、教育の現状を支配し、規定し、『教育をほしいままにする』（宗像誠也―引用者）ような力は存在しない」とされる。[41]こうして、黒崎は「教育行政＝制度」研究の課題を次のように提示する。

　教育が市民社会において肥大化し、すでに教育行政によって管理しえなくなっていることは明らかである。公立学校の威信は、大きく傷ついている。こうした事態を前にして、教育行政＝制度論はもはや、専ら国家による教育統制に対抗するために教育と教育行政との区別と分離を説くことに終始するといったものではあり得ない。市民社会の力学のなかでの教育の動態を分析し、その動向に対応した効果的な教育行政の活動が、どのような教育の動向を生み出し、どのように結果するかは、単純ではない。効果的な教育行政とはなにを指すのか、そうした教育行政活動を正当化する新たな平等や公共性の概念とはいかなるものか。教育行政＝制度研究は新たな飛躍の時期に来ている。[42]

今日の教育問題が、国家教育政策の直接の帰結であるよりは、権威主義的国家教育政策によっても制御不能となっている社会の力学に規定されていること、したがって、教育と社会との関係のリアルな認識（科学的分析）に基づいてこの関係を統御することが一九八〇年代以降の教育行政には求められること、およそ以上のように黒崎の問題提起をまとめることができるとするならば、それは一九八〇年代の公教育が直面していたところの能力主義教育による教育の私事化という事態に対応すべき教育行政の新しい課題の性格をよく言い当てているものと評価し得る。そして、黒崎が能力主義の問題を理論的に解明すべく精力的に取り組んできたことも、その必然性が了解されるところである。

しかしながら、本書の見地では、「企業社会」の下における教育行政の問題点を資本の論理が公教育を直接に規定することに見い出し、企業社会と公教育の関係を市民社会の論理によって規制することに教育行政本来の課題があったと見ている。この場合、市民社会の論理は、国民の教育権論の継承発展、換言すれば「教育基本法体制」の理念の現代的再生に求められる。これに対して、黒崎にあっては、市民社会と「企業社会」とが区別されておらず、「市民社会」の力学による教育の支配が問題とされる一方、国民の教育権論に基づく教育政策批判（＝規範分析）の有効性が否定される。というよりも、黒崎にあっては、「市場原理」が積極的に肯定されるため[43]、「企業社会」と教育の関係を規律すべき規範を積極的に提示することができないでいたように思われる。

4　持田理論の再評価

宗像理論の批判においては、持田栄一の理論がしばしば再評価される。しかし、ここには、国民の教育権論に対する批判の角度をしばしば誤らせかねない微妙な問題が含まれているように思われる。

持田理論においては、教育の私事性が、近代公教育の本質的属性であると同時に、社会的共同性の対立物として、近代公教育の限界を画する原理として措定されている。すなわち、教育基本法体制における教育の私事性は、本質の次元において現代公教育（「五五年体制」）をも貫いていると見ていた。それ故、持田にとっては現代公教育体制（「五五年体制」）下における教育の私事化は、近代公教育の理念の現実の姿に他ならない。したがって、現代公教育体制（「五五年体制」）は現実化した教育基本法体制なのである。(44)

このように「五五年体制」下における教育の私事化を理論化し得るという点では、持田理論は宗像理論とその継承者において示された限りでの国民の教育権論の歴史的限界（私事の組織化論の仮定的性格）に一定の照明を与えるものである。ところで、「五五年体制」下における教育の私事化は一方で国家的公共性の強制の下で起きており、他方で私事の組織化を通して市民的公共性に至る経路が遮断されたところで起きている。換言すれば、教育の私事化は公共性の解体として起きている。しかし、教育の私事性を教育の共同性一般の敵対的対立物として措定する持田理論においては、この点を分析的に追求することができない。それ故、教育基本法体制は、教育の私事化を克服する持田の展望においては変革の対象とされたのである。

持田の民主国民教育論批判の核心をこのように理解した場合、持田理論が「今日の教育行政学についての個別的な問題提起としては十分に検討に値する知見が提出されている(45)」という評価は首是し得るにしても、持田理論に「戦後教育行政学の総括のうえに立った統一的な教育行政学の理論提示の可能性(46)」を見るのは、少なくとも国民の教育権論の創造的発展を目指す立場においては、過大評価であると思われる。

この持田による民主国民教育論批判に対しては、改めて私事の組織化としての公教育論が対置されなければならない。しかし、この私事の組織化論がリアリティを得るためには、市民的公共性を創造するための父母・住民の学校参加を制度化するに止まらず、教育の市民的公共性を解体する資本の論理を規制するための国家教育政策と教育行政の契機を国民の教育権論にとって不可欠の構成要素として組み込んでいくことが必要である。「企業社会」の下における教育の私事化が、この課題を国民の教育権論に対して提起していた。

ところで、この現代公教育において求められる教育行政の積極的な役割に関わって、黒崎も、アンチ教育行政学とは異なり、夙に持田が、子どもの教育を受ける権利の保障のために「教育行政を教育の論理によって否定するのでなく、現代教育の論理にみあうように教育行政の構造を改良していく(47)」という課題を提起していたとして、高く評価している(48)。しかし、このような課題自体は、憲法第二六条から出発する教育行政学もまた共有するものであろう。問題は、繰り返しになるが、持田の「現代教育の論理」の理解にある。

黒崎勲も指摘しているように(49)、持田理論は、大学紛争を画期として一つの転換が行なわれ、一九六〇年代における持田の「現代教育の論理」の理解と一九七〇年代のそれとは様相を異にしている。すなわち、一九六〇年代においては、近代公教育が教育の私事性を内包しているという点で、私教育との連続性を持つものとしてその限界が指摘される一方、現代公教育には「正しく国民の共同利益・共同事業として組織し運営」されることが期待されている(50)。そして、教育基本法第一〇条も、子どもの教育を受ける権利を保障するという見地から、価値中立的・技術的な単なる「条件整備としての教育行政」ではなく、「教授＝学習過程」の「中核にくい入って(51)」くる「福祉行政としての教育行政(52)」の規定として理解すべきことが主張される。これに対して、一九七〇年代においては、現代公教育は近代公教育の「再編」にすぎないものとして教育の私事性は止揚され得ないとされ、したがって教育基本法体制は「変革」の対象とされる(53)。いずれにしろ、持田にあっては、教育の私事性は教育の共同性（公共性）と相容れない。この点については、堀尾輝久がかつて次のように批判していたことを紹介しておこう。

> いわゆる私事性論は私事の組織化、親義務の共同化（具体的には、学習の組織化・集団化、父母の教育要求の組織化）の中に、私事の変質と新しいパブリックの成立を予想するものであり、ここでは私事性は公事（ないしは共同利益）と対立するものとしてとらえられてはいないのです。その内容は実質的には、持田氏の『国民の共同利益』と重な

るものだと思うのです。かつまたそれは、今日の基本的対立点が独占資本対国民であるという観点（階級的視点）を前提とするものです。ただし、もし、持田氏が『国民の共同利益』を国民ひとりひとりの真実の利益の総体とは別に、これを越えたものとして把握されているとすれば、それは悪しき公共福祉論へ道をゆずっているといわねばなりません。(54)

持田の「悪しき公共福祉論」の実体は、理念化された旧ソ連・中国型「社会主義」であったものと思われる。この持田理論のイデオロギー的性格によって、宗像理論の歴史的限界を照射する持田理論の正当な評価が妨げられてきたことは惜しむべき点である。その意味で、持田理論の再評価は歓迎されるべきであるが、そのためには周到な理論装備（唯物論の深化）を必要としよう。(55)

第四節　新自由主義の破綻と教育財政

1　新自由主義教育政策の諸段階

新自由主義教育政策のキーワードの一つである「教育の自由化」論は、早くは、日経連能力主義管理研究会『能力主義管理――その理論と実践』（一九六九年）に登場する。すなわち、「従業員に対して、能力開発のための開発機会を与える」という文脈の中で、次のように述べられていた。

最近、企業としては、機会の提供は行うが、その参加は、従業員の自由選択に任せる方向へ変わりつつある。(56) これを「教育の自由化」というが、これに伴い、訓練費用、時間など、負担関係も相当に変化して来よう。

いま、この労務管理としての能力主義管理における「教育の自由化」を歴史的にどのように評価すべきか、という問題を検討する余裕はない。したがって、ここでは、この事実だけを確認しておくに止めたい。

さて、世取山洋介によれば、日本における新自由主義教育改革は、次の三つの段階に区分される。

第一段階は、臨時教育審議会から世紀末まで

第二段階は、世紀末から教育基本法改正まで

第三段階は、教育基本法改正後

第一段階の特徴は、「『市場』原理に基づく改革はそれほど進んでいたわけ」ではない点にあり、臨時教育審議会の設置に起点が求められるものの、具体的には一九九〇年代初頭の学習指導要領の改訂から開始され、中高一貫中等教育学校の法制化（一九九九年）が最も大きな成果で、「市場」を基礎とする新自由主義改革は、文部省初等中等教育局長通知「通学区域の弾力的運用について」（一九九七年一月二七日）の発せられるのがせいぜいであったとされる。[57]

第二段階は、小淵恵三総理大臣（当時）の私的諮問機関であった「二一世紀日本の構想懇談会」（最終報告「二一世紀日本の構想」二〇〇〇年一月一八日）及び教育改革国民会議（最終報告「教育改革国民会議報告――教育を変える一七の提案」二〇〇〇年一二月二二日）によって改革のモメントが生み出されたとされる。[58]そして、第二段階を特徴づけることがらとして、新自由主義教育改革が「契約」を基礎とするものとなり、経済財政諮問会議が推進力となって、内閣府ないし内閣官房に設置された本部・会議の監視・評価の下に文部科学省が置かれ、行政権最後部からのシステマティックな圧力の下に文部科学省が実行していった点が挙げられている。[59]そして、この第二段階の最大の成果は、国立大学法人法の制定（二〇〇三年）で、初等中等教育については、職員会議の補助機関化（学校教育法施行規則改正二〇〇一年）、学校評議委員制度の導入、小中学校の学校設置基準の制定（二〇〇二年）にあたっての「学校評価制度」の導入、教育評価制度としての不適格教員の排除（地方教育行政法改正二〇〇一年）、義務教育費国

庫負担法改正（二〇〇六年）による国庫負担割合の二分の一から三分の一への引き下げなど、「文科省の従来の主張と整合的である場合にかぎって、アド・ホックに、そして穏やかに個別法改正及び個別施策の導入という形で実行されていった」とされている。(60)

第三段階は、初等中等教育改革の進行をさらに展開していくためのモメントとして、経済財政諮問会議に提出された民間議員ペーパー「人間力の強化に向けた教育改革――我が国の将来を担う次世代の育成強化のために」（二〇〇五年六月）が措定され、教育基本法改正（二〇〇六年）によって、内閣府に教育振興基本計画策定権限が与えられると共に、文部科学省には、全国一斉学力テストの実施権限が正当化される。また、第一次安倍晋三内閣の時に設置された教育再生会議は、教育基本法改正を受けて学校教育法改正を提言し、これに促迫された学校教育法改正（二〇〇七年）で、文部科学省に「教育課程」（「教科」ではなく）の決定権限が与えられると共に、学校に文部科学大臣の定めるところにより学校評価を行う義務が課せられることとなった。さらに、校長、教頭、教諭のほかに、副校長、主幹教諭、指導教諭の三つの職を新設し、学校の重層構造を決定づけ、免許更新制度の導入により教職の専門職としての地位を大幅に低下させることに成功した、とされている。(61)

この世取山の段階規定は、世取山が描く新自由主義教育改革の全体像を前提とするものであるが、いまそこまでは立ち入らない。問題は、二〇〇九年の「政権交代」と二〇一二年の政権再交代とをどのように段階づけるか、ということである。

2　新自由主義没落・自壊の弁証法

筆者は、かつて（二〇〇〇年）、「新自由主義没落の弁証法」を論じたことがあった。(62) これは、専ら二宮厚美の諸論に依拠したものである。(63) その二宮は、ほぼ一〇年後に新著を公刊し、新自由主義に対する理論的決着は、既に一〇年前につけていたこと、しかしそれは実践的決着とは異なることを指摘している。[64] そして、二宮は、新著の中で、「新自由主義破綻の弁証法」を論じている。その要点を示せば次の通りである。

第一は、新自由主義が往生を遂げて納まる墓掘人を自ら育てている、ということである。この場合、墓掘人とは「新自由主義ノー」「構造改革ノー」の声をあげる国民である。（中略）

第二は、新自由主義が自ら墓穴を掘ることになる弁証法である。いわば、新自由主義自壊の弁証法である。これを物語るのが、小泉政権以来の構造改革の破綻である。[65]

一〇年前に二宮が示したのは第一の弁証法であった。その意味で、二宮が第二の弁証法を語るのは、新自由主義改革（＝構造改革）が「破綻」したという新自由主義諸改革の新たな段階認識に基づいている。

第一の弁証法（新自由主義没落の弁証法）は、二段階で進行中であると言うことができる。第一段階は、民主党（二〇〇三年九月に菅直人民主党と小沢一郎自由党が合併した以降の民主党）が小沢民主党（二〇〇六年四月）になって一大変身（「構造改革」急進から「反構造改革」へ）を遂げ、[66] 二〇〇七年七月の第二一回参議院議員選挙で六〇議席を獲得して大勝し、参議院で与野党の逆転を果たした時期に始まる。しかし、小沢は、二〇〇九年三月に西松建設献金問題で公設第一秘書が逮捕・起訴され、迫る総選挙への影響を避けるため、五月に代表を辞任して、鳩山由紀夫が代表の席に着いた。その鳩山代表の下、「民主党マニフェスト二〇〇九」を掲げて行なわれた二〇〇九年八月の衆議院選挙で民主党は大勝し（三〇八議席）、「政権交代」が実現した。しかし、その鳩山も、「政治と金」「普天間基地代替施設移転問題」で鳩山政権に対する求心力が急降下して、任期途中で辞任し、二〇一〇年六月に菅直人が代表に選ばれた。菅政権では、政策課題として、「戦後行政の大掃除の本格実施」「経済・財政・社会保障の一体的建て直し」「責任感に立脚した外交・安全保障」の三つを掲げ、中でも「経済・財政・社会保障の一体的建て直し」を「第三の道」と特徴づけた点が注目されるが（二〇一〇年六月一一日衆議院所信表明演説）、「民主党マニフェスト二〇〇九」との整合性は必ずしも明らかではない。そして、第二二回参議院議員選挙のために発表した「民主党マニフェスト二〇一〇」では、早くも「民主党マニフェスト二〇〇九」の修正が行われ、社会保障分野での後退が見られると共に、教育政策分野での抽象化が際立っている(67)。さらに、法人税率引き下げと抱き合わせで「消費税を含む税制の抜本的改革に関する協議を超党派で開始」することが明記された。これは、民主党の新自由主義的側面が強められたことを意味しよう(68)。

菅政権が、第二二回参議院選挙（二〇一〇年七月）で惨敗して与野党が逆転した下で、公約にもなかったＴＰＰ（環太平洋経済パートナーシップ協定）を「第三の開国」と称して、その締結協議参加に前のめりになった頃、二〇一一年三月一一日に東日本大震災が襲った。大津波の大規模被害に福島原子力発電所のメルトダウン（炉心溶融）という未曾有の事態に対する菅政権の対応は、一方では不十分な情報公開という点で国民の不信を招き、他方では脱原発政策への舵取りが「原子力ムラ」（原子力発電業界の産・官・学ネットワーク）の逆鱗に触れて、辞職に追い込まれた。菅政権を受け継いだ野田佳彦政権に至って、民主党のマニフェスト政治は中途に終わり、公約違反とも言える消費税増税へ進む姿勢を見せたことにより、二〇一二年末の解散総選挙で壊滅的とも言える敗北を喫した(69)。これに対して、自由民主党が過半数（二九四）を獲得するばかりでなく、公明党の三三議席と合わせると衆議院再可決が可能となる三分の二を超える三二五議席となり、政権を奪還した。こうして、民主党政権が、「新自由主義ノー」「構造改革ノー」の声を受け損なったことで、第一段階はひとまず終熄する。

第二段階は、自民・公明連立の第二次安倍晋三内閣が成立した時に始まる(70)。時あたかも経済は回復基調にあり、安倍内閣はいわゆる「アベノミクス」の宣伝によって高い支持を得つつ、第二三回（二〇一三年）参議院選挙でも圧勝し、いわゆるねじれ国会をも解消して、再び大国主義的・新自由主義的政策を推進すると共に、憲法改正をも目指すこととなる。(71)因みに、消費税増税延期の是非を問うと称して行われた二〇一四年一二月の解散総選挙でも、与党の自民党が単独で絶対安定多数の二六六を超える二九一議席を獲得し、公明党も現行制度下で最多の三五議席を獲得して、引き続き合わせて議席数の三分の二以上を維持した。こうした国会における安定的な立場の下で、第二次安倍政権は、憲法第九条において集団的自衛権は禁止されているという従来の政府見解を変更し、自衛隊の海外での武器使用を可能とする「平和安全保障法制」を成立させた。しかし、そのことが、国民の中に立憲主義否定の危機感をつのらせ、一強他弱の政党配置の下、憲法第九条、立憲主義、民主主義擁護の市民運動が立ち上がり、第二四回参議院議員選挙（二〇一六年七月）において、これまでにない野党の選挙共闘が実現した。その結果、おおさか維新の会などを除く野党（民進党、日本共産党、社民党、生活の党と山本太郎と仲間たちなど）は四四議席を獲得して、前回（二九議席）に較べると五割増しとなり、憲法改正発議を阻止し得る三分の一議席確保には届かなかったものの、野党共闘の威力を示した。今後は、来たるべき総選挙に向けて、四野党共闘の枠組みに立脚した政権構想を成熟させることができるか否か、が問われることとなろう。

第二の弁証法（新自由主義自壊の弁証法）は、「新自由主義が呼び起こした経済危機によって、新自由主義的構造改革自身が自壊の道に向かうという展開(72)」であるとされている。小泉純一郎内閣（二〇〇一年四月〜二〇〇六年九月）の残した「骨太の方針二〇〇六」（「経済財政運営と構造改革に関する基本方針二〇〇六について」二〇〇六年七月七日閣議決定）では、「成長力強化と財政健全化の両方を車の両輪」にした「経済・財政一体改革」を全面に掲げていた。この「経済・財政一体改革」が「格差社会」（階級的格差、階層的格差、産業間格差、地域間格差等）を増幅させたことは、ほぼ明瞭である。

さて、第二の弁証法も二段階で進行中であると言えよう。第一段階は、構造改革によって増幅された、グローバルな金融資本の「自由」な運動が、「二〇〇六年半ばをピークにしたアメリカの住宅バブルの破裂とその後の住宅価格の下落」を起点とし、(73)二〇〇八年九月半ばのリーマン・ショックで顕在化した「百年に一度」(74)の金融・経済危機を招来したことに始まる。このリーマン・ショック後の世界同時不況（金融恐慌）が、日本では過剰生産恐慌となって現れたことで、新自由主義に基づく諸改革が、日本経済を新たな成長軌道に乗せることのできなかったことが明らかとなった。また「骨太の方針二〇〇六」の「財政改革」は、「歳出・歳入一体改革」として構想され、「二〇一一年度には国・地方の基礎的財政収支を確実に黒字化する」ことを目標としていた。しかし、「百年に一度」の経済危機は、税収の減額と追加的な財政出動を余儀なくされ、二〇一一年度の基礎財政収支黒字化の達成は、画餅に帰した。これらのことは、二〇〇九年の「政権交代」の背景要因にもなったと言えよう。

　第二段階は、政権再交代後のアベノミクスの展開に始まる。「三本の矢」からなるとするアベノミクスとは、経済政策と財政政策に金融政策を加えたパッケージである。アベノミクスの第一の矢は「大胆な金融政策」（マネタリズム）であり、第二の矢は「機動的な財政政策」（ケインズ的財政出動）、そして第三の矢は「民間投資を喚起する成長戦略」（新自由主義）であった。このアベノミクスは、「世界で一番企業が活躍しやすい国」を目指すとされ、小泉構造改革の破綻に対する反省は微塵も見られない。ところで、アベノミクスの目新しさは、「大胆な金融政策」にある。日本は既に一九九〇年代初頭のバブル経済崩壊以来、大幅な金融緩和を行なってきた。したがって、今次の金融政策は、「異次元の金融緩和」で、日銀が国債の買い付け等によりベースマネー（現金＋日銀当座預金）を二倍にし、消費者物価二パーセントのインフレ率目標を二年間で達成して、デフレから脱却するという「大胆」なものであった。このリフレ政策により、円安・ドル高が進み、日経平均株価も二倍以上（二〇一一年八四五五円三五銭→二〇一五年一万九三三円七一銭）に上昇した。また、円安効果で多国籍企業の収益が過去最高を更新した。このことは、法人税の増収につながり、近年（リーマン・ショック以降）にない税収入の増加が見られる。しかしながら、円安は輸入価格を押し上げて日常生活を圧迫し、株高の恩恵にあずかるのは一握りの投資家で、企業収益の著増も内部留保を増やすだけであり、国内の設備投資や賃金の上昇にはほとんど結びついていない。こうした中で行なわれた二〇一四年四月の消費税率引き上げ（五→八パーセント）は、益々国民の実感を政府報道の「ゆるやかな景気回復」から乖離させるものとなっている。二〇一六年に入って、円高・株安傾向が見えると、日銀は、同年二月からマイナス金利政策を導入したが、その効果は一時的で、銀行はもとより国民の不信感を増幅させるものとなっている。元来、物価は安定していた方が、国民生活にとっては益が多い。インフレターゲットというのも、インフレ下でインフレ率を抑える政策であってこそ意味がある。デフレ下のインフレターゲット、そのための日銀による国債買い付けが年間八〇兆円で、しかもマネーストック（金融機関から経済全体に供給されている通貨の総量）の増加や物価上昇の効果は極めて限られている、となると、この「異次元の金融緩和」の実態は日銀の国債引き受け（財政ファイナンス）と見るのが相当であろう。(75) 日銀の黒田東彦総裁は、二パーセントのインフレ率の達成まで「異次元の金融緩和」を続けると言い続けている。これは、事実上、出口戦略のない金融緩和策である。(76)

そして、第三次安倍内閣の「一億総活躍社会」を目指すとする「新三本の矢」（「希望を生み出す強い経済」「夢を紡ぐ子育て支援」「安心につながる社会保障」）の下では、二〇二一年度までに名目ＧＤＰ（国内総生産）を六〇〇兆円にまで増加させるという数値目標が掲げられている（経済財政運営と改革の基本方針二〇一六、二〇一六年六月二日閣議決定）。二〇一五年度の名目ＧＤＰは四九九・一兆円で対前年度比〇・〇〇二五パーセントの増にすぎず、この数値目標が五年余りという短期間で実現される可能性は限りなく零に近い。となると、遮二無二にこの数値目標に突き進むとすれば、大規模な財政出動に頼る以外はない。

かくして、狼少年のように二パーセントのインフレ率達成の時期を先延ばしする黒田総裁下の日銀の金融政策（実質的な日銀の国債引き受け）と、白昼夢のような数値目標を掲げる第三次安倍内閣の「経済成長政策＝財政政策」は、二〇一六年初頭前後に景気循環が下降局面に入ったと見られる中で、相互規定的に財政出動を促迫し、二〇二〇年度までの基礎財政収支黒字化（二〇一三年八月八日閣議了解）という目標は、再び画餅に帰すこと必至である。このように、新自由主義的経済政策が、その破綻の新たな段階に向かいつつある中で、二〇一六年七月一〇日投票の第二四回参議院議員選挙を目前にして、安倍内閣は二〇一七年四月より予定されていた消費税率引き上げ（八→一〇パーセント）を二年半再延期する方針を固めた（経済財政運営と改革の基本方針二〇一六）。元より、消費税率の引き上げは国民生活を圧迫する点でも、財政再建を結局は遠のかせる点でも望ましいものではない。その意味で、延期ではなく、消費税率の引き下げと同制度の廃止へと向かい、所得税の累進性を強めると共に、法人税率を引き上げることこそが財政再建の本筋である。それはともあれ、このことはアベノミクスの破綻を意味すると同時に、二〇一四年解散総選挙の「公約違反」でもあり、内閣総辞職に値する。これを回避して、二枚舌で政権に居座り続けようとするところに、安倍首相の小児的なポピュリズムを見ることができよう。

3　教育財政の危機的状況

以上の如き新自由主義没落・自壊の弁証法の教育面における現れを、教育財政について垣間見ておこう。

先ず、この一〇年間の歳入面を見ると（**表1**参照）、リーマン・ショック（二〇〇八年）後、税収が大きく落ち込み、それを補填する形で公債金収入が増加している。しかし、二〇一一年三月一一日の東日本大震災に伴う復興財源をまかなうための公債金の増（二〇一一・二〇一二年度）を最後に、第二次・第三次安倍内閣による予算編成期には、アベノミクスの円安・株高効果（ミニバブル）と二〇一四年度に消費税率が引き上げられたこともあって、税収の増加が見られ、これに連動して公債金収入が抑制されている。しかし、二〇一六年度は、当初予算規模が過去最大となったが、四月の熊本地震による被害の復興財源のための歳出増（七七八〇億円億円）に加え、伊勢志摩サ

表1　国の歳入・歳出予算

国の歳入予算（補正後）

単位：10億円　指数：2007年度＝100

事　項	2007（H19）		2008（H20）		2009（H21）		2010（H22）		2011（H23）	
	実額	指数	実額	指数	実額	指数	実額	指数	実額	指数
租税及印紙収入	52,551	100	46,429	88	36,861	70	39,643	75	42,030	80
その他収入	5,821	100	9,314	160	12,242	210	12,782	220	9,632	165
公　債　金	25,432	100	33,168	130	53,455	210	44,303	174	55,848	220
合　計	83,804	100	88,911	106	102,558	122	96,728	115	107,510	128

事　項	2012（H24）		2013（H25）		2014（H26）		2015（H27）		2016（H28）	
	実額	指数	実額	指数	実額	指数	実額	指数	実額	指数
租税及印紙収入	42,607	81	45,354	86	51,726	98	54,525	104	57,604	110
その他収入	5,880	101	7,261	125	6,781	116	4,954	85	4,686	80
公　債　金	52,049	205	45,462	179	40,493	159	36,863	145	34,432	135
合　計	100,537	120	98,077	117	99,000	118	96,342	115	96,722	115

国の歳出予算（補正後）

事　項	2007（H19）		2008（H20）		2009（H21）		2010（H22）		2011（H23）	
	実額	指数	実額	指数	実額	指数	実額	指数	実額	指数
社会保障関係費	21,353	100	22,832	107	28,807	135	28,645	134	29,882	140
文教及び科学振興費	5,511	100	5,634	102	6,316	115	5,834	106	6,405	116
国債費	20,468	100	19,940	97	19,251	94	20,236	99	20,269	99
恩給関係費	949	100	852	90	787	83	714	75	643	68
地方交付税交付金等	14,932	100	15,679	105	16,573	111	18,790	126	19,173	128
防衛関係費	4,841	100	4,818	100	4,820	100	4,800	99	5,113	106
公共事業関係費	7,396	100	7,282	98	8,787	119	6,359	86	7,827	106

経済協力費	795	100	799	101	823	103	726	91	640	81
中小企業対策費	432	100	1,085	251	2,967	687	774	179	2,199	509
エネルギー対策費	865	100	868	100	996	115	844	98	997	115
食料安定供給関係費	938	100	1,087	116	1,109	118	1,195	127	1,697	181
その他の事項経費	5,075	100	7,784	153	11,071	218	6,511	128	11,472	226
予備費	250	100	250	100	250	100	1,300	520	916	366
合　計	83,804	100	88,911	106	102,558	122	96,728	115	107,510	128

事　項	2012（H24）		2013（H25）		2014（H26）		2015（H27）		2016（H28）	
	実額	指数	実額	指数	実額	指数	実額	指数	実額	指数
社会保障関係費	29,450	138	29,371	138	30,545	143	31,530	148	31,974	150
文教及び科学振興費	6,438	117	5,772	105	5,633	102	5,361	97	5,358	97
国債費	21,545	105	21,811	107	22,510	110	23,451	115	23,612	115
恩給関係費	570	60	504	53	444	47	393	41	342	36
地方交付税交付金等	16,885	113	17,553	118	17,096	114	15,536	104	15,281	102
防衛関係費	4,826	100	4,866	101	5,089	105	4,980	103	5,054	104
公共事業関係費	6,998	95	6,324	86	6,406	87	5,971	81	5,974	81
経済協力費	663	83	654	82	661	83	506	64	516	65
中小企業対策費	644	149	509	118	488	113	186	43	183	42
エネルギー対策費	833	96	949	110	1,296	150	899	104	931	108
食料安定供給関係費	1,304	139	1,179	126	1,184	126	1,042	111	1,028	110
その他の事項経費	9,120	180	8,284	163	7,400	146	6,138	121	6,119	121
予備費	1,260	504	250	100	250	100	350	140	350	140
合　計	100,537	120	98,077	117	99,000	118	96,342	115	96,722	115

出典：『国の予算』各年度版、2015 年度と 2016 年度は当初予算。
備考１：2010 年度及び 2012 年度の予備費には、「経済危機対応・地域活性化予備費」を含む。
備考２：2011 年度の予備費には、「東日本大震災復旧・復興予備費」を含む。

ミット（主要先進国七ヶ国首脳会議、二〇一六年五月）で、議長国日本の安倍晋三首相は、世界経済の不透明感を脱するための財政出動をコンセンサスとするために、世界経済がリーマン・ショック前に似ていると主張して世界の失笑を買ったが、各国が金融政策、財政出動、構造改革のあらゆる手段を用いて世界経済を支えるという玉虫色の合意を取り付けることには成功した。これを足がかりに、景気浮揚のための財政出動（補正予算における歳出増）が見込まれる。他方では、円高・株安傾向に反転したことから税収減となる可能性が高く、また法人税率が二〇一三年度の三七・〇〇パーセントから段階的に引き下げられ、二〇一六年度には一年前倒しで二九・九七パーセントとされたこともあり、代替え財源を用意しているとは言え、補正予算においては、歳出増・歳入減の両面から公債金の増が予想される。

次に歳出面を見ると、歳出総額の伸び率を上回って顕著に伸びているのが社会保障費である。しかし、社会保障費は、高齢化社会の進展に伴って毎年一兆円の増が見込まれるとされているにもかかわらず、二〇一六年度は四四四一億円の増（当初予算ベース）に抑えられている。消費税の増税分は、社会保障費に充てられるという説明が反古にされていると言わざるを得ない。

文教予算については、二〇一〇年度から二〇一二年度の民主党政権下における予算編成では、一定の伸びを見せている（**表2**参照）。これは、少人数学級が二〇一一年度から一年生（義務教育標準法改正）・二年生（二〇一二年度より予算措置）という限定づきながら実施されたことと、二〇一〇年度からの公立高校授業料無償化（及び私学の授業料補助）が大きく寄与している。しかし、安倍政権下では、少人数学級化の進展は見られず、公立高校授業料無償化にも二〇一四年度から所得制限が加えられるようになった。また、この間一貫して国立大学の運営費交付金が大学改革推進を理由として毎年一パーセントずつ削減されてきた。二〇一六年度は、据え置かれたものの、この一〇年間に、当初予算ベースで二〇〇七年度の一兆二〇四四億円から二〇一六年度の一兆九四五億円へと、一〇九九億円（九パーセント）の減少となっている。このため、国立大学では、基盤的な教育・研究費の削減が進んでおり、競争的資金が投入される大学を除き、取り返しの困難な劣化が危惧される。また、無利子の奨学金の原資となる育英事業費は、二〇〇九年度を境に減少に転じてきたが、二〇一六年度に一定の増額が図られた。しかし、要望の切

表2　文教及び科学振興費予算（補正済み）

単位：億円　指数：2007 年度＝100

事項		2007（H19）		2008（H20）		2009（H21）		2010（H22）		2011（H23）	
		実額	指数	実額	指数	実額	指数	実額	指数	実額	指数
文教及び科学振興費	義務教育費国庫負担金	16,641	100	16,572	100	15,917	96	15,938	96	15,666	94
	科学技術振興費	13,679	100	14,201	104	17,694	129	14,420	105	15,082	110
	文教施設費	2,292	100	2,795	122	3,828	167	2,344	102	4,811	210
	教育振興助成費	20,979	100	21,310	102	24,203	115	24,241	116	27,161	129
	育英事業費	1,415	100	1,461	103	1,523	108	1,388	98	1,328	94
	計	55,007	100	56,338	102	63,164	115	58,331	106	64,048	116

事項		2012（H24）		2013（H25）		2014（H26）		2015（H27）		2016（H28）	
		実額	指数	実額	指数	実額	指数	実額	指数	実額	指数
文教及び科学振興費	義務教育費国庫負担金	15,459	93	14,764	89	15,404	93	15,284	92	15,271	92
	科学技術振興費	17,202	126	15,206	111	14,156	103	12,857	94	12,929	95
	文教施設費	2,538	111	2,178	95	1,151	50	729	32	807	35
	教育振興助成費	27,773	132	24,503	117	24,630	117	23,716	113	23,441	112
	育英事業費	1,186	84	1,066	75	985	70	1,027	73	1,132	80
	計	64,158	117	57,717	105	56,326	102	53,613	97	53,580	97

出典：『国の予算』各年度版、2015 年度と 2016 年度は当初予算。

実な給付型奨学金の創設は見送られている。こうして、文教予算の伸びが、歳出総額の伸びを下回るだけでなく、絶対額でもこの一〇年間で一四二九億円（当初予算ベース）も減少している。

文教予算と対照的な動きをしているのが防衛関係費である。防衛関係費は、民主党政権下では文教予算を下回る伸びで抑制されていたが、安倍政権下で増額に転じ、一九一六年度に当初予算としては初めて五兆円を超えた。このトレンドが続くものとすれば、遠からず文教予算を凌駕するものとなろう。安倍首相の「大国への執念」[77]を物語る。

なお、国債費は、低金利政策により、国債の発行残高に較べて低い伸び率できたが、二〇一六年度当初予算では、予算総額の伸び率と同じレベルに達しており、今後は一層の増額が懸念される。

およそ以上のような教育財政等をめぐる危機的状況は、アベノミクスの下で一層先鋭化されるものと思われる。

第一に、財政危機に対する対応の基本が、経済成長政策と消費税の増税に置かれているが、バブル崩壊後の日本経済は、少子化要因と相まって、ＧＤＰの高い成長率を望むことはできず、消費税率の引き上げは、経済成長の鈍化をもたらし、財政再建は先延ばしされるばかりだということである。

第二に、高齢化は社会保障費の増加を必至とするが、その圧縮を図ることは、国民の福祉要求に反するものとならざるを得ない。

第三に、小泉純一郎内閣の時期に劇的な進行を見た経済格差は、教育格差を生み出し、両者は相互規定的に格差を拡大・固定化することとなっている。ここでも、国民の教育への権利に基づく要求がマグマの如く溜まりつづけているものと言えよう。

現在のところ、新自由主義の自己責任論は、国民の福祉・教育への要求の目覚めを押さえ込む上での強力なツールとなっている。しかし、社会福祉財政・教育財政の貧困は、国民的規模での福祉・教育の危機を醸成しつつある。

換言すれば、福祉・教育もまた、新自由主義没落・自壊の弁証法の一環を構成しているものと言えよう。

まとめ――教育基本法体制の現代的再生、その可能性と必然性――

戦後教育改革は、「軍事的・半農奴制的日本資本主義[78]」の再生産構造の下で確立され、戦時国家独占資本主義的公教育として再編成された天皇制公教育の変革として行なわれた。ここで、戦後改革一般がアメリカ帝国主義の世界戦略の一環でもあったという歴史的現実をひと先ず捨象してその理念のみを抽出すれば、教育の自由を回復するという近代的課題と、教育を受ける権利を創造するという現代的課題と、この二重の課題に真正面から応えるものであったと言うことができる[79]。それ故、それは「世界人権宣言」(一九四八年)に示された人類普遍の原理とも基本的に合致するものであった。

「教育における五五年体制」は、この戦後教育改革の理念(=教育基本法体制)にとって、国民の教育の自由を奪うという点では反改革であったが、国民の教育を受ける権利を承認したという意味では「半改革」であった。そして、「五五年体制」が戦後国家独占資本主義政策によって主導された高度経済成長に照応的であった限りでは、新たな生産力段階=「戦後重化学工業段階[80]」の規定的要因の一つでもあった。すなわち、「五五年体制」は、それが戦後日本資本主義の強蓄積を確保し得た限りでは、一つの歴史的必然(近代化論)であり、政策的正統性(福祉国家論)を主張することができた。それ故、「五五年体制」下において教育の自由を求める運動(戦後民主主義)は、半永久的な反体制運動(「アンチ教育行政学[81]」)としての性格を刻印されることとなる。

これに対して、高度経済成長終焉後の日本資本主義は、国際的・国内的諸条件の累積的変化の結果、巨大な財政赤字の出現に象徴されるところの戦後国家独占資本主義政策の行き詰まりに当面し、その蓄積構造の再構成の必要性に迫られることになる。ここでは、近代化の終焉が宣言され、公然と福祉国家論が投げ捨てられて、国民に痛みを強いる諸改革、すなわち新自由主義に基づく諸改革（＝構造改革）が強行されてきた。しかし、この新自由主義に基づく諸改革が首尾良く日本資本主義の蓄積構造の再構成を成し遂げ、日本経済を新たな成長軌道に乗せることができなかったことは、リーマン・ショック（二〇〇八年）後の日本経済の落ち込みによって明らかとなった。それは、現代資本主義が多国籍企業化を基盤とするアメリカ帝国主義の階統的先進国同盟の下で展開されており、その中にあっても例外的に対米依存性の強い日本独占資本とその政治的代弁諸政党は、著しく政策的自主性・一貫性を欠いていたからである。それ故、新自由主義的諸改革によって痛みを感じる国民、教育について言えば教育を受ける権利の縮小・否定によって不利益を感じる国民が、政治不信の分厚い無党派層として堆積してきた。二〇〇九年の「政権交代」は、この無党派層が新自由主義的諸改革（＝構造改革）に対する批判者として立ち現れた結果であると見ることができる(82)。しかし、「政権交代」を実現させた民主党は、いくつもの顔を持っていたが、その中核は依然として新自由主義国家しか知らない(83)。こうして、野田政権に至って、民主党のマニュフェスト政治が中途に終わり、公約違反とも言える消費税増税や公約にもなかったＴＰＰ交渉へ進む姿勢を見せたことにより、民主党の支持は崩れ、二〇一二年総選挙で与野党逆転して、第二次安倍政権が成立した。

安倍政権は、憲法改正をも視野に入れつつ、再び大国主義的・新自由主義的政策を推進している。しかし、国会における絶対安定多数を背景にした強引な政治手法は、憲法第九条の政府解釈変更による「平和安全保障法制」を成立させたことなどで、国民の中に立憲主義否定の危機感をつのらせ、政治目標を掲げた市民的運動のこれまでにない高揚が見られると共に、野党の選挙共闘も進み、第二四回参議院議員選挙では、一定の成果を示した。しかし、与党（自民党・公明党）におおさか維新の会を加えた改憲勢力が、衆議院に加えて参議院でも憲法改正発議を可能とする三分の二を超えることとなった。今後は、国会において憲法改正論議の活発化することが予想される。

このように歴史の歩みはジグザグであるが、この間に明らかになりつつあることは、新自由主義国家に対置される国家構想の必要性である。そのような国家構想として提起されているのが「新福祉国家論」[84]である。この新福祉国家における教育政策は、国民の教育の自由と教育を受ける権利を同時に保障するものとして、すなわち教育基本法体制の現代的再生として構想される以外には、ない。

注

(1) 開発主義国家とは、村上泰亮によって提起され(村上泰亮『反古典の政治経済学　下――二十一世紀への序説』中央公論社、一九九二年、参照)、後藤道夫らによって継受されたものである(後藤道夫「『帝国主義』と『市民主義』の垣根」『現代と思想』三五号、白石書店、一九九三年、及び同『収縮する日本型〈大衆社会〉――経済グローバリズムと国民の分裂』旬報社、二〇〇一年、参照)。

(2) 一九九〇年代以降の日本社会の再編基軸が、大国主義と新自由主義であることについては、渡辺治他編『講座　現代日本』第一巻～第四巻、大月書店、一九九六年一一月～一九九七年七月、参照。なお、本章では、主として新自由主義的教育政策を検討の対象とする。この場合、新自由主義は、単にイデオロギーであるのみならず、グローバル化した資本による「階級権力の回復」戦略ととらえる必要がある(デヴィット・ハーヴェイ、渡辺治監訳『新自由主義』作品社、二〇〇七年、参照)。

(3) 新自由主義に立脚する最初の体系的教育政策は、臨時教育審議会(一九八四年八月～一九八七年三月)の四つの答申において示された。この臨時教育審議会の第一部会(「二一世紀に向けての教育の在り方」)において、新自由主義の教育政策論を最も先鋭に主張したのが香山健一であった。香山は、戦後教育改革における「個性の尊重」の理念を高く評価して見せつつ、この「個性の尊重」(＝教育の自由)が実現して来なかったのは「教育における自由の問題」を取り上げる機運が未成熟であったためとし、次のように述べている。

「戦前の軍部ならびに文部省による軍国主義的な『国体の本義』と『国民学校令』の採用による右翼全体主義的画一主義がそうであり、戦後は日教組は『自由とは差別なり、落ちこぼれなり、資本主義イデオロギーなり』と反対して、左翼全体主義の画一主義を煽り、文部省は文部省で『自由とは日教組支配なり、無秩序、混乱、アナーキーなり』として国家統制、規制、画一配給型教育の維持に汲々とし、結局、文部省と日教組は反対方向からそれぞれに自由を拒否し、画一主義の助長に努力してきたのである。」香山健一『自由のための教育改革――画一性から多様性への選択』ＰＨＰ研究所、一九八七年、六一頁なお、「第三の教育改革」を最初に打ち出したのは、一九七一年中央教育審議会答申であったが、この答申では、戦後教育改革理念のみを批判していた。

（4）正確に言えば、宗像誠也が提示していたのは「教育基本法法制」の概念である。宗像が、この「教育基本法法制」概念を提示したのは、東京都教組幹部の地方公務員法違反容疑の裁判における証言（一九六〇年五月一日）においてであったと思われる（宗像誠也・国分一太郎編『日本の教育——〝教育裁判〟をめぐる証言』岩波新書、一九六二年、四一－四三頁、宗像誠也『教育と教育政策』岩波新書、一九六一年、四三頁、参照。）なお、これに先だって兼子仁が「教育基本法法制」概念を提示している（兼子仁「教育行政法の現代的課題」『思想』第四二七号、一九六〇年一月）。宗像が、この兼子の見解を参照していたことは、ほぼ間違いない。

「教育基本法体制」の概念を最初に提示したのは、管見の限り、堀尾輝久である（「現代における教育と法——憲法＝教育基本法体制の歴史的・原理的究明を中心として」『岩波講座　現代法』第八巻、岩波書店、一九六六年）。なお、堀尾は「教育勅語体制」概念が宗像によって提示されていたかのように記述しているが（前掲論文、一五二頁）、引用箇所が明示されていない。宗像が提示していたのは「天皇制教学の法制」（前掲『教育と教育政策』六七頁）であった。したがって、「教育勅語体制」の概念を提示したのも堀尾であったと思われる。因みに、「教育勅語法制」概念を提示したのは、兼子仁であった（兼子仁『教育法』『教育法・衛生法』有斐閣、一九六三年、五四頁）。

「教育基本法法制」と「教育勅語法制」の学説史的素描は、鈴木英一「教育勅語体制」（日本教育史研究会『日本教育史往来』第九号、一九八二年六月）参照。

（5）例えば、教育基本法体制＝戦後教育改革理念の、現代教育政策批判にとっての有効性について、黒崎勲は今日の教育問題の解決は「未発の戦後改革理念の実現といったものではありえなくなっている」（黒崎勲『教育行政学』岩波書店、一九九九年、二一〇頁）と否定的であった。

（6）言うまでもなく、日本国憲法・教育基本法体制の国家は資本主義国家の一類型である。しかし、そこで採用された「民主制」は、資本主義国家を止揚する可能性（憲法改正手続きによる止揚の可能性）が与えられているように思われる。

（7）戦後における宗像誠也の教育行政学は、近藤正春によれば、四（五）つの段階に区分される。

〈第一期〉戦後教育改革と教育行政学（敗戦～一九五〇年）

〈第二期〉戦後教育改革に対する反改革と『教育行政学序説』（一九五〇年～一九五六年）

〈第三期〉国家独占資本主義体制形成期の教育政策、教育運動の展開と「アンチ教育行政学（カウンター教育行政学）」（一九五六年～一九七〇年）

〈第四期〉国家独占資本主義の確立にともなう教育政策、教育運動の再編成（矛盾の移行）と「憲法二六条から出発する教育行政学」（一九七〇年～一九八〇年）

〈第五期〉戦後教育と教育行政学の総括（一九八〇年～）

（近藤正春『科学としての教育行政学』教育史料出版会、一九八八年、二八―三〇頁）

宗像の教育権論の主張は、一九五八年学習指導要領改訂において、式の時に君が代を歌わせることが望ましいとされたことに対する批判論文「教育行政権と国民の価値観」（『世界』第一六七号、一九五九年一一月、『宗像誠也教育学著作集』第四巻、青木書店、一九七五年、所収）が始まりであったとされている（前掲『宗像誠也教育学著作集』第四巻解説、二七〇頁、牧柾名）。したがって、宗像の国民の教育権論は、近藤の言う「戦後国家独占資本主義体制形成期」、すなわち本章で規定する「五五年体制」形成期に生成・展開されたものと言うことができる。

（8）宗像誠也の国民の教育権論が、教組運動と不可分であることの指摘は、黒崎勲「教育権の論理から教育制度の理論へ」（『教育学年報』第一号、世織書房、一九九二年、四五頁）において行われている。

（9）管見の限り、宗像の教育政策に関する科学的概念規定は、宗像誠也「教育政策」『新教育辞典』（平凡社、一九四九年）において示されている。したがって、これを第二期に置いている先述の近藤正春の時期区分は、再考の余地があるものと考える。なお、三上和夫『学区制度と住民の権利』（大月書店、一九八八年、四六頁）参照。

（10）戦後初期における宗像誠也の理論的営為については、宗像理論の批判者が共通して高く評価する傾向が見られる。これは興味深い現象であるが、ここでは指摘に止める。

（11）「明らかに世界は個人主義から社会主義的な方向へ移りつつある。（中略）個人主義的近代を早く卒業して、社会主義的な段階へ進まねばならないのだ。そういう意味で日本は歴史の三段跳びをしなければならない。」宗像誠也『教育の再建』河出書房、一九四八年（『宗像誠也教育学著作集』第二巻、青木書店、一九七四年、所収、二七頁）

（12）サンフランシスコ講和（一九五一年締結、一九五二年発効）以降、一九五五年の保守合同と日本社会党の統一を画期として成立した政治体制は「五五年体制」と呼ばれている。本章では、これに習って、戦後教育改革の見直しによって成立した教育体制を「教育における五五年体制」と呼ぶことにする。

なお、「教育基本法法制」の概念を提示した宗像誠也は、その否定の上に成立してきた教育体制を「安保教育体制」と呼んでいた（宗像誠也『教育行政学序説　増補版』有斐閣、一九六九年、二四〇頁）。「法制」から「体制」への移行を語る宗像理論においては、「法制」と「体制」の区別と関連に無自覚であったことを示しているように思われる。

（13）この時期を代表する社会科学の文献として『日本資本主義講座』（岩波書店、一九五三年九月～一九五五年二月）を挙げることができるであろう。しかし、この講座は、戦後農地改革の評価を誤り、封建遺制を過大評価することで、失敗に終わった。なお、宗像は五十嵐顕・持田栄一と共に、この講座に寄稿している（「占領下の教育改革」『日本資本主義講座　戦後日本の政治と経済』第二巻、一九五三年）。

(14) 宗像誠也の国民の教育権論の特徴については、勝野尚行・酒井博世『現代日本の教育と学校参加――子どもの権利保障の道を求めて』（法律文化社、一九九九年、二〇六－二〇七頁）、及び前掲・黒崎勲「教育権の論理から教育制度の理論へ」参照。

(15) 宗像は、前掲『教育行政学序説　増補版』において、「本説」を書く基本的視点を「教育行政の民主化の立場」、「国民の教育に対する権利を確立する立場」に定まってきたとし、「問題をもっと煮つめるならば、それは憲法二六条から出発する教育行政学」だと述べていた（二三二頁）。この「本説」は、遂に書かれなかったが、アウトラインは「教育をめぐる権利問題」城丸章夫・船山謙次編『講座　現代民主主義教育』第五巻（青木書店、一九六九年）において示されている。

(16) 堀尾輝久の学習権論及び公教育論については、前掲・堀尾輝久「現代における教育と法――憲法＝教育基本法体制の歴史的・原理的究明を中心として」参照。

(17) 私事の組織化としての公教育論については、堀尾輝久『現代教育の思想と構造』（岩波書店、一九七一年）参照。

(18) 以上の堀尾理論の評価は、前掲・黒崎勲『教育行政学』（一〇六－一〇七頁）より示唆を受けた暫定的なものである。なお、拙著『現代日本の教育政策』自治体研究社、二〇〇〇年、「第五章　教育の公共性の再建と私事の組織化論」参照。

(19) 例えば、文部省初等中等教育局地方課による、初期段階の国民の教育権論批判は、『日教組と階級闘争』（文部省、一九六三年）と題するパンフレットの中で行なわれていた。なお、このパンフレットは同名で教育委員会月報（執筆者：今村武俊）に連載されたものをまとめたものである。

(20) 市川昭午『教育行政の理論と構造』教育開発研究所、一九七五年、一四一頁。なお、「教育主権」なる概念は、結城忠のドイツ教育行政学研究からの援用ではないかと推察される。「教育主権」概念を用いた研究は少ないものと思われるが、結城忠のほか渡部宗助や宮野純次の研究において散見される。

(21) 同　右　一四七頁

(22) 同　右　一四九頁

(23) 同　右　一五〇－一五一頁

(24) この段階における市川は、家永三郎教科書訴訟で、国側の証人となるなど、文部省（当時）の「御用学者」の観を呈するが、その「五五年体制」視座（教育を受ける権利の擁護）に立つ研究姿勢は持続し、文部省（文部科学省）が新自由主義的教育政策を展開する段階になると、その批判者として立ち現れることになる（例えば、市川昭午『教育の私事化と公教育の解体――

義務教育と私学教育』教育開発研究所、二〇〇六年、など）。無論、市川は国民の教育権論の批判者であるが、教育基本法改正に際しては、国民の教育権論者とある種の共闘関係に入る。このような市川の研究姿勢は、市川の戦争体験に原点を持ち、無自覚なプラグマチストであることに由来するように思われる（市川昭午『教育政策研究五十年――体験的研究入門』日本図書センター、二〇一〇年、参照）。

(25) 乾彰夫『日本の教育と企業社会――一元的能力主義と現代の教育＝社会構造』大月書店、一九八〇年、参照。

(26) 宗像誠也「教育権論の発生と発展」『全書　国民教育』第一巻、明治図書、一九六七年（『宗像誠也教育学著作集』第四巻、青木書店、一九七五年、所収、一二二頁）

(27) 今橋盛勝『教育法と法社会学』三省堂、一九八三年、はしがき

(28) 同　右　二五―二六頁

(29) 同　右　一〇八頁

(30) 同　右　一九〇頁

(31)「上からの能力主義が、石油ショックを境にして、下からの能力主義に転化していったといってよいだろう。そのなかで、教育権の主体として登場しはじめたばかりの親は、下からの能力主義をおしすすめる社会的権力へと転化し、子どもと教師を監督するものとなったのである。」竹内常一『日本の学校のゆくえ――偏差値教育はどうなるか』太郎次郎社、一九九三年、四〇―四一頁

(32) 今橋は、「父母全体の教育意思が、抽象的、一般的レベルでは一致しえても、また、具体的な教育環境を悪化したり、明らかに改善する問題については一致しえても、教育の具体的内容・方法・評価の点で明確に一つにまとめることはきわめて困難であり、一般的にはないとみたほうが事実に近いであろう。むしろ、不一致が顕在化せず、それを放置することによって、教育政策・学校教育は一九六〇～七〇年代も『円滑』に機能してきたものといえる。多様な教育意思を捨象しえたのは、『能力主義』教育へ父母の教育意思を統合し、子どもへの『管理主義』が父母にまで及んだからであろう。」（前掲・今橋盛勝『教育法と法社会学』二三七頁）と述べている。これは、リアルであると同時にニヒルでもあり、歴史的に出現した否定的状況を一般化しすぎているように思われる。

(33) 前掲・近藤正春『科学としての教育行政学』二〇頁

(34) 同　右　二〇―二一頁

(35) 同　右　二一―二三頁

(36) 同　右　一一四―一一五頁

(37) 三輪定宣『教育行政学』八千代出版、一九九三年、一二－一三頁
(38) 黒崎勲「アンチ教育行政学の神話と教育行政理論の課題」『教育学研究』第六三巻三号、一九九六年九月
(39) 前掲・黒崎勲『教育行政学』一一二頁
(40) 同　右　一一二頁
(41) 同　右　一一五頁
(42) 同　右　一一九頁
(43) 黒崎は、リバタリアニズムの思想家として知られるフリードリック・F・ハイエクの社会哲学を高く評価している(『教育の政治経済学　市場原理と教育改革』(東京都立大学出版会、二〇〇〇年)。しかし、ハイエクは、新自由主義の源流となる「モンペルラン・ソサイエティー」(一九四七年創立)の初代会長であり、ミルトン・フリードマンも同会の会員であった。また、ハイエクは、計画経済と集産主義(collectivism)に反対し、この立場から、社会主義、共産主義、ファシズムを同じ「左翼」に分類する特異なリバタニアンでもあった。このようなハイエクを高く評価する黒崎は、「唯物論から遠ざかる道を選んだと評価せざるを得ない。なお、拙稿「書評　黒崎勲著『教育の政治経済学――市場原理と教育改革』東京都立大学出版会、二〇〇〇年」(『日本教育行政学会年報』第二八号、二〇〇二年一〇月)参照。
(44) 持田栄一の教育行政理論の到達点は、『持田栄一著作集　六　教育行政学序説(遺稿)』(明治図書、一九七九年)に示されている。なお、持田の近代公教育論については、前掲・近藤正春『科学としての教育行政学』七一－七九頁、参照。
(45) 前掲・近藤正春『科学としての教育行政学』七一頁
(46) 同　右　七九頁
(47) 持田栄一『教育管理の基本問題』東京大学出版会、一九六五年、二二一頁
(48) 前掲・黒崎勲『教育行政学』一三頁
(49) 同　右
(50) 前掲・持田栄一『教育管理の基本問題』二一二－二一三頁
(51) 同　右　二一八頁
(52) 同　右　二二〇－二二一頁
(53) 前掲・『持田栄一著作集　六　教育行政学序説(遺稿)』参照。
(54) 堀尾輝久「教育の私事性について」『教育』第一三五号、一九六一年一一月、二八－二九頁
(55) 持田理論の再検討については、学校経営(学校づくり)の観点からではあるが、石井拓児が系統的に試みている。

石井拓児「内外区分論における概念把握の方法をめぐる問題について」『名古屋大学大学院教育発達科学研究科紀要（教育科学）』第四七巻一号、二〇〇〇年

同　「持田栄一『教育管理』論における学校組織の運営原理」『名古屋大学大学院教育発達科学研究科紀要（教育科学）』第四九巻一号、二〇〇二年

同　「戦後日本における学校づくりの概念に関する歴史的考察」『名古屋大学大学院教育発達科学研究科紀要（教育科学）』第五一巻二号、二〇〇五年

同　「地域教育経営における教育課程の位置と構造――内外区分論の教育経営論的発想」『日本教育経営学会紀要』第五二号、二〇一〇年など。

しかし、石井は、持田理論をトータルに把握するまでには至っていないように思われる。本格的な持田理論の再検討が期待される。

(56) 日経連能力主義管理研究会『能力主義管理――その理論と実践』日本経営者団体連盟弘報部、一九六九年、三七頁

(57) 世取山洋介「新自由主義教育政策を基礎づける理論の展開とその全体像」佐貫浩・世取山洋介編『新自由主義改革――その理論・実態と対抗軸』大月書店、二〇〇八年、四七頁

(58) 同　右　四八頁

(59) 同　右

(60) 同　右　四九頁

(61) 同　右　四九－五〇頁

(62) 前掲・拙書『現代日本の教育改革』六六－六八頁

(63) 二宮厚美『現代資本主義と新自由主義の暴走』新日本出版社、一九九九年、二四四－二五〇頁

(64) 二宮厚美『新自由主義の破局と決着――格差社会から二一世紀恐慌へ』新日本出版社、二〇〇九年、六二頁

(65) 同　右　六二－六三頁

(66) 同　右　六四頁

(67) 「民主党マニフェスト二〇〇九」における教育政策は、次のとおり。

①公立高校生のいる世帯に対し、授業料相当額を助成し、実質的に授業料を無料とする。

②私立高校生のいる世帯に対し、年額一二万円（低所得世帯は二四万円）の助成を行う。

③大学などの学生に、希望者全員が受けられる奨学金制度を創設する。

④全ての人にとって適切かつ最善な教育が保障されるよう学校教育環境を整備し、教育格差を是正する。
⑤教員の資質向上のため、教員免許制度を抜本的に見直す。教員の養成課程は六年制（修士）とし、養成と研修の充実を図る。
⑥教員が子どもと向き合う時間を確保するため、教員を増員し、教育に集中できる環境をつくる。
⑦公立小中学校は、保護者、地域住民、学校関係者、教育専門家等が参画する「学校理事会」が運営することにより、保護者と学校と地域の信頼関係を深める。
⑧現在の教育委員会制度を抜本的に見直し、教育行政全体を厳格に監視する「教育監査委員会」を設置する。
⑨生活相談、進路相談を行うスクールカウンセラーを全小中学校に配置する。
⑩国際社会の中で、多様な価値観を持つ人々と協力、協働できる、創造性豊かな人材を輩出するためのコミュニケーション教育拠点を充実する。
⑪国から地方への「ひもつき補助金」を廃止し、基本的に地方が自由に使える「一括交付金」として交付する。義務教育・社会保障の必要額は確保する。
⑫国立大学法人など公的研究開発法人制度の改善、研究者奨励金制度の創設などにより、大学や研究機関の教育力・研究力を世界トップレベルまで引き上げる。

「民主党マニフェスト二〇一〇」における教育政策は、次のとおり。

①実践的な職業能力を認定する資格を導入し、時代にあった、国際的に活躍する人材を養成します。
②幼保一体化に向けた幼稚園、保育所などの施設区分の撤廃、（中略）などにかかわる規制の見直しなどの規制改革を進めます。
③出産から成長段階までの切れ目のないサービスを実施します。特に、就学前の子どもの保育・教育の一体的提供を進めます。
④少人数学級を推進するとともに、学校現場での柔軟な学級編制、教職員配置を可能にします。
⑤地域の医師不足解消に向けて、医師を一・五倍に増やすことを目標に、医学部学生を増やします。

（以上は、「民主党マニフェスト二〇〇九」及び「民主党マニフェスト二〇一〇」を再整理し、便宜番号を付けたものである。）

(68) 渡辺治・二宮厚美・岡田知宏・後藤道夫『新自由主義か新福祉国家か――民主党政権下の日本の行方』旬報社、二〇〇九年、四七頁、参照。なお、渡辺治の分析によれば、民主党は、三つの構成部分からなっている。第一は、民主党の結党（一九九八年）以来「頭部」を構成している新自由主義、自由主義派である。鳩山由紀夫、菅直人らはここに位置している。第二は、小沢派ともいうべき勢力で、心臓を含めた「胴体」を構成している。第三は自民党政権の追求してきた構造改革に反対してきたグループで、「手足」を構成している（前掲・渡辺治他『新自由主義か新福祉国家か――民主党政権下の日本の行方』八八－九六頁、参照）。この分析に従えば、鳩山政権から管政権への移行は「頭部」内の出来事であり、鳩山が小沢を道連れに辞任したことにより、相対的に「頭部」の力が増したことを意味していた。

(69) 民主党政権が、「生活が第一」の政策から後退し、新自由主義的政策に回帰していく過程については、二宮厚美『新自由主義からの脱出――グローバルのなかの新自由主義vs.新福祉国家』（新日本出版社、二〇一二年）参照。

(70)「アベノミクス」についての批判的分析は、二宮厚美『安倍政権の末路　アベノミクス批判』旬報社、二〇一三年、参照。

(71) 安倍内閣の憲法改正問題については、渡辺治『安倍政権と日本政治の新段階』旬報社、二〇一三年、及び同『現代史の中の安倍政権』かもがわ出版、二〇一六年、参照。

(72) 前掲・二宮厚美『新自由主義の破局と決着――格差社会から二一世紀恐慌へ』七一頁

(73) 同　右　一二頁

(74) アメリカのグリーンスパン前連邦準備制度理事会議長は、二〇〇八年九月に「百年に一度の津波」説を披瀝したと言われ、アメリカ下院の二〇〇九年二月一一日公聴会でも、「アメリカは、百年に一度の津波に見舞われている」と発言した。麻生太郎元首相は、二〇〇八年一〇月三〇日の記者会見において、さし迫る金融危機を「百年に一度の、金融災害とでもいうべきアメリカ発の暴風雨だ」と語った（前掲・二宮厚美『新自由主義の破局と決着――格差社会から二一世紀恐慌へ』一四－一五頁、参照）。

(75)「日本の異次元金融緩和策は、マネーストックの増加率を高めていないという意味で『空回り』している。金融緩和策の真の目的は、経済活性化ではなく、国債価格を支持（国債利回りを抑制）して政府の赤字財政を助けることにあると考えられる。」野口悠紀雄『金融政策の死――金利で見る世界と日本の経済』日本経済新聞出版社、二〇一四年、二四〇頁。なお、二宮厚美も「異次元の金融緩和」は、財政ファイナンスであるという見解を支持している（二宮厚美「破局に直面するアベノミクスの第2ステージ」『経済』二四四号、二〇一六年一月、二三頁）。

(76) 加藤出『日銀、「出口」なし！――異次元緩和の次に来る危機』朝日新書、二〇一四年、参照。

(77) 渡辺治・岡田知弘・後藤道夫・二宮厚美『〈大国〉への執念――安倍政権と日本の危機』大月書店、二〇一四年、参照。

(78) 山田盛太郎『日本資本主義分析』岩波書店、一九三四年（『山田盛太郎著作集』第二巻、岩波書店、一九八四年）参照。

(79) 一般に戦後法制改革が「近代法的諸課題と現代法的諸課題」との二重の課題を合わせ含んでいたことは、渡辺洋三『現代法の構造』（岩波書店、一九七五年、一八三－一八九頁）において指摘されている。

(80)「戦後重化学工業段階」については、山田盛太郎「戦後再生産構造の基礎過程」（龍谷大学社会科学研究所『社会科学研究年

報』第三号、一九七二年三月、『山田盛太郎著作集』第五巻、岩波書店、一九八四年）参照。

(81) 宗像誠也『教育行政学序説　増補版』有斐閣、一九七一年、三三四－三三六頁、参照。

(82) 無論、これだけでは、二〇〇九年八月の総選挙結果を説明することはできない。この点のより立ち入った分析は、前掲・渡辺治他『新自由主義か新福祉国家か――民主党政権下の日本の行方』三三－六四頁を参照のこと。

(83) 前掲・渡辺治他『新自由主義か新福祉国家か――民主党政権下の日本の行方』一四四頁、参照。なお、二〇一六年三月二七日、民主党に維新の党などが合流して民進党が結成された。しかし、その中核部分は依然として民主党時代と変わらないと言えよう。

(84)「新福祉国家」論については、前掲・渡辺治他『新自由主義か新福祉国家か――民主党政権下の日本の行方』参照。なお、西欧においては、第二次大戦後、社会民主主義政党が福祉国家論を展開し、種々のタイプの福祉国家体制が構築されてきた。西欧における新自由主義がターゲットにおいたのは、この福祉国家であった。これに対して、日本においては、日本共産党はもとより日本社会党の一部も福祉国家論を批判の対象としてきたものと言える。これに対して、福祉国家論に対しては懐疑的であり、総じて、日本の左派は福祉国家論を批判の対象としてきたものと言える。これに対して、福祉国家論を支持してきたのは民社党と自由民主党であった。しかし、「五五年体制」下において長期安定政権を担ってきた自由民主党は、西欧的な福祉国家体制の構築には向かわず、開発主義国家を築いてきた。それ故、日本における新自由主義がターゲットにおいたのは、開発主義国家であった。そこで、後藤らによって福祉国家の再評価が行なわれ、新自由主義国家構想に対するオルタナティブとして新福祉国家戦略が提示されたのではないかと思われる。ここで、注目しておくべきことは、藤田勇を中心とする研究者グループにより、史的唯物論を基礎とした国家論についての批判的研究が行なわれていたことである。このグループの中に後藤道夫、渡辺治、中西新太郎がいた（藤田勇編『権威的秩序と国家』東京大学出版会、一九八七年、参照）。こうして、ある種の共同研究が行なわれ、開発主義国家の認識と新福祉国家戦略が共有されるようになったのではないか、と推測されるのである。なお、二宮厚美も新福祉国家戦略を進めようとしているが、「五五年体制」下の国家規定としては、「開発主義国家」ではなく「土建国家」と記述している。筆者も、この新福祉国家戦略に基本的には同意している。しかし、後藤、渡辺らの「講座派」批判については、若干の違和感を覚える。それは、新福祉国家戦略において、土地所有の問題がどのように位置付けられているのかが不分明だからである。後藤、渡辺は、「講座派」と一括りにして、批判の対象を明示しない。しかし、筆者は、「講座派」の代表格として評価されてきた山田盛太郎については、「講座派」からも自立していたのではないか、という仮説を持っている。新福祉国家戦略と山田理論を接合する必要があるというのが、筆者の立場である。なお、山田理論に立脚する戦後日本資本主義分析は、［シリーズ］『戦後世界と日本資本主義――歴史と現状』全七巻（大月書店）として二〇一〇年三月から公刊され始めている。

あとがき

私が史的唯物論と出会ったのは、長野県の飯田高等学校二年生の頃に、偶然、柳田謙十郎著『歴史と人間—その形成と発展の哲学』（文理書院、一九六六年）を読んだ時であった。元来日本史に興味を持っていた私は、かねてより時代の移り変わる原因を不思議に思っていたので、この書で説かれていた、生産力と生産関係の矛盾が歴史の究極的な原因であるという考え方に深い共鳴を覚えた。しかし、その時はそれだけで終わり、この考え方がマルクスのものであるということも記憶には残らなかった。

史的唯物論との二度目の出会いは、名古屋大学へ入学後、教養部の授業で大橋精夫先生の哲学概論を受講した時である。この授業では、大橋精夫・島田豊著『近代的世界観の展開—近代哲学思想史』（青木書店、一九六六年）がテキストで、そこでは、史的唯物論の立場から近代の西欧哲学史が叙述されていた。大橋先生は、多人数の授業中に私語があるとチョークが飛んで来ることで有名な先生であったが、私は面白く静かに聴講した。大橋先生の授業はもう一つ哲学演習も受講した。そこではヘーゲルの『小論理学』がテキストで、受講生は二人だけであった。このテキストは全く難解で、報告を作るために徹夜をしたことも少なくなかったが、先生の解説は面白かった。その時は知らなかったけれども、大橋先生は、フォイエルバッハの研究者で、教育学とも縁が深く、かつての名大教科研では理論家でならし、教育学に関する著作も多数ある。マルクス経済学については、同じく教養部で近藤哲生先生の経済学を受講した。後から考えれば、『資本論』第一巻の前半部分が講義内容であったが、初学者にとっては、難しい内容であった。その外、憲法では影山日出弥先生の講義、日本史では伊藤忠士先生の演習を受講した。

三年生で教育学部に進む時、教育学科助手会の方から、マルクスの『資本論』とウェーバーの『プロテスタンティズムの倫理と資本主義の精神』を読むように助言された。当時の関心は専らマルクスの方にあったので『資本論』全三巻（五分冊）を購入した。しかし、独りで読むには難解で、遅々として進まなかった。名古屋大学大学院教育学研究科へ進んでから、学部・研究生の時期に好誼を得ていた丸山久一、玉上善彦、遠山正男、荻野嘉美の諸氏に私（井深）を加えた五人で頭文字を取った「まだ遠い会」を作り、『資本論』の学習会を始めた。この会は、いつの間にか飲み会に進化していたが、これが弾みとなって読了することができた。因みに、「まだ遠い会」は今でも続いている。

山田盛太郎の『日本資本主義分析』は、大学院の佐々木享先生の授業で輪読した。辞書なくしては読めないこの著作が、『資本論』第二巻の主題である再生産論と関係があることを知ったのもこの時で、山田の『再生産過程表式分析序論』を古書店で購入して読んだが、この方が、読みやすかった。因みに、この古書は九千円であったと覚えている。その後、山田の著作を拾い集めている中に『山田盛太郎著作集』（全五巻、一九八三年～一九八四年）が出版されたので、便利にはなったが、過去の投資は無駄になった。また、榊達雄先生のゼミでは、ブライアン・サイモン（Brian Simon）の *Studies in the History of Education, The Politics of Educational Reform 1920-1940*（1974）の原書講読を行なった。

しかし、なんと言っても、本書は、那須野隆一先生なくしては成立し得なかった。那須野先生とは、院生時代に知遇を得た。その頃先生は、日本福祉大学に勤務する傍ら、名古屋を中心とした教員・院生が集う教育学研究会を主宰されていた。私は参加後、ほどなく事務局長になった。因みに、那須野先生と私は共に長野県諏訪市の生まれで、縁深きものがあったと言えるかもしれない。それはともかく、同研究会のテーマは「史的唯物論と教育学の基本課題」で、一九五〇年代の教育科学論争、取り分け「教育構造論争」に関わる文献と先生の執筆された自称腹ば

図７　那須野隆一先生の生産様式論

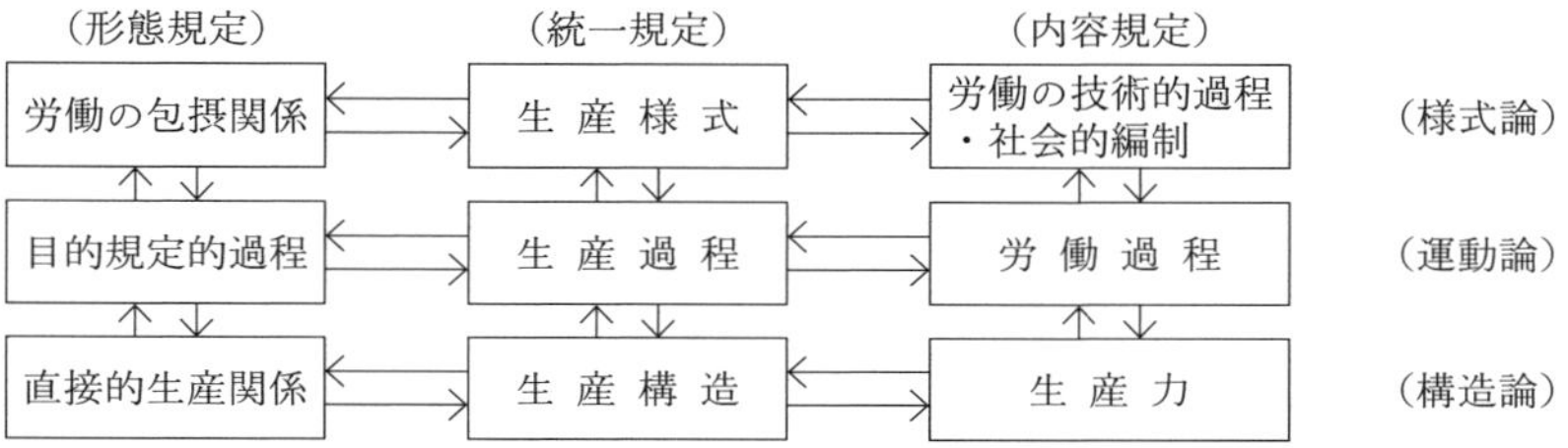

い論文「国民教育と生涯教育」（『現代と思想』第一七号、一九七四年九月）とが基本的なテキストであった。

教育学研究会は、毎月の例会と夏の研究会合宿を恒例としていた。そして、例会の後には飲み会を、合宿の合間には麻雀をすることになっていた。麻雀は、もちろん健全麻雀である。

「教育構造論争」については、レーニンの『哲学ノート』を模した先生の主要論争参加者に対するコメントがある。『『教育構造』論争に寄せて——史的唯物論の基礎範疇の再検討と教育科学の整備のために』と題するこのノートを、那須野里美夫人の快諾を得て、本書に収録できたことは、これに勝る喜びはない。

そして、「国民教育と生涯教育」ついては、先生が研究会で示された「魔方陣」がある（これは私が付けた名前なので、誤解なきよう）。いま、それを示せば**図７**のようである。先生は、この「魔方陣」で示された「諸範疇＝諸編制」をマルクスのいわゆる「史的唯物論の定式」「直接的生産過程の諸結果」『資本論』などの参照箇所を示しつつ、明解に説明された。そこにおける〈内容規定・形態規定・統一規定〉という弁証法的な矛盾の規定の仕方や、〈構造論・運動論・様式論〉という抽象的なものから具体的なものへと上向する構想など、先生の提示された研究方法論には目を見張るものばかりであった。

この先生の「魔方陣」にヒントを得て考案したのが、私の国民教育の「魔方陣」（序章中の「教育実践の構造試論」）である。これは、私が教育学研究会に通い始めて一〇年ほどの時に思いついたものであった。最初に言葉ありきで、直感的な図であったが、いまだにこれが私にとって研究の「導きの糸」となっている。

那須野先生は、これからの主要な活動形態は陣地戦ではなく機動戦だと言われ、青年教育に、社会教育行政に、大学経営にと積極的に参画され、身を以て範を示された。弟子とも言えない不肖の輩であるが、私は先生の理論活動を受け継ぎたいと願い、時期を見て教育学研究会での蓄積を世に問いたいと考えてきた。既に那須野先生は他界せられ、遅きに失した感もあるが、ここに勁草書房の藤尾やしおさんのご助力を得て、本書の出版に至ったのは感無量である。

以上の意味で、本書は誰より故那須野隆一先生に捧げる。同時に、一人ひとりお名前は挙げないが、教育学研究会に集い、切磋琢磨した諸先生・諸学兄に厚くお礼申し上げる。

また、私は、二〇〇四年五月に奈良教育大学へ赴任して以来今年で一三年目を迎え、二〇一七年三月末をもって定年退職することになっている。この間、健康上の理由から、多くの同僚にご迷惑をおかけしてきた。中でも、教育学専修の梅村佳代、岡本定男、生田周二、片岡弘勝、渋谷真樹、赤沢早人、板橋孝幸、橋崎頼子の諸先生方のご理解とご助力がなければ、最小限の職務を遂行することさえままならなかったであろう。心よりお礼申し上げる。

本書は、私にとって三冊目の単著となる。いつもながら、原稿の整理段階から校正まで、妻・淳子の手を度々煩わせた。体力・気力が衰えつつあるこの頃、彼女の助力は不可欠なものとなっている。改めて感謝したい。

二〇一六年七月一〇日　第二四回参議員議員選挙の投票日に記す

井　深　雄　二

初出一覧

「戦後初期の教育科学論――教育と経済の関係認識をめぐって」『名古屋大学教育学部紀要――教育学科』第二八巻、一九八三年三月

「わが国における一九五〇年代の教育科学論――『教育科学論争』の諸前提」『名古屋工業大学学報』第三六巻、一九八五年三月

「わが国における一九五〇年代の教育科学論（その二）――教育構造論争の分析（上）」『名古屋工業大学学報』第三七巻、一九八六年三月

「わが国における一九五〇年代の教育科学論（その三）――教育構造論争の分析（下）」『名古屋工業大学学報』第三八巻、一九八七年三月

「一九五〇年代『教育科学論争』」『日本教育史往来』第一四号、一九八三年二月

「人間形成の社会的基礎（その一）」『名古屋工業大学学報』第四二巻、一九九一年三月

「人間形成の社会的基礎（その二）」『名古屋工業大学紀要』第四五巻、一九九四年三月

「阿部重孝の学校制度論――方法論研究ノート」名古屋大学教育学部教育行政及制度研究室『教育行政研究』第二号、一九七九年七月

「現代教育改革と教育科学の視点」小川利夫編著『国民の自己教育運動と教育改革』亜紀書房、二〇〇一年

初出一覧

「新保守主義教育改革と教育基本法体制――現代日本教育政策分析の課題と方法」東海教育自治研究会『教育自治研究』第一二号、一九九九年九月

「新自由主義没落・自壊の弁証法――第二四回参議院議員選挙の結果を読む」東海教育自治研究会『教育自治研究』第二九号、二〇一六年九月

【付表】「教育構造論争」文献一覧（一九四七年～一九六〇年）

年月	教育構造論争関係論文（含、著書）	同　関連論文
一九四七年 六月	波多野完治「社会における教育の位置」『明かるい学校』第三号	
九月	波多野完治『青年教育者への手紙』厳松堂書店 国分一太郎「新しい児童文化運動の基礎」『季刊　新児童文化』第二冊	
一九四八年 一月	波多野完治「教育の社会的意義」『新しい教育と文化』第二巻一号	
二月	大熊信行「人間形成の社会過程」『教育と社会』第三巻二号	
四月		高島善哉『経済社会学の構想』自由書院
六月	国分一太郎「科学的教育理論確立のために」『あかるい教育』第一一号 大熊信行「人間生産と人間形成」『教育と社会』第三巻一〇号	
一九四九年 一月	国分一太郎「『生産力の再生産』説について」『教育と社会』第四巻一号	
三月	宮原誠一「教育の本質」『教育と社会』第四巻三号	出隆校閲、新島繁編著『社会科学文献解題、哲学・教育篇』東峰書房

年月	文献
四月	鈴木重吉「革命理論と教育学」『教育と社会』第四巻四号
五月	
六月	大熊信行「教育と生産の関係」『教育と社会』第四巻六号
八月	
九月	国分一太郎「唯物史観教育の概念」『教育と社会』第四巻九号
一一月	
一九五〇年 一月	国分一太郎「民主主義教育の前進のために」『社会と学校』第四巻一号
三月	
五月	
六月	

矢川徳光「ソ連の教育科学」（「教育研究法」中の小項目）『新教育辞典』平凡社

海後勝雄「シンポジウム　コアの作業単元は如何にあるべきか—提案—」『カリキュラム』第五号

石橋勝治「シンポジウム　コアの作業単元は如何にあるべきか、批判3」同右

海後勝雄『カリキュラム研究の方法論』誠文堂新光社

海後勝雄「カリキュラムと目標設定」『カリキュラム』第八号

高島善哉「生産力の構造」『経済評論』第四巻八号

高島善哉「生産力理論の課題—一つの問題提起」『一橋論叢』第二二巻二号

矢川徳光「コア・カリキュラム論批判」『理論』第三巻一一号

矢川徳光「コア・カリキュラム論の土台」『あかるい教育』第二一号

広岡亮蔵「牧歌的カリキュラムの自己批判」『カリキュラム』第一五号

矢川徳光『新教育への批判—反コア・カリキュラム論』刀江書院

海後勝雄『教育社会学の構想』金子書房

【付表】「教育構造論争」文献一覧（一九四七年〜一九六〇年）

年月		
		蛯老原治善「書評　矢川徳光著『新教育への批判』」『新日本教育』第一巻二号
九月		スターリン『言語学におけるマルクス主義』日本共産党宣伝教育部編（［原著］一九五〇年六月二〇日付『プラウダ』）
一〇月		海後勝雄「教育社会学概論」『教育大学講座5　教育社会学』金子書房
		西澤富夫「上部構造と下部構造」弘文堂編集部編『社会構成の原理』弘文堂
		高島善哉「生産力と価値」『思想』第三一六号
一一月		宗像誠也『教育研究法』河出書房
		高島善哉「技術と生産力—戦後の技術論争に寄せる」『一橋論叢』第二四巻第五号
一二月		矢川徳光『ソヴィエト教育学の展開』春秋社
一九五一年 九月	海後勝雄・広岡亮蔵編『近代教育史』第一巻、誠文堂新光社（海後勝雄「序説　市民社会の成立過程と教育の一般的性格」）	波多野完治『新稿　児童心性論』朝倉書店
一一月		海後勝雄・矢川徳光・国分一太郎「基礎学力と生活教育［座談会］」『カリキュラム』第三五号
		コンスタンチーノフ監修『史的唯物論』上　大月書店（下一九五二年一月［原著］一九五〇年一一月）
一九五二年 二月		国分一太郎「国語教育の今日的課題」『教師の友』第三巻号
三月		H・ルフェーブル『マルクス主義』文庫クセジュ（竹内良知

一〇月		訳、〔原著〕一九四八年）白水社 コンスタンチーノフ・アレクサンドロフ監修『マルクス主義と言語学の諸問題における弁証法的唯物論と史的唯物論』大月書店（〔原著〕一九五一年）
一一月		国分一太郎「国語科」『岩波講座　教育』第五巻　岩波書店
一九五三年 四月		桑原作次・小松周吉・柳久雄「合評　教育史研究の新段階『近代教育史』一」『カリキュラム』第五二号
一九五四年 五月	海後勝雄「資本主義の発展と教育上の諸法則」プリント版『教育史研究』第一号 海老原治善「教育構造論の発展のために―その覚書」同右 小松周吉「（短信）」同右 教育史研究会事務局「教育史研究会のあゆみ」同右 海後勝雄・広岡亮蔵編『近代教育史』第二巻、誠文堂新光社（海後勝雄「資本主義のもとにおける教育の発展法則について」所収）	コンスタンチーノフ監修『世界教育史　1』青銅社（勝田昌二他共訳、〔2〕一九五四年一〇月〔原著〕一九五二年）
六月	桑原作次「社会の一般的構造と教育」プリント版『教育史研究』第二号	高島善哉『社会科学入門』岩波書店
七月	小松周吉「教育の上部構造的性格について―海後教授の所論に関する一つの疑問」同右 柳久雄「土台における教育と上部構造としての教育―教育の構造論について」同右 矢川徳光「海後論文における教育の『社会化』および『構造性』をめぐって」同右	橋本薫「海後理論における教育法則についての吟味」プリント版『教育史研究』第二号

【付表】「教育構造論争」文献一覧（一九四七年〜一九六〇年）

八月		矢川徳光「ソヴィエト教育学の前進」『理論』第二五号
九月	矢川徳光「書評　海後勝雄・広岡亮蔵共編『近代教育史』（一・二）」『教育』第三六号	スターリン『弁証法的唯物論と史的唯物論』（石堂清倫訳）大月書店
一一月		ドイツ統一社会党中央委員会編『唯物史観の諸問題』三一書房（相良文夫訳、[原著]一九五一年）
一二月		宗像誠也『教育研究法』（再刊）新評論
一九五五年 三月		矢川徳光『現代のソヴィエト教育学』新評論
五月	五十嵐顕、遠藤湘吉、大熊信行、海後勝雄、高島善哉、波多野完治、宮原誠一「経済と教育」（海後が記述）平凡社『教育学辞典』第二巻	
六月	海後勝雄『教育科学入門』東洋館出版社	
八月	船山謙次「海後勝雄氏と『教育科学入門』」『カリキュラム』第八〇号	小松周吉「矢川徳光氏と『ソヴィエト教育学』」『カリキュラム』八〇号
九月	高島善哉「社会科学からみた教育」『思想』第三七四号 東京大学教育学部助手会「共同書評　海後勝雄著『教育科学入門』」『教育』第三八号	コンムニュスト誌「哲学の緊用な諸問題」『思想』第三七五号
一〇月	海老原治善「教育史研究会の歩み—研究を中心として」『教育史研究』創刊号 矢川徳光「書評　海後勝雄著『教育科学入門』について」『教育史研究』創刊号	中野光「スターリン『弁証法的唯物論と史的唯物論』について」『教育史研究』創刊号 佐藤英一郎「マルクス『経済学批判』—とくに方法論の立場から『序文』および『序論』を中心にして」同右 小松周吉「絶対主義教育史覚書」同右
一二月		波多野完治「社会心理と教育—海後勝雄氏『教育科学について』」『カリキュラム』第八二号 矢川徳光「教育研究運動のために」『前衛』第一一一号

一九五六年		
一月		矢川徳光編『マルクス・エンゲルス教育論』青木書店
二月	海後勝雄「矢川徳光氏の批判に答える―『教育科学入門』批判への反批判」『教育史研究』第二号	広岡亮蔵「教育法則について―教育科学をうちたてるために」『教育史研究』第二号
三月	矢川徳光「海後勝雄氏の反批判を読んで」『教育史研究』第三号 海後勝雄・広岡亮蔵編『近代教育史』第三巻、誠文堂新光社	
四月	清水義弘『教育社会学』東京大学出版会（「第一部　社会現象としての教育」）	
五月		矢川徳光「教育情報　ソ同盟共産党二〇回大会」『教育』第五九号
六月		矢川徳光「海外教育情報　ソヴィエト教育学の状況と課題」『教育』第六〇号 海後勝雄「教育科学と心理学―波多野完治氏の近業から」『カリキュラム』第九〇号 グレーゼルマン『上部構造論』青木書店、（蔵原惟人・上田俊一共訳、［原著］一九五四年） 高島善哉『社会科学と人間革命』勁草書房
一一月	海後勝雄編『教育科学―その課題と方法』東洋館出版社 海老原治善「日本における教育科学の発展」 同「社会現象としての教育」 久保義三「今日の教育科学は何をめざすか」 山崎昌甫「社会発展における教育の役割」 教育史研究会編『資本主義社会の教育法則』東洋館出版社 矢川徳光「社会科学と教育科学」全国青年教師連絡協議	矢川徳光「ソヴィエト教育学会の近況」『教師の友』第七巻六号 湯川和夫「上部構造の概念について」『社会労働研究』第六号

【付表】「教育構造論争」文献一覧（一九四七年～一九六〇年）

	会編『青年教師双書　第一巻　教師の社会科学』東洋館出版社	
一九五七年 二月		矢川徳光『国民教育学』明治図書 小川太郎『立身出世主義の教育』黎明書房
五月	小川太郎「教育遺産の考え方」小川太郎他編『講座　学校教育』第二巻、明治図書	広岡亮蔵「書評　矢川徳光著『国民教育学』」『カリキュラム』第一〇一号
六月	清水義弘編著『日本教育の社会的基底』国土社（「第一章　教育科学の現段階と教育社会学―教科研教史研の教育科学論を検討し教育社会学の現在的課題に及ぶ」）	
七月		矢川徳光『レーニン教育論』青木書店 石田宇三郎・城丸章夫・柴田義松・本多康夫・平湯一仁（司会）「座談会　戦後教育学の成果」『教師の友』第五六号
一九五八年 六月	小川太郎「教育科学論をめぐって」小川太郎他『戦後教育問題論争―教育実践の科学化のために』誠信書房	海後勝雄「教育学方法論についての総括的提案」『教育史研究』第六号 芥川集一「社会体制の原理」『講座　社会学　第八巻　社会体制と社会変動』東京大学出版会
七月		矢川徳光「教育学の転換（上）」『前衛』第一四二号、（下、八月、一四三号）
一〇月	船山謙次『戦後日本教育論争史』東洋館出版社 清水義弘「教育社会学論」日本教育社会学会『教育社会学研究』第一三集	H・ルフェーブル『マルクス主義の現実的諸問題』現代思潮社（森本和夫訳、［原著］一九五八年）
一二月		海後勝雄「教育史研究の方法」（シンポジウム提案）『日本の教育史学』第一集

年月	教育構造論争関係論文	関連論文
		榊利夫編『土台・上部構造論』合同出版
一九五九年 四月		小松周吉「教育史の対象について」『教育史研究』第七号
		浜田陽太郎「教育史と教育社会学について」同右
五月		海後勝雄編著『社会主義教育の思想と現実』お茶の水書房
九月		矢川徳光「マルクス主義教育の理論と実践」『現代の理論』第五号
一〇月		榊利夫「『土台』試論」『前衛』第一五七号
		小松周吉「教育史研究の方法について」『日本の教育史学』第二集
一九六〇年 一月		勝田守一編『教育学論集』河出書房新社（勝田守一「教育科学論解説」）
三月	柳久雄『現代教授過程』理想社	
四月	海後勝雄『教育哲学入門――教育科学の哲学』東洋館出版社	
六月	海後勝雄「教育哲学と教育科学」『教育学研究』第二七巻二号	五十嵐顕「戦後教育の上部構造的性質」『講座　教育　第一巻　社会体制と教育』青木書店

備考：本文献一覧は、論争の経過を一望できるように、編年方式で作成したものである。

「教育構造論争関係論文」とは「教育構造論争」の前段階に位置づく「生産力の再生産論争」をも含め、論争参加者が論争のテーマに直接関わる見解を述べている論文を指す。

「関連論文」とは、論争の背景になっている論文、及び論争参加者であるか否かを問わず、論争を理解する上で有益と思われる論文を指し、ここには、その中で特に重要と思われるものを筆者の判断に基づいて選択し掲げた。

人名索引

ア行

カ行

サ行

タ行

ナ行

ハ行

マ行

ヤ行

ラ行

ワ行

事項索引

【ア行】

【カ行】

【サ行】

【タ行】

【ナ行】

【ハ行】

【マ行】

【ヤ行】

【ラ行】

【付録】「教育構造論争」に関する那須野隆一ノート

No.1

'75. 5. 17 by R. N.
(rewriten 1977 by other members)

「教育構造」論争に寄せて
—史的唯物論の基礎範疇の再検討と
教育科学の整備のために—

I．文献
A. 問題提起
1. 海後勝雄「資本主義の発展と教育上の諸法則」（プリント版『教育史研究』第1号、1954.5、または活字版『教育史研究』第1号、1955.10、同第2号、1956.2、所収）。ここではプリント版を使用。

B. 海後批判
1. 桑原作次「社会の一般的構造と教育」プリント版『教育史研究』第2号、1954.7、所収）。
2. 小松周吉「教育の上部構造的性格について—海後教授の所論に関する一つの疑問」（同上、所収）。
3. 矢川徳光「海後論文における教育の『社会化』および『構造性』をめぐって」（同上、所収）。
4. 柳　久雄「土台における教育と上部構造としての教育—教育の構造論について」（同上、所収）。
5. 橋本　薫「海後理論における教育法則についての吟味」（同上、所収）。

C. 続・問題提起
1. 海後勝雄『教育科学入門—社会科学としての教育学』東洋館出版社、1955.4。とくにその第1部・第4章「教育の構造理論」および第5章「社会の発展法則と教育」。

D. 続・海後批判
1. 矢川徳光「海後勝雄著『教育科学入門』について」（活字版『教育史研究』第1号．1955.10、所収）。

E. 矢川反批判
1. 海後勝雄「矢川徳光氏の批判に答える—『教育科学入門』批判への反批判」（活字版『教育史研究』第2号．1956.2、所収）

F. 海後反批判
1. 矢川徳光「海後勝雄氏の反批判を読んで」（活字版『教育史研究』第3号、1956.6、所収）。

G. ＝〔補〕拙稿「国民教育と生涯教育」
H. ＝〔補〕小川太郎『教育科学研究入門』「補章　教育科学論争」

No.2

Ⅱ．検討

《1》海後Ａ・１論文

「1．資本主義のもとにおける教育の発展と合法則性」（pp.1-4）

（1）事態認識＝資本主義社会における教育の「極めて著しい発展」（p.1）

（2）問題提起＝教育と「社会の全体的構成」との関連把握の必要（p.1）

（3）（2）の展開＝資本主義社会の「発展に照応する人間的な条件の形成（p.1）
　＝①「生産力の条件としての人間形成」（p.1）
　　②「資本主義的諸関係を維持し、再生産していく人間」の形成（p.1）

（4）（3）の①の展開＝生産力のための人間形成（その諸段階）
　①「自然的必要性にもとづく自己形成」（p.2）＝「新らしい生産手段」にたいする自然発生的「適応」
　②「意図的な生産能力の教育」（p.2）
　③「生産教育」（p.2）

（5）（3）の②の展開＝生産関係のための人間形成（その諸側面）
　①「直接に生産に従事する職場」における「自由な個人としての協力」＝「分業と協業に耐える人間」への自己変革（p.2）
　②「資本主義社会」における「資本主義的社会関係」への「適応」＝そのための計画的な「人間改造」（p.2）

（6）提言＝論争の焦点
　①「これらの資本主義社会における土台」（p.2）
　　また「土台としての生産力や生産関係」（p.2）
　②「土台における教育の任務と機能」〈照応〉「上部構造としての教育についての新しい見解」（p.2）

〔R. N. による註〕

〈1〉
「土台」の誤用①
　海後は、この両者をもって「土台」とし、また「生産様式」としている（p.1の註②（スターリン論文からの引用）をみよ）。

海後「教育構造」論の骨格
（3）・①＝（4）。「土台」が変わっても変わらないもの＝「生産」における超階級的教育。
（3）・②＝（5）。「土台」が変われば変わるもの＝「上部構造」における階級的教育。
（H 論文、p.146 より）

〈2〉
「自由な個人」??

〈3〉
「分業と協業」の範疇設定。
×〈生産関係〉範疇　○〈生産力〉範疇
　ここでは、海後は分業・協業の範疇編成を従来の「定説」によっている。（G. p.10 の上）

〈4〉
「土台」の誤用②
×「土台」=「生産力」+「生産関係」
○生産関係の総体

〈5〉
教育二元論
　少なくとも「任務・機能」と「見解・思想」との分離

No.3

(7) (6) の展開＝教育の分類と法則

①教育の分類

i)「広義の人間形成＝「土台と上部構造のすべての構造」における「直接」的営為

ii)「狭義」の人間形成＝「上部構造としての機能」(p.2)

②教育の法則

「資本主義社会の経済的構成」(海後のいう「土台」のこと？―R.N.)との関連における「資本主義社会の教育のもつ固有の法則」の把握(pp.2-3)

ex.「生産」＝「商品生産」
「労働（力）」の「商品性」
「技術の発展」の限界
「知的労働と肉体的労働」との「分離」*etc.*

(8)
(9) 「教育実践」論争において検討しよう

「2. 生産力の発展と生産のための教育」(pp.4-7)

(1) 問題提起

①資本主義社会（＝資本主義的生産様式―R.N.）の「急速な発展の過程は技術や生産組織の発展を意味するだけでなく、労働する人間そのものの変質がそれに照応すること」(p.4)

(2) 教育の要求と対応

①教育の要求

「教育が普及することによって、ぎゃくに労働〔力〕の価値が低下するという矛盾はさけられない。」(p.4)

②教育の対応

「かれらの〔＝資本家の―R.N.〕利潤追求の要求からのみ生まれる」ところの「技術教育についての積極的な主張」は「資本主義社会の上昇期における生産のための教育の特質」(p.4)

〈6〉

一般に分類法における「広義」「狭義」のあいまいさ。

海後の主張＝教育＝上部構造論を「狭義」のものと規定し、自己主張（「土台における教育」）の余地を残す。

〈7〉

分類法⊂研究方法のあいまいさからくる破綻

①「資本主義社会の教育のもつ固有の法則」の指摘それ自体は正しい。

②しかし、その「法則」が、*ex.*……*etc.* に示すものであれば、先述の「自由な個人としての協力」（分業・協業）との関係はどうなるか？

もしかしたら、資本主義社会では、「土台」には「自由な人間」がおり、「上部構造」には不自由な人間がいる？だから、海後は、「土台における教育」と「上部構造としての教育」という二元論的大発見をした？

ワッハッハッハ!!!

〈8〉

こういう「矛盾」があるだろうか？労働〔力〕の価値と現実の賃金との混同？

〈9〉

はたして、「上昇期」だけの「特質」か？「上昇期」以後はどうなる？「民衆の教育的要求」とそれへの譲歩だけ？

No.4

(3) 機械制大工業の功罪

「機械制大工業の登場によって専門的熟練を必要としないだけでなく筋力を必要としない傾向を示してくる。すなわち個々の労働は無内容となる」(P.5) ―そして、これが「機械制工業における労働そのもの」の「質的な変化」(p.5)

(4) 続機械制大工業の功罪

「しかしながら、大工業はその頭脳を必要とする」(p.5) ＝「幹部技術者養成の技術教育」(p.5)

つまり (3) (4) の関連では「精神的労働と肉体的労働との分離」＝「生産関係における矛盾」＝「二系列教育制度」(p.5)

(5)
├ 略
(6)

「3. 社会関係と教育における諸矛盾」(pp.8-10)

(1) 問題提起

「資本主義社会のあたらしい社会関係」に「適応」する「人間形成」＝「独立した自由な人間」への「改造」〈p.8〉

〈10〉

一般に、ある生産様式（ここでは機械制大工業）の物質的内容と社会的（＝資本制的）形態との区別と関連の完全な無理解＝方法論的破綻

①機械制大工業の物質的内容は

i)「専門的熟練を必要としない」傾向にかわって科学的労働を必要とするようになる。

ii)「筋力を必要としない傾向」にかわって、技術的労働を必要とするようになる。

②「労働の無内容」性の問題を「専門的熟練」の有無や「筋力」労働の有無の問題に矮小化すべきでない。

「労働の内容」の問題は、直接生産者の手もとに、労働の計画性、実践性、総括性がどれだけ保障されているかによってきまる。

〈11〉

方法的破綻の明確化

①「大工業は、その頭脳を必要とする」そのとおり。―しかしどんな単純な労働であっても、「頭脳を必要とする」!!!

もういちど、「労働の内容」「労働の無内容」のメルクマールをはっきりさせよ。

②海後は、機械制大工業（一般的にいえば、ある特殊な生産様式）の物質的内容と社会的形態との区別と関連の問題を提起しえないから、機械制大工業、それ自体の結果として「労働の無内容」と「大工業の頭脳」との矛盾を述べるという誤りをせざるをえなかった。

だから!!! ―海後は、ほかならぬ「2. 生産力の発展と生産のための教育」の項において、次の「3. 社会関係と教育における諸矛盾」の論説にふみこまざるをえなかったのである。

〈12〉

「自由な人間」―註（2）（7）参照

No.5

その１＝「労働組織における人々の関係」＝「分業と協業」(p.8)

(2) 問題提起

その２＝「資本主義のもとでの社会関係に照応し、これを存続させるための人間の意識の形成」(p.8)

(3)「宗教的観念」＝「宗教教育」と「科学的認識」＝「科学、技術教育」との矛盾

①「宗教的観念」＝「宗教教育」は「新しい〔資本主義的― R.N.〕社会関係を維持するのに役立つかぎり活用される」(p.9)

②「生産性をたかめるために必要とする教育は、自然および社会についての合理的な認識にまで発展させる可能性をふくんでいる」＝「科学的認識」「科学技術教育」の発展 (p.9)

③「その教育は、宗教的観念とのあいだに矛盾をうみだす。そのために宗教教育がぎゃくに科学的認識を排除するというような現象があらわれる」(p.9)

④結論＝だから、「支配階級は、その経済的利益のために、科学や技術の教育をすすめ、もしくはこれを阻止する」(p.9)

(4)
(5) 略
(6)

「4. 一般危機と民族教育問題」(pp.10-13)

(1)
(2)
(3) 略
(4)
(5)

〈13〉

１－ (5) とともに「社会関係」〔＝生産関係― R.N.〕を「労働組織」と「社会関係」に区別するのは半歩の前進。しかし、「労働組織」〔＝分業、協業という意味での― R.N.〕を「社会関係〔＝生産関係― R.N.〕の範疇下におくのは半歩の後退。

〈14〉

この三段論法

つまり海後においては、「社会関係の維持」がいつのまにか「経済的利益」におきかえられてしまっている。

「社会関係の維持」のために、支配階級が「科学や技術の教育を……阻止する」ことがあっても、「経済的利益のために、科学や技術の教育を阻止する」ことがあるだろうか。

この命題を逆転させてみるとよい―科学や技術の教育を……阻止することによって支配階級はどんな「経済的利益」を得るだろうか。

そしてこの結論

「社会関係」とは、物質的社会関係＝「生産関係」＝その総体としての「土台」と「上部構造」の一領域たるイデオロギー的社会関係をふくむ概念である。海後にあっては、この二つの「社会関係」の区別と関連があいまいであり、したがって、彼の「社会関係」はこれら二つの

No.6

「社会関係」のあいだをつねに動揺している。—*ex.*「土台」としての「社会関係」「宗教的概念」＝「上部構造」としての「社会関係」。
（G .p.10の上、下参照）

〔要約〕＝海後「教育構造」論

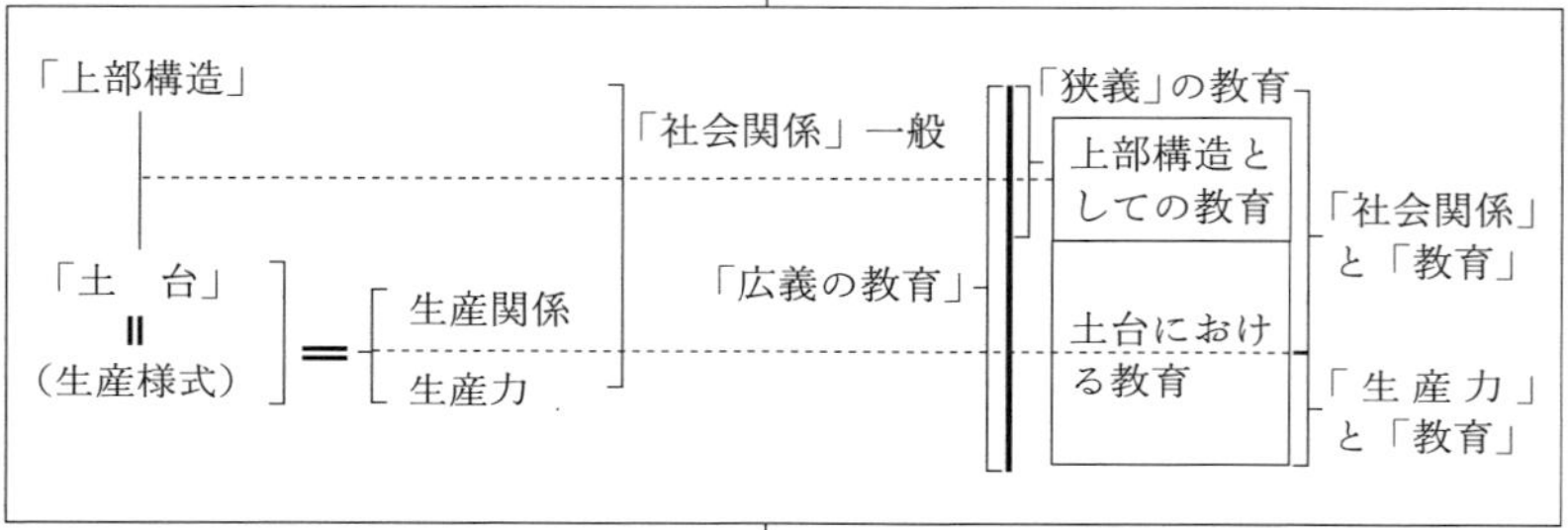

〈15〉

要するに海後においては、「生産関係」の位置づけのあいまいさが、決定的な弱点である。

①彼の「生産関係」は、一方では「生産力」とともに「土台」であり、他方では「上部構造」とともに「社会関係」一般である。

〔Hic Rhodus,hic saluta!〕

②「生産関係」と「教育」との関連のかぎりない動揺!!!

すなわち「生産関係」にたいするそのときどきの思惑によって、まったく便宜主義的な「教育」三分類（上図参照）

一般に、「生産関係」の位置づけのあいまいさは、教育における「生産力」理論の共通点である。

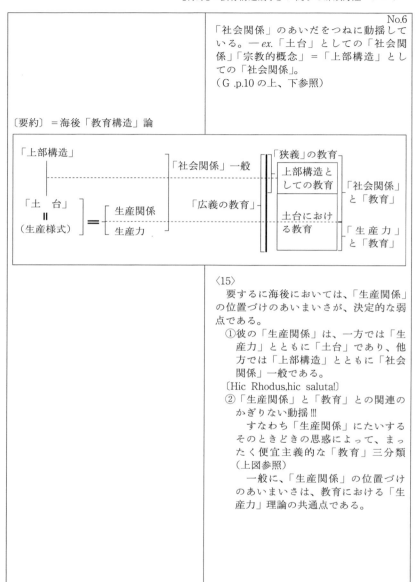

	No.7
《2》桑原B・1論文 「1. 社会的機能としての教育」 (pp.1-2) 〔1〕教育の社会的な位置 「社会的諸機能」における教育の「立体的、構造的な把握」の必要 (p.2) =「教育は上部構造であるか、下部構造であるか」(p.2)	〈16〉 「下部構造」?? 「土台」?
「2. 教育の概念」(p.2) 〔1〕教育の意図性 =「教育は人間形成の意図的過程である。」(p.2) 「意図性が教育の本質的要件である。」(p.2) 1. 教育と「自然成長」との区別 (p.2) 2. 教育と「単なる人間形成」「人間形成一般」との区別 (p.2) この「混同」=教育の「進歩性の抹殺」(p.2) 3. 教育と「無意識的影響」との区別 (p.2) 〔2〕価値観・立場・傾向 =「意図性は、価値観・立場・傾向を含む」(p.2) 「教育は特定の―多くの場合、その社会における支配的な―価値観を媒介とする選択作用である。」(p.2)	〈17〉 と同時に、事実としてある教育の反動性の抹殺
「3. 社会の構造における教育の地位」(pp.2-5) 〔1〕教育の目的意識性 =「教育は価値観に媒介された目的意識的行動である。」(p.2) 「したがって、それは当然社会の上部構造に規定される」(p.2) 「教育は上部構造による規定を媒介として、究極的には下部構造に規定される」(p.3)	〈18〉 教育の目的意識性 教育の上部構造規定
〔2〕「下部構造」規定 ①〔再掲〕「社会の構造において、上部と下部とが区別されるとすれば、教育は、上部構造であるか、下部構造であるか」(p.2) ②「下部構造、即ち、物質的生産過	〈19〉 ここでは、「下部構造」=「土台」と解される。(註〈16〉参照) (従来の俗称的通説) 〈20〉 「下部構造」=「物質的生産過程」

	No.8
程」(pp.2-3) ③「生産力の生産が社会の基礎的過程、即ち下部構造であるとすれば」(p.3) ④「下部構造(生産関係)」(p.3) また「下部構造、特に生産関係」(p.4)	〈21〉 「下部構造」=「社会の基礎的過程」 =「生産力(の生産)」 〈22〉 「下部構造」=「生産関係」 〈23〉 「下部構造」⊃「生産関係」
㊓ ③の表現との関係で 「教育は生産力の生産という経済学的側面をもつ……」(p.4) [「生産力の生産」=「経済学」 ??? 史的唯物論についての初歩的な無理解!!!]	〈24〉 要するに、桑原にあっては、「下部構造」範疇があいまいである。それは、非「上部構造」としかいいようがない。 そして、このことが、桑原における「教育構造」論の不明確さ—とくに、教育と「土台」「物質的生産活動」との関係の不明確さ—の原因をなしている。 なお、小川(H論文)は、桑原に「下部構造」を「生産様式」といいかえるように提言しているが(p.149)、小川の「生産様式」範疇そのものも、あいまいである。 (G.p.106 下、pp.112. 上—114. 下、参照)。
〔3〕教育と「下部構造」 =「生産力の生産が社会の基礎的過程、即ち、下部構造であるとすれば、教育は、この意味において、下部構造的側面をもつと言うことができる」(p.3)	〈25〉 二重の意味であいまい!!! ①「下部構造」概念そのものがあいまい。〈註〈21〉参照。H論文も指摘〉 ②「下部構造的側面」という用語があいまい。 とすれば、教育=「上部構造」とする桑原自身の規定(註〈18〉)はどうなるか。 ↓〔関連〕
〔4〕教育の社会的地位 =教育は全体的人間の形成である。それは物質的生産過程ではない。即ち、下部構造ではない。それは、上部構造的側面および下部構造的側面を含む上部構造である。」(p.4) また「それ〔教育—R.N.〕は、政治と文化との中間地帯をなすものとみることができる」(p.4) 「現実の教育をうごかす二つの原理」 [①「文化が要求する自由」 ②「政治が要求する統制」]	〈26〉 教育=「上部構造的側面および下部構造的側面を含む上部構造」?? いっそうあいまい!!! 〈27〉 図式的 「文化における統制」あるいは「政治における自由」だってありうる。 「現実の」とは、どういうばあいの「現実の」か?

No.9

さらに「それ［教育―R.N.］は基本的には物質的生産過程に規定され、それに対応する上部構造の基本的一環であると言うことができる。したがって、それが上部構造一般の性格をもつことはあらためていうまでもない」(p.5)

〔要約〕＝桑原「教育構造」論

〈28〉
問題はここだ!!!
O.K.

これを小川にしたがって「生産様式」と読みかえてみよう。
そうすれば、あらためて次のことが問われる。
「生産様式」と「土台」との関連はどうあるのか。
―この両者の範疇的確定をなしえて、はじめてこの部分の正確な理解がえられる。

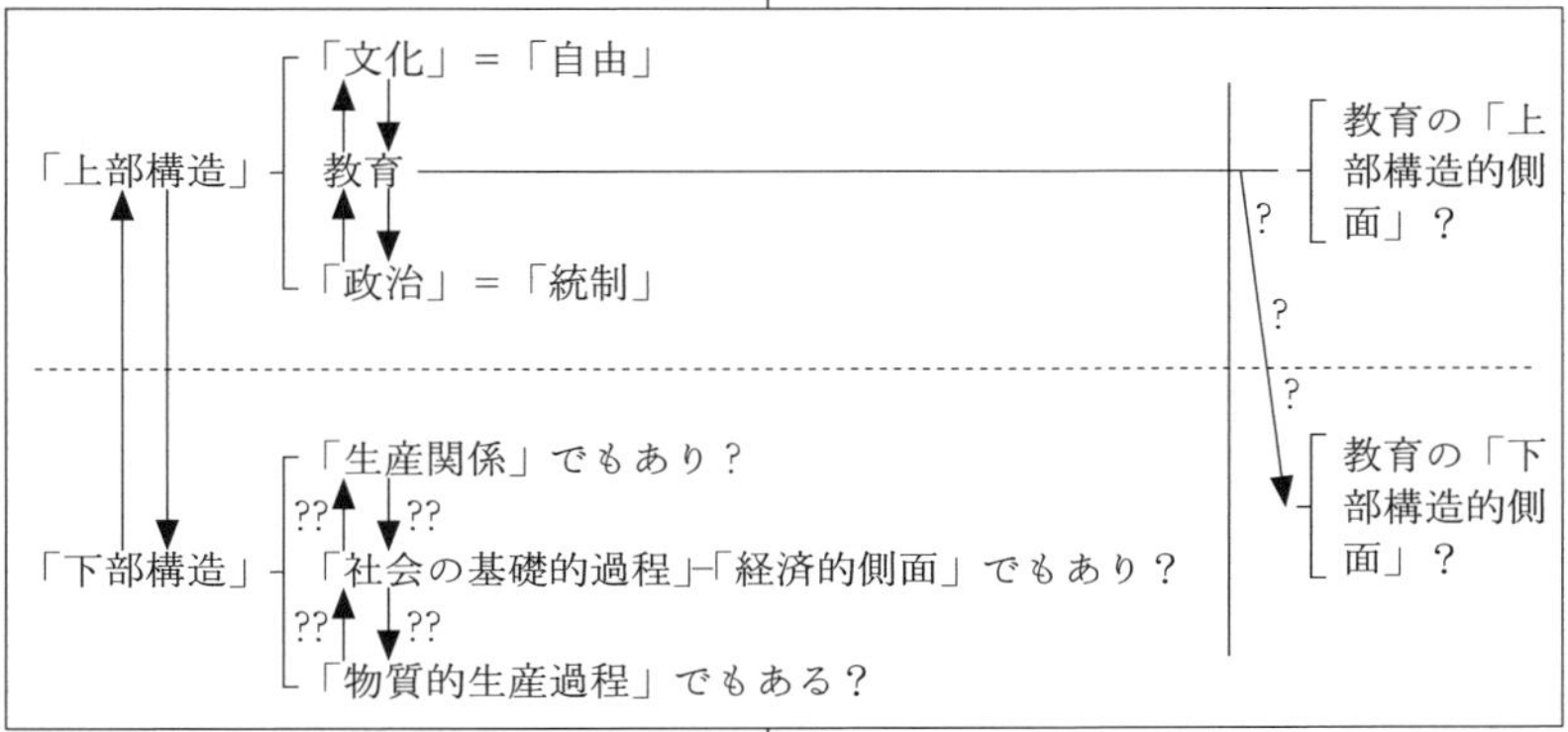

《3》小松Ｂ・２論文
〔1〕海後「教育構造」論批判
①海後の「欠陥」
＝「生産力」教育と「生産関係」教育との総合的考察の欠落 (p.5)
「これら両者の矛盾こそは、資本主義社会における教育の基本的矛盾であり、したがってそれらを総合して、弁証法的に把握しないかぎり、資本主義社会の教育の基本法則を十分に明かにすることは不可能である…」(p.5)

〈29〉
要するに、桑原においては、
①教育＝「上部構造」提起では積極的な意義をもつ。
②しかし、「下部構造」というあいまいな範疇の使用により、「生産様式」と「土台」の関連、および「土台」と「上部構造」との関係、それらのなかでの教育社会的地位が不明確になっている。

〈30〉
小松の基本的見地
まったく正しい。あとは、そのための範疇設定、編制にあるのみ。

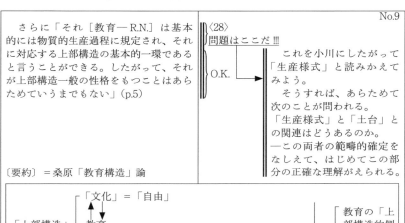

②問題（疑問）の指摘

海後における

「上部構造としての教育」

「土台における教育」

の区分

「職場で生産活動に直結して行われる労働技術の伝達や職場レジームへの訓練などの教育活動」（p.6）

〔2〕スターリン言語論文と海後理論

①アナロジー

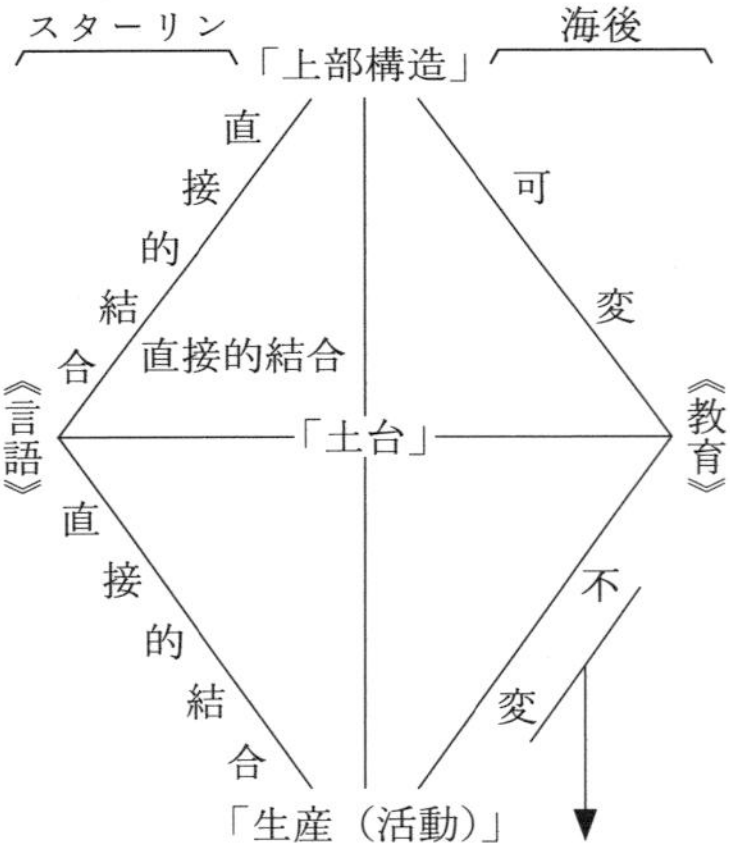

「土台における教育」（海後）

「生産における教育」（小松）

②批判点

「教育現象を考察するさい、その目的（人間像）や内容を捨象してその形式や技術のみをとりあげるならば、……それらは言語と同様、社会のあらゆる階級に奉仕し、また土台が消滅してもなくならない。」（p.7）

「しかし、それらは、現実にはそれ自身で単独に存在しうるもので

No.10

〈31〉

小松は、小川とともに（H論文 pp.148-149）この「土台」を「生産」と読みなおしている。

しかし、スターリン論文「言語学……」にしたがってそのように読みなおしても、事態は同じである。なぜなら、「生産」という範疇そのものが、そのうちに「生産力」的側面と「生産関係」的側面をふくむのであって、あいかわらず「生産」のうちに「変らないもの」と「変わるもの」との矛盾が内包されているからである。

小松、小川がいわんとしていることは、正確には、〈物質的生産活動の物質的内容〉＝〈生産力〉だ!!!（G. p.109, 上、下）

〈32〉

（1）批判の積極的な意義

①教育科学が歴史科学であるかぎり、歴史研究における抽象の限度について示唆していること。

②後述（→ See. 註〈34〉）

（2）批判におけるあいまいな点

ここでも、海後批判は「変わるもの」と「変わらないもの」あるいは「なくなるもの」と「なくならない

No.11

はなく、特定の社会の学校、家庭、職場等を一貫する支配的な教育体制（上部構造）の一環として営まれ、その土台に奉仕している。」(p.7)

もの」といった機械的区別のもとでおこなわれている。

こうした方法論では、小松自身がいう「教育の基本的矛盾」の「弁証法的な把握」〔註〈29〉〕という視点がまったく生かされない。

〈33〉

このような批判のしかた（それ自身が方法論の「一環」であるが）は、非科学的である。相手がある「現実」をある方法論にしたがって抽象するとき、それに対する批判のしかたは、その方法論的抽象の批判に集中すべきであって、それにいきなり「現実」を対置するのでは科学—とくにその方法論—になりえない。

「教育科学研究会に属する学者たちが、実践を理論化すると称して、理論化のしごとを怠っている間に」!!! —海後による「教育科学論争」上の問題提起がなされた（H論文、p.144）

教科研における「理論化」のしごとがなぜ怠られたのか!!!

〔3〕（教育の）場と範疇設定・編制の問題

「生産に直接むすびついているからということだけで、上部構造ではないということはできない」(p.8)

↓

「このようにして〔先行する20行の原文を参照— R.N.〕「土台における教育も、構造的には土台における変化を通じて変化するのであり、したがって、それは上部構造なのではないだろうか」(p.8)

〈34〉

重要な指摘!!!

↓

「構造的には」＝範疇編制的には

つまり、海後においては、教育が現象的に営まれる場と、教育の「構造」＝社会的位置（科学としては範疇設定・編制）との混同があった。

〈35〉

ついでに、スターリンの言語学論文についても、まったく同じ趣旨の批判が可能であった。

No.12

〔要約〕＝小松「教育構造」論

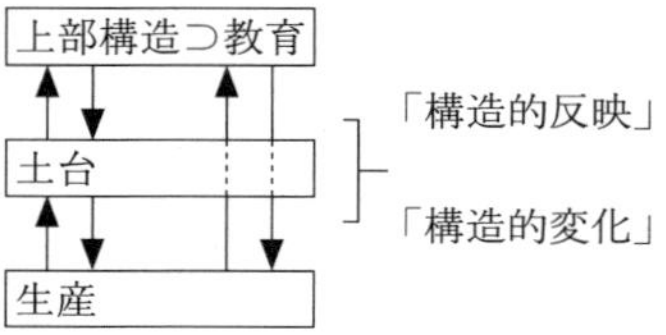

《4》矢川　B・３論文

〔1〕教育の「社会化」をめぐって
＝「社会化」の否定

ex.「教育は、どこまでも（階級社会では）階級的なものと信じますので、『社会のためのもの、万人のもの』となったとは考えられません」（p.9）

「わたしとしましては、『つねに服従のための教育』ということを、所論の全般をとおしていただきたかったのです」（p.9）*etc.*

〔2〕教育の「構造性」をめぐって
＝「土台における教育の任務や機能」における「土台」の誤用
矢川「土台」＝「経済制度（p.9）」

《5》柳B・４論文

〔1〕端初
＝スターリン言語学論文（p.10）

〔2〕海後の功績
「教育がたんなる上部構造ではなくして、『生産力の最も重要な要素』としての人間的条件……の形成に本質的な深い関係をもっている」（p.10）の指摘。

〔3〕批判点
「『土台における教育』と『上部構造としての教育』が、そんなに判然と区別できない」（p.11）こと。

すなわち「これらの相互関係こそ肝要な問題である」（p.11）

〈36〉
海後における「生産力」視角重点にたいする、矢川の「生産関係」視角重点!!!
〈どちらもどちら＝物別れ〉
（H論文では、「意図〔矢川〕と事実〔海後〕の対立」（p.154）

〈37〉
〈既出〉（註〈1〉〈4〉〈31〉*etc.* 参照）

No.13

〔4〕主張＝「生産様式」への着目
＝教育の「全体構造的」把握の必要
「ここで全体構造的というのは、生産力だけを孤立させて、生産のための教育を抽象的に取り上げるものではなくて、生産力と生産関係とを統一したところの生産様式を基本として、この生産様式と教育とを構造的に関連づけることである。」(p.11)
「……生産のための科学技術教育といえども社会の支配的な生産様式によって定まるのである」(p.11)
「土台における教育が、この生産力と生産関係との統一としての生産様式によって制約されていることはいうまでもない」(p.11)
〔5〕主張の論証的補足
〈略〉

〈38〉
「教育構造」論争における決定的な論点!!!＝「生産様式

〈39〉
確定的命題!!!

〈40〉
ただし、この「生産様式」について、スターリン的規定や従来の定説にしたがっているかぎり、この指摘以上に論争の発展はありえない。

生産様式範疇の現代的な再吟味・再構成―それにともなって、他の基礎的諸範疇も

備考：「教育構造論争」に関する那須野隆一ノートには、'75.5.17 の日付がある。しかし、一部が汚損されたため、コピーを元に復元されている。本書では、この復元版を用いた。なお、実際のノートはＡ４版 15 枚であるが、本書へ収録するにあたっては、内容が違わぬよう配意した上で、13 枚に圧縮した。

著者略歴
1952 年　長野県に生まれる
1974 年　名古屋大学教育学部卒業
1980 年　名古屋大学大学院教育学研究科単位取得満期退学
2002 年　博士（教育学）
現　在　奈良教育大学教授
著　書
『現代日本の教育改革—教育の私事化と公共性の再建』自治体研究社、2000 年
『資料で読む教育と教育行政』（共著）勁草書房、2002 年
『近代日本教育費政策史—義務教育費国庫負担政策の展開』勁草書房、2004 年
『テキスト　教育と教育行政』（共著）勁草書房、2015 年

戦後日本の教育学
史的唯物論と教育科学

2016年11月20日　第 1 版第 1 刷発行

著　者　井《い》　深《ぶか》　雄《ゆう》　二《じ》
発行者　井　村　寿　人

発行所　株式会社　勁《けい》　草《そう》　書　房

112-0005 東京都文京区水道 2-1-1　振替　00150-2-175253
（編集）電話 03-3815-5277／FAX 03-3814-6968
（営業）電話 03-3814-6861／FAX 03-3814-6854
精興社・牧製本

ISBN978-4-326-25118-6　　Printed in Japan